동아시아를
만든
열가지
사건

한국 일본 중국 대만이 함께 읽는 근현대사

동아시아를 만든 열가지 사건

한국 일본 중국 대만이 함께 읽는 근현대사

아사히신문 취재반 지음

백영서 · 김항 옮김

창비

기억에서 역사로

이 책의 바탕이 된 연재기획을 생각하게 된 계기는 2005년 봄 한국과 중국에서 일어난 대규모 반일시위였다.

교과서, 위안부, 야스꾸니(靖國) 문제.

전후(戰後) 60년이 되는 해이기도 했는데, 우리는 역사인식을 둘러싸고 이웃나라들과 꺼지지 않은 불씨를 품은 상태였다. 더욱이 반일시위에 앞장선 이들이 장래를 짊어지고 갈 젊은이들이라고 했다.

이듬해인 2006년 4월 아사히신문이 행한 국내 여론조사 결과는 우리에게 또다른 충격을 줬다. "토오꾜오재판의 내용을 모른다"라고 대답한 사람이 70%에 이르고, 20대에서는 90%가 내용을 전혀 모른다고 답했다.

이것은 아마 일본만의 문제는 아닐 것이다. 일본은 전쟁 이전과 전쟁중 자신이 걸어온 길에 대한 이해가 부족하고, 한국과 중국은 전후 일본이 민주·평화국가로 나아가는 과정에 대해 이해가 충분하지 않다고 지적돼왔다. 역사를 정치적 카드로 사용한다든가, 상대방을 비난하는 대의로 삼는 다든가 하는 것은 서로에게 불행이고 이웃나라끼리 격한 배외주의를 유발할 위험조차 있다.

"동아시아의 근현대사를 1년간 연재했으면 좋겠다. 가능하다면 한중일 3국의 고등학생이 부교재로 읽을 만한 기획이 되는 게 어떨까?" 동료에게 그렇게 제안한 것이 2006년 가을의 일이었다. 바로 그 무렵은 고등학교에서 세계사를 비롯한 필수과목의 미이수가 전국적으로 잇따라 밝혀져 문제로 떠오른 때였다(세계사는 필수과목인데도 대학입시에서 선택되지 않을 경우 고등학교에서 과목이 아예 개설되지 않는 현실이 처음으로 공개되었음 ─ 옮긴이).

동료들 대다수는 기획의 무모함에 난감해했다. 일국의 역사만으로도 논란이 들끓는데 부교재라고는 하나 동아시아 삼국사를 돌아본다는 것이 가능할 것인가.

물론 우리 기자들은 현대사에서 특정 순간의 목격자일 수 있지만 역사에 대해서는 아마추어에 지나지 않는다. 그렇지만 우리의 강점은 오히려 '모른다'는 데 있다. 세 나라의 근현대사 과정을 큰 흐름에서 파악하고 그 궤적을 알기 쉽게 전달한다면 우리도 할 수 있지 않을까.

몇차례의 격론 끝에 취재반은 각오를 다졌다. 다행히 정부 차원에서는 한일간 2002년 5월부터 3년간의 공동연구 실적이 있고, 중일간에도 2006년 12월 역사 공동연구가 시작되었다. 민간에 의해 꾸준히 진행돼온 교류나 공동연구도 축적돼 있다. 취재반은 먼저 그러한 연구에 관여한 전문가를 중심으로 20명의 지식인을 찾아다니며 '최근 150년간 동아시아의 근현대에 커다란 영향을 끼친 10대 사건'을 추천해달라고 했다. 20인이 고른 10개 사건을 가지고 모여 자주 중첩되는 사건도 참고하면서 10개 테마로 압축해 들어갔다.

방대한 사료나 연구 모두를 기획에 포괄할 수는 없었다. 취재반은 먼저 현대와 연관이 있는 주제에 중점을 두기로 했다. 기획 제목을 '역사는 살아있다'로 한 것도 그런 자세를 명확히하기 위해서였다. 더 나아가 쿄오또(京都)대학의 야마무로 신이찌(山室信一) 교수 등의 조언을 받아 기획의 키워드를 '교류와 연쇄'로 정했다.

동아시아의 역사인식을 둘러싸고 한중일 사이에 오해나 차이가 발생하는 세가지의 난관이 있다. 하나는 식민지화의 문제이다. 일본은 제2차 세계대전 전부터 타이완, 한반도, 구 만주를 식민지화했는데, 패전과 동시에 이들 지역은 일본 고유의 영토에서 떨어져나왔다. 유럽 등의 종주국이 전후 구 식민지의 독립운동에 직면하여 오랜 기간 쌍방이 고통스러운 '탈식민지화'의 과정을 겪은 데 비해, 일본은 그러한 고민의 과정을 거치지 않았다. 전쟁책임과는 별도로 식민지화의 책임을 정면으로 감당하지 않았기 때문에 한국 및 중국과 마찰이 생기기 쉽다.

둘째로 아시아 전역에 해당되는 것인데, 공통의 역사 기반이 결핍돼 있다는 난관을 들 수 있다. 전후에 건국한 아시아 각국은 대부분 독립을 축으로 근현대사를 편찬하기 때문에 어떻게 해서든 구 종주국에 대한 저항과 좌절, 승리의 과정을 중심으로 역사를 이야기하기 마련이다.

셋째 그 결과로서 아시아 각국의 역사는 구 종주국과의 갈등을 중심으로 서술하고, 이웃나라를 비롯한 아시아의 다른 나라와의 교류와 연쇄의 역사, 즉 아시아 고유의 과정에 대해서는 단편적인 지식밖에 언급하지 않는 경우가 많다.

키워드인 '교류와 연쇄'에는 동아시아를 하나의 통합된 지역단위로 보고 그 고유의 역사를 돌아보는 출발점으로 삼고 싶다는 취재반의 기대가 담겨 있다. 이 때문에 기획은 전쟁이나 침략이란 동아시아의 어두운 면뿐만 아니라 상호간의 의존이나 전후의 경제성장 과정과 협력이라는 적극적인 면도 많이 다루게 되었다.

기억은 명기(銘記)하는 힘과 환기(喚起)하는 힘의 합력이라고 일컬어진다. 명기하지 않으면 생각이 날 수 없고 환기하지 않으면 기억은 망각의 늪에서 잠든 채로 있다.

그렇지만 기억만으로 역사가 될 수는 없다. 제각각의 기억이 각자의 머릿속에 머물러 있는 한, 기억은 그 사람들과 함께 사라져갈 것이다. 기억을 타자와 이야기하고 공유함으로써 비로소 잘못된 기억을 고치고 왜곡된 것을 바로잡아 역사를 계속 이야기할 수 있는 것은 아닐까. 이 때문에 취재반은 같은 사건을 한중일 각각의 입장에서 돌아보고, 각국의 교과서에서 어떻게 다루고 있는지를 점검하는 동시에 사건이 각각의 나라와 지역에서 영상이나 소설 등을 통해 어떻게 집합적으로 기억되고 있는지를 조사해나갔다.

그리고 연재중 취재반은 동아닷컴 등의 도움을 받아 기사를 한국어, 중국어 번체 및 간체, 영어로 번역해 인터넷상에 동시 게재했다. 동시발신이란 이 첫 시도도 '기억에서 역사로'라는 취재반의 패기에서 나온 자그마한 도전이었다.

다행히 연재중에 독자에게서 '언제 책이 나오나'라는 격려나 문의를 많이 받았다. 2008년 4월 19일에는 기획의 총마무리로서 토오쿄오국제포럼에서 '역사화해를 위하여'라는 심포지엄을 열어, 기획에도 도움을 받은 일본·한국·중국·대만 연구자들의 귀중한 보고와 제언을 들었다.

이 책은 그 심포지엄을 포함한 집대성이며 한국과 일본에서 거의 동시에 간행된다. 이 책이 동아시아 공통의 역사를 향해 나아가는 발걸음을 위한 작은 이정표가 되기를 기대한다.

한국 광주(光州)에서
소또오까 히데또시(外岡秀俊) 『아사히신문(朝日新聞)』 전 편집국장

차 례

아편**전쟁과**
메이지유신

동아시아의 근현대는 아편전쟁으로 그 막을 열었다.
최대의 강국이고 지역질서의 맹주라고 알려진 청의 패배는 일본의 위정자에게도 큰 충격을 주었다. 한편 일본에서 발생한 메이지유신은 서양열강을 모범으로 한 근대국가를 지역에서 처음 탄생시켰다.
아편전쟁과 메이지유신, 이 두 개의 사건에 의해 동아시아의 역사는 그때까지와는 전혀 다른 단계로 진입한다.

1. 아편전쟁,
어떻게 각국에
전해졌을까

아편전쟁

1840~42년, 마약인 아편의 무역을 둘러싸고 중국(당시의 청)과 영국이 싸운 전쟁이다.

양귀비 열매로 만드는 아편에는 진정작용이 있어서 중국에서는 파이프로 아편을 피우는 습관이 있었다. 그러나 풍기의 문제 등으로 청 조정에서는 종종 아편금지령을 내리곤 했다. 한편 18세기 후반에 산업혁명을 거친 영국에서는 홍차를 마시는 습관이 서민층에 퍼지면서 중국에서 대량의 차를 구입하게 되었고, 그 때문에 무역적자가 일어났다. 이에 영국은 식민지였던 인도에서 아편을 만들어 중국으로 밀수출함으로써 무역 불균형을 해소하려 했다.

아편 유입으로 중국의 국내경제는 혼란에 빠졌다. 청 황제는 1839년 린 쩌쉬(林則徐)를 특명전권대신(特命全權大臣)에 임명하고 무역의 거점인 꽝저우(廣州)에 파견했다. 린 쩌쉬는 대량의 아편을 몰수해 폐기처분하고 영국상인들을 추방했다.

영국정부는 이러한 조치에 반발해 전쟁을 벌이기로 결정했다. 의회에서는 나중에 수상이 된 글래드스턴(Gladstone) 등이 개전에 반대했지만, 파병 관련 예산은 가까스로 승인되었다. 1840년에 영국은 최신예군함으로 꽝저우 등 연안지역에서 공격을 시작했다.

1842년 영국군이 뻬이징에 가까운 톈진(天津) 앞바다까지 압박하자 청왕조는 굴복했다. 난징(南京)조약을 체결하고, 배상금 지불과 홍콩 할양 및 상하이(上海)와 꽝저우 등의 개항을 받아들였다.

아편전쟁은 지금도 살아있다.

그 사실을 누구보다도 사무치게 느낀 사람은 중국에서 일본으로 마약을 운반하려다가 중국 국내에서 체포돼 2007년 7월에서 10월 사이에 사형이 확정된 일본인 세 명일 듯싶다. 사법당국은 외국인이므로 신중하게 판단할 것이라고 했지만, 관계자는 "마약범죄는 아편전쟁의 역사가 있는 중국에서는 민감한 문제다. 안이하게 판단할 수는 없다"라고 말한 바 있다. 결국 그 말대로 된 것이다.

영국은 아편밀수를 막으려고 한 중국에 세계최강의 함대를 보내 2년 남짓 전쟁을 펼쳤다. 그 아편전쟁의 현장은 지금 어떤 모습일까?

전쟁의 발단이 된 꽝뚱성(廣東省)을 방문했더니, 뚱완(東莞) 시내에만 관련 박물관이 세 곳이나 있었다. '린 쩌쉬 기념관' '아편전쟁박물관' '해전(海戰)박물관'. 격전을 벌인 포대의 유적이라든지, 린 쩌쉬가 영국상인에게서 몰수한 아편을 처분한 인공연못 같은 것들이 재현돼 있다.

매년 6월 26일은 유엔이 정한 '세계 마약퇴치의 날'이다. "마약 화형식을 열거나 주택가를 돌며 마약퇴치 강연회를 합니다." 박물관 세 곳을 관리하는 쑨 꽝핑(孫廣平) 부장은 그 준비에 바쁜 듯했다.

당시 중국인은 아편전쟁을 어떻게 받아들였을까? 패전으로 홍콩을 빼앗겼고 이를 계기로 식민지나 다름없는 신세가 되었기 때문에 위기감이

관광객으로 붐비는 아편전쟁 박물관(꽝뚱성 뚱완시) 앞의 린 쩌쉬 동상. 린 쩌쉬가 태어난 푸젠성(福建省)은 아편을 피우는 습관이 최초로 퍼진 곳이다. 동생도 아편으로 일찍 죽었기에 두려움을 통감했음에 틀림없다. 아사히 신문사 제공(이하 아사히로 약칭).

높았을 것임에 틀림없다. 그렇게 생각하고 뻬이징대학의 왕 샤오추(王曉秋) 교수에게 물었더니 의외의 답이 돌아왔다. "청의 황제는 영토를 잃었지만 위신은 지켰다고 생각해 연회도 그만두지 않았으며 사치스런 생활을 계속했습니다. 아편전쟁 후 20년이 지나도 반성하지 않은 채 허송세월했습니다."

뻬이징에 있는 황제에게 전쟁터는 2천 킬로미터나 떨어진 남쪽이다. 가까운 톈진이 공격을 받았다면 서둘러 린 쩌쉬를 해임했겠지만, 전쟁 후 황제가 난징조약을 '만년화약(萬年和約)'이라 부른 것에서 알 수 있듯이, 더이상 열강의 침략이 계속되리라는 위기감은 별로 없었다.

구미의 책을 번역, 정보를 수집한 린 쩌쉬

그렇지만 무언가를 해보려고 생각한 사람은 있었다. 특히 린 쩌쉬는 필사적으로 구미에 대한 정보를 모았던 것 같다. 세계 지리책과 역사책을 번역했고, 실각한 후에는 친한 친구인 웨이 위안(魏源)에게 이 과업을 넘겨주었다.

그것을 근거로 웨이 위안은 『해국도지(海國圖志)』라는 책을 썼다. 초판은 아편전쟁이 끝난 직후에 나왔고, 1852년에는 100권이나 되는 저서가 완성되었다. 각국의 정세 이외에 서양의 배나 대포 등을 도해를 붙여 해설했고, '서양의 장점을 배워, 서양의 침략을 제압한다'라는 전략을 논술한 것이다.

왕 교수는 일본에 연구하러 갔을 때, 『해국도지』 번역본의 종류가 많아서 놀랐다고 한다. '흑선(黑船, 쇠로 만든 배—옮긴이)'을 타고 온 미국의 페리(Perry)가 일본에 개국을 요구한 것이 1853년의 일이었다. 이듬해부터 3년간 21종에 달하는 번역서가 일본에서 간행되었다. 미국 부분에 집중한 것만도 8종이나 나왔다.

네덜란드를 통해 청의 힘겨운 전쟁을 알게 된 일본

린 쩌쉬의 유산은 본국에서는 열매를 맺지 못하고 일본에서 꽃피웠다. 사꾸마 쇼오잔(佐久間象山), 요시다 쇼인(吉田松陰), 사이고오 타까모리(西鄕隆盛)…… 에도막부(江戶幕府) 말기부터 메이지유신(明治維新)까지의 동향에 중요한 영향을 끼친 사람들은 거의 모두 『해국도지』의 열렬한 독자였다.

'지(知)의 정보루트'. 홋까이도오(北海道)대학의 이노우에 카쯔오(井上勝生) 교수는 그렇게 부른다. "중국은 실로 뛰어난 책을 만들었다. 그 번역 덕에 일본은 아편전쟁 후의 세계를 알고, 그후 메이지유신 정부도 『만국공법(萬國公法)』(국제법) 등을 읽고 외교에 활용했다"라고 말한다.

아편전쟁의 정보루트.

아편전쟁 속보는 또다른 정보루트를 통해서도 얻게 되었다. 그것은 나가사끼(長崎)에 입항하는 네덜란드 배를 통해 들어온 정보이다.

네덜란드는 개전 직후, 풍전등화 같은 청나라의 힘겨운 전쟁 상황을 전했다. 그후 영국이 청을 점령했으며 많은 청의 병사가 죽었다는 소식 등을 중국 배가 일본에 알려주었다.

당사자인 중국에서부터 생생한 정보가 도달했고, 네덜란드에서는 서양에 관한 정보가 전해졌다. 오보도 있었겠지만, 이러한 복수의 정보에 의해 일본은 거의 정확한 사실을 파악할 수 있었던 것이다.

충격를 받은 에도막부의 로오주우(老中, 지금의 수상에 해당됨―옮긴이) 미즈노 타다꾸니(水野忠邦)는 '텐뽀오(天保)의 개혁'에 힘을 쏟는다. 서양식으로 포격연습을 하는 한편, 1842년에는 외국 배가 근접해오면 발포하도록 명했던 것을 중지하고 연료나 물을 주도록 했다.

미즈노는 에도와 오오사까(大阪) 주변을 직할지로 삼으려다 실각했지만, 그후에도 막부는 정보수집에 노력했다. 페리의 내항만 하더라도 네덜란드를 통해 사전에 알고 있었다. 뿐만 아니라 청이 패한 아편전쟁을 교훈 삼아 전쟁을 피하자는 방침을 택했다.

"막부는 대책이 없는 것이 아니라, 국력에 상응한 준비를 치밀하게 하

고 있었다"라고 이노우에 교수는 말한다. 미국으로부터 일방적으로 불평
등조약을 강요받았다는 정설이 수정되어야 할 상황에 몰리고 있다.

왕 교수와 이노우에 교수가 함께 주목하는 인물이 있다. 페리와 동행하
여, 일본측과 한문으로 교섭할 때 통역을 담당한 뤄 썬(羅森)이라는 중국
인이다.

뤄 썬은 막부의 관리들과 친해져 중국의 실정에 관해 질문을 받는 대로
알려주었다. "이웃을 사랑하고 모두가 사이좋게 살아야 한다." 막부측의
히라야마 켄지로오(平山謙二郎)가 그러한 편지를 보내자, 뤄 썬은 아편전
쟁에서 겪은 자신의 경험을 답장으로 보냈다.

"자기 잇속만 채우는 데 열중한 정부관리들은 나의 공헌이나 노력을
조금도 생각해주지 않았습니다. 이 때문에 내 마음은 외국을 여행하는 쪽
으로 기울어 이 증기선을 타고 여기까지 오게 된 것입니다."

몇년 뒤에는 중국으로 가는 일본인도 증가했다. 아편전쟁으로 개항
된 상하이가 국제도시로 발전해가면서 세계를 볼 수 있는 창이 되었던 것
이다.

초오슈우번(長州藩, 현재의 야마구찌현山口縣 — 옮긴이)의 타까스기 신사꾸
(高杉晉作)는 1862년, 막부 사절의 수행원으로 상하이에 가서 농민들이 궐
기한 태평천국군(太平天國軍)의 총성을 듣는다. 제 집 안방인 듯 거리낌없

타까스기 신사꾸(1839~67). 초오슈우번 출신. 에도막부를 타도
하려던 세력의 중심인물. 뜻있는 하급무사와 농민, 주민을 결집
한 '키헤이따이(奇兵隊)'를 만든 것으로 유명하다. 메이지유신의
성과를 보지 못하고 병사한다.

는 영국인과 프랑스인, 그들을 슬금슬금 피하는 중국인. 일본이 이렇게 되어선 안된다. 그렇게 마음을 다잡았다.

귀국 후 타까스기는 하급무사와 농민을 모아 그때까지의 무사군단과는 다른 '키헤이따이(奇兵隊, 민병대 — 옮긴이)'를 조직하여 막부 타도 전쟁을 수행한다.

초오슈우와 결합하여 막부를 쓰러뜨린 사쯔마번(薩摩藩, 현재의 카고시마현鹿繩島縣)에는 특별한 정보루트가 있었다. 일본과 중국에 속하면서 양국에 사절을 보내고 있던 류우뀨우(琉球)왕국(현재의 오끼나와현沖兒縣)에서 오는 정보였다. 중국 남부의 푸저우(福州)에 가면 류우뀨우에서 온 사절과 상인의 숙박시설을 박물관으로 만든 '푸저우 류우뀨우관'이 있다. 아편전쟁 무렵의 연호가 새겨진 류우뀨우인의 무덤도 남아 있다. 린 쩌쉬의 출생지가 바로 이곳이기도 하다.

푸저우에서 직접 들어오는 정보는 귀중했다. 그런데 그것만은 아니다. 아편전쟁이 끝나자 프랑스와 영국의 군함이 앞다투어 나하(那覇)로 와서 통상을 요구했다. 열강의 힘을 알고 있던 사쯔마는 재빨리 개국론으로 돌아섰고, 이윽고 막부 타도에 나섰다.

청조에 기운 조선, 낙관론에 빠져 행동하지 않다

그렇다면 중국과 일본 사이에 있는 조선에는 아편전쟁의 소식이 어떻게 전해졌으며, 어떠한 변화를 가져왔을까?

숭실대 하정식(河政植) 교수에게 질문을 던져보았다.

조선은 일본과 달리 청과 조공관계를 맺어 화이질서(華夷秩序)에 단단히 편입돼 있었다. 매년 적어도 한번은 뻬이징에 사절을 보냈으므로, 직접 눈으로 중국을 관찰할 수 있었다. 그렇다고 해서 일본보다 정확한 정보가 전해졌을 리는 없다.

하교수는 과연 그랬구나 싶은 설명을 해주었다.

우선 정보수집의 대상이 지나치게 청 중심이었다. 종주국의 체제가 어떻게 될지가 관심사였기 때문이다. 게다가 중국은 넓다. 뻬이징은 아편전쟁의 싸움터에서 멀리 떨어져 있어 확실한 정보가 전달되지 않는 문제도 있었다.

하교수는 말한다. "청이 영토를 잃지 않았다고 오해한 점이 크게 영향을 미쳤습니다. 정부가 해안방비를 논의조차 하지 않았습니다. 당시 조선은 소수 권력집단이 국정을 장악했고 적극적으로 문제를 해결하려는 정권은 아니었던 것입니다."

그런데 제2차 아편전쟁(1856~60년)으로 뻬이징이 함락되었다는 정보가

화이질서: 중국 황제를 정점으로 한 계층적 국제관계를 가리킨다. 예로부터 중국에서는 중국이 우월한 문명을 가진 세계의 중심(中華)이고, 그 주위는 미개한 야만인(夷)이라는 사고방식이 뿌리내렸다. 구체적으로는 중국 황제의 은혜를 받기 위해 조선 등 주변 나라들은 공물을 바쳤으며(朝貢), 그 대신 중국 황제가 왕으로 인정한다(册封)는 형태를 취했다. 아편전쟁 당시에는 조선·류우뀨우·베트남 등이 중국과 '조공·책봉관계'를 맺고 중국을 '종주국'으로 인식했다. 일본의 경우 고대와 무로마찌(室町)시대에는 중국과 조공·책봉관계를 맺었으나, 아편전쟁 당시에는 그로부터 벗어나 있었다.

들어오자, 조선왕조인들 당황하지 않을 수 없었지만 행동을 취하지는 않았다.

"조선은 구미가 탐낼 것이 없을 정도로 궁핍했으므로 공격해 오지 않을 것이라 낙관하고 있었습니다. 정보활용이란, 정보 그 자체보다 오히려 그것을 사용하는 사람의 의사나 태도가 중요하다고 할 수 있겠지요."

하교수의 지적은 오늘날에도 여전히 유효하다.

아편전쟁이 그러했듯이, 영국·프랑스·미국 등의 동아시아 진출은 일본을 개국시켰으며 메이지유신이라는 대변혁이 시작되었다.

쿠마모또 신이찌(隈元信一)

마약범죄에 대한 엄벌

중국정부는 마약범죄에 엄벌로 대처한다. 거기에는 아편전쟁의 쓰라린 경험이 얽혀 있다. 중국 동북부 선양(瀋陽)대학 판 샤오양(范曉陽) 조교수(법학)는 "우리는 어려서부터의 교육을 통해 아편전쟁으로 중국에 유입된 마약이 사회에 끼친 악영향을 알고 있다. 그래서 국가가 왜 마약퇴치에 힘을 쏟는지를 이해한다"라고 말한다.

중국의 현행형법에서는 헤로인 50그램을 밀수·판매·수송·제조하면 사형에 처할 수 있다. 중국 사법잡지에 실린 1997년의 마약범죄 판결통계에 의하면, 헤로인 50그램 이상, 아편 1킬로그램 이상의 마약범죄로 기소된 피고 가운데 7할 이상이 사형이나 무기징역 또는 15년 이상의 징역형을 선고받았다고 한다.

이 책 제1장 서두에 소개된바, 중국에서 마약밀수죄로 중국에서 집행유예 없이 사형선고를 받은 사람은 40대에서 60대 사이의 일본인 세 명. 중국은 세계에서 마약의 대표적인 생산지로 알려진 미얀마, 태국과 가깝다. 이들 세 명이 중국에서 일본으로 운반하려고 한 마약도 제3국에서 중국으로 들여온 것이라고 한다.

정부가 엄벌주의를 취한 배경에는 마약유입이 끊이지 않는다는 현실도 있다. 2006년에 입건된 마약범죄 사건은 총 4만 6천 건, 구속자는 총 5만 6천 명에 달한다.

2. 유신으로
혼란스러운데 왜
대만출병을 했을까

메이지유신이란

에도막부와 여러 번들이 다스리던 정치체제〔幕藩體制〕를 무너뜨리고, 새로운 중앙집권국가가 여러가지 개혁을 추진한 것을 말한다. 폐번치현(廢藩置縣, 번을 폐지하고 현을 설치한 개혁 — 옮긴이)과, 구미를 모델로 한 징병제도, 식산흥업(殖産興業)정책이 도입되었으며, 그밖에도 교육제도와 징세제도도 근본적으로 바꾸어 근대적인 국가형성이 진행되었다. 이러한 개혁은 주변국에도 자극을 주었다. 예를 들어, 중국(당시 청)에서는 청일전쟁(중국에서는 갑오중일전쟁) 후, 캉 유웨이(康有爲) 등이 메이지유신에서 배워 정부기구의 개혁과 인재등용을 추진했다. 이 개혁은 103일 만에 좌절되어 '백일유신'이라고도 불린다.

메이지유신은 두 개의 얼굴을 지니고 있다. 하나는 산업과 인재를 길러 중앙집권국가를 만들어가는 국내개혁. 또 하나는 나중에 군국주의로 이어지는 해외출병. 전자는 중국과 조선도 배우게 되지만, 후자는 동아시아를 휘저어 사람들의 운명을 크게 뒤바꿔놓았다.

국내개혁을 시작한 지 얼마 되지 않았는데 곧바로 해외침략으로 방향을 튼 것은 무엇 때문일까?

그 대답을 찾기 위해 대만으로 향했다. 근대 일본에 최초의 해외파병은 한반도도 중국대륙도 아닌, 당시 '세이따이(征臺)의 에끼(役)'라고 불린 대만출병이었기 때문이다.

2007년 6월 4일 대만 남부의 무딴마을(牡丹鄕, 출병 당시는 무딴샤牡丹社)은 남국의 눈부신 햇살을 받고 있었다. 이곳을 1874년 5월 일본군이 공격해왔다. 유신의 영웅 사이고오 타까모리의 동생인 육군중장 사이고오 쯔구미찌(西鄕從道)가 이끄는 3,600명이 그들이다.

때마침 그 대만출병을 돌아보는 심포지엄이 열리고 있었다. 무딴 현지의 관공서가 주최한 행사로 백여명의 참석자 가운데 원색의 민속의상을 입은 선주민 파이완족(排灣族)들이 눈에 띈다. 조상과 관계가 있는 전쟁의

(상) 무딴마을 입구에 있는 문. 윗부분에 일본군에 저항하는 파이완족의 모습이 새겨져 있다.
(하) '대만출병'을 둘러싼 대만, 일본 연구자의 이야기에 파이완족 주민들이 열심히 귀를 기울이고 있다. 대만 삥뚱현(屛東縣) 무딴마을에서 카따꾸라 요시후미(片倉佳史) 촬영.

진상을 알고 싶어 모인 것이었다.

파이완족인 리 진슈이(李金水) 씨는 할아버지에게서 전투경험을 들으면서 자랐다. "산속에서 총포로 일본군을 공격했다는 것 같아요. 총알이 다 떨어졌는데, 잠시 후 당연히 쓰러졌어야 할 일본병사들이 다시 일어나는 바람에 당황해 도망쳤다고 합니다. 그런 식의 이야기였습니다."

이 전투는 일본에서는 거의 잊혀졌지만, 대만에서는 어떨까?

역시 파이완족이며 초등학교 교사인 뚜 스윈(杜詩韻) 씨는 대학시절 노인들을 대상으로 구술조사를 한 적이 있다. "자세하게 알고 있는 사람은 없었습니다. 있다 해도 입을 굳게 다물고 있어서……"

대만에는 1949년, 중국공산당과의 내전에서 패한 국민당이 도망쳐왔다. 그 정권 밑에서 원주민의 역사는 어둠속으로 묻혔다. 민주화가 진행된 지금에서야 겨우 그 역사를 조명하려는 기운이 높아진다고 한다.

그렇다면 일본군은 왜 대만에 출병했을까? 발단은 그로부터 3년 전, 1871년으로 거슬러 올라간다.

미야꼬섬의 관리가 살해되어 '정벌' 명목으로 출병

1871년 류우뀨우 미야꼬섬(宮古島)의 관리 등 69명이 탄 배가 악천후 때문에 표류하다 대만에 도착했다. 그 가운데 54명이 파이완족에게 살해 당했다. "환대했는데 도망쳤기 때문에 적이라고 생각했다." 현지에서는 그렇게 전해지고 있다.

그러나 일본정부는 그렇게 생각하지 않았다. 살해자들을 응징한 후 잘 하면 그 땅을 일본이 차지할 수 있겠다는 생각에 출병이 이뤄졌다.

정부 내에서는 반대론이 적지 않았다. 실력자 중 한명인 키도 타까요시 (木戸孝允)는 항의 끝에 참의(參議)라는 정부의 요직을 사퇴했다.

지금 생각해도, 그야말로 무모한 출병으로 보인다. 전투에서 일본측 사 망자는 겨우 12명이었으나, 말라리아 등으로 5백명 이상이 병사했다. 사 전조사가 불충분했을 뿐 아니라 군의관과 의약품도 부족했기 때문이라고 한다. 상대를 항복시켰다고는 하나, 현지군의 간부가 "눈 뜨고 볼 수 없는 지경"이었다고 편지에 쓸 정도였다.

무엇보다 대만은 중국(당시 청)의 영토였다. 그곳에 군대를 보내면 청이 조용히 있지 않을 것이다. 20년 일찍 청일전쟁이 일어났을지도 모르는 일 이었다. 그런데도 왜 출병을 단행한 것일까?

이 의문을 계속 추적해온 오오사까시립대 명예교수인 모오리 토시히 꼬(毛利敏彦) 씨는 당시의 최고실력자 오오꾸보 토시미찌(大久保利通)를 주 목한다.

오오꾸보 토시미찌(1830~78). 사쯔마번 출신으 로 메이지유신의 중심적 지도자. '비극의 영웅' 인 사이고 타까모리에 반해 오오꾸보는 '냉철한 권력자'로 보여 인기가 없었다.
사이고오 타까모리(좌상).
사이고오 쯔구미찌(좌하).

오오꾸보는 출병하기 한해 전인 1873년, '정한론(征韓論)'을 둘러싼 정변(政變)으로 실권을 잡았다. 그것이 큰 오산이 있었다는 게 모오리 씨의 생각이다. 같은 카고시마 출신의 맹우(盟友)로 덕망이 높은 사이고오 타까모리가 오오꾸보와 대립하여 참의를 그만두고 고향으로 내려가버린 것이다.

인기가 없는 정권이 하는 짓은 예나 지금이나 마찬가지다. 손쉽게 성과를 올릴 수 있는 일은 내정보다 외정이다. 그때 이미 움직이기 시작한 대만출병이 눈앞에 다가왔다. "오오꾸보는 이미 굳어진 출병을 억지로 추인한 것처럼 전해지지만, 시종일관 출병에는 적극적이었다"라는 것이 모오리 씨의 설명이다.

한편 막 반포된 징병령을 반대하는 농민들이 격렬하게 집단저항운동을 일으켰던 것도 간과할 수 없다. 징병이 필요하다는 현실을 보여주기 위해 정부가 대외전쟁으로 기울었다고 보는 연구자도 있다.

농민만은 아니다. 정한론이라는 정변에 분노한 코찌현(高知縣)의 사족(士族, 메이지유신 후 무사계급에 부여된 칭호 ― 옮긴이)이 오오꾸보와 함께 정부를 좌지우지하던 이와꾸라 토모미(岩倉具視)를 습격한 사건이 일어났다. 불만을 밖으로 돌리지 않으면 정권이 위험했다. 점차 그러한 상황으로 변해갔다.

더욱이 불평을 품은 사족 가운데 최강을 자랑하는 카고시마의 사쯔마

정한론: 조선에 파병하여 조선을 정복한다, 또는 조선에 정치체제 변혁을 압박한다는 주장을 정한론이라고 한다. 에도막부 말기와 메이지 초기에 정부 안팎에서 논의되었다. 메이지 신정부가 출현하면서부터는 조선측이 일본에서 오는 외교문서가 막부시대의 형식과 다르다는 이유로 국교를 거절했다. 게다가 1873년 5월 조선이 부산에 있던 일본측 체류시설의 문 앞에 일본을 모욕하는 글을 게시했다는 보고가 전해지자, 참의인 이따가끼 타이스께(板

파벌은 '세이따이(征臺)'에 열심이었다. 사쯔마는 에도시대 초기부터 류우뀨우를 지배해왔기 때문에 그 섬 주민 살해사건은 남의 일이 아니었다. 실제로 사이고오 타까모리 휘하의 3백명 정도가 대만출병에 가담했다.

그런데 류우뀨우는 청 조정에도 사절을 보내어 중국과 일본의 '양속(兩屬)'관계를 유지해왔다. 이것 또한 청과 대립하는 지점이 되지 않을 수 없었다.

배상금 지불한 청, 전쟁의 '불씨'가 되다

중국 톈진사회과학원에서 일본연구소 소장으로 근무한 뤼 완허(呂萬和) 씨는 이렇게 말한다. "대단히 모험적인 군사행동이었습니다. 그 사실을 오오꾸보는 잘 알고 있었다고 봅니다."

오오꾸보는 뻬이징에 가서 청조정과 교섭에 임했다. 『오오꾸보 토시미찌 일기(大久保利通日記)』 등을 통해 경과를 살펴보면, 난항을 겪었음을 잘 알 수 있다.

"만국공법(국제법)에 비춰보면, 출병지에 청의 통치력이 미치지 않는다." "아니, 청의 방식으로 통치하고 있다." 프랑스인 법률고문인 부아쏘나드(Boissonade)의 지혜를 빌려 국제법을 활용해 압박하는 오오꾸보에 대항하여, 청 조정은 "청일수호조약을 지키지 않을 것인가"라고 반박했다.

垣退助)가 내각회의에서 거류민 보호를 명목으로 파병을 주장하였다. 한편 사이고오 타까모리는 파병에 반대하며 자신을 대사로 파견해줄 것을 요구했다.

이따가끼 등이 찬성하여 일단 사이고오의 파견이 결정되었으나, 이와꾸라 도모미가 천황에게 결정사항을 보고하면서 파견을 인정하지 않도록 요구했기 때문에 내각회의에서 정식 결정되었으면서도 파견이 중지되는 이상사태가 발생했다.

청일수호조약이란 그 전년인 1873년에 막 발효된 조약이었다. 구미와 불평등조약을 맺지 않을 수 없었던 일본과 청으로서는 처음 맺은 대등한 조약으로, 서로의 국토를 침범하지 않을 것을 약속했다.

결국 현지 영국공사의 조정으로 청이 50만량을 지불하고 일본의 출병이 "백성을 보호하는 의거"였다고 인정하는 댓가로 일본은 철병했다. "청 정부는 군사행동이 둔중했고 외교력도 취약했다. 오오꾸보는 교섭을 통해 실패를 승리로 바꾸어 명예를 만회했다"라고 뤼 완허 씨는 말한다.

청으로서는 일본에 배신당했다는 생각이 강했을 것이다. 일본을 같은 편으로 하면 구미에 대항하는 데 도움이 된다. 그렇게 생각하여 청일수호조약 체결을 추진했던 실력자 리 훙장(李鴻章)은 이렇게 말했다. "구미는 아무리 강하다 해도 아주 먼 곳에 있지만, 일본은 문 앞에서 우리를 엿보고 있다. 중국의 영원한 골칫거리이다."

이후 청은 일본을 가상 적국으로 간주하고 군비확충을 서두른다. 모오리 씨의 말을 빌리면, "여기서 청일전쟁의 불씨가 생긴 것"이다.

청으로서는 류우뀨우인을 일본의 '백성'이라고 인정한 것이 최대의 패착이었다. 일본정부는 이듬해 청에 바치는 조공을 폐지하라는 명령을 류우뀨우에 내렸고, 4년 뒤인 1879년에는 류우뀨우번을 오끼나와현으로 바꾼다. 완전하게 일본의 일부로 삼은 것이다.

리 훙장(1823~1901). 청조말기의 정치가. 공업진흥을 추진한 '양무운동'의 지도자이기도 했다. 외교에서 타협하는 경우가 많아, 국내 반대파로부터 '연약외교'라고 불렸다.

"오랫동안 중국과 종속관계를 지켜온 류우뀨우가 화이질서에서 떨어져나갔다. 중화체제가 붕괴해가는 첫걸음이라는 데서 의미가 크다." 오끼나와대학의 마따요시 세이끼요(又吉盛清) 교수는 그렇게 말한다.

당시 중국에서도 조공국이 전부 무너져간다며 위기감을 느낀 사람이 있었다. 청일수호조약에 근거하여 청에서 부임해온 초대 일본공사 허 루장(何如璋)은 본국에 이런 편지를 보냈다.

"류우뀨우가 망하면, 조선에 영향을 미칠 것이다."

다음은 조선, 포대를 군함으로 도발

그 예언은 현실로 나타나고 있었다.

현재의 인천국제공항은 영종도에 있다. 1875년 9월 이 섬이 일본군에 기습을 당해 주민 30여명이 살해되었다. 근처인 강화도에 있던 포대를 일본의 군함 '운요오호(雲揚號)'가 도발해, 포격전이 벌어졌던 것이 그 계기였다.

이 운요오호사건(일본에서는 강화도사건)을 이유로, 1876년 일본은 조선에 한일수호조약이라는 불평등조약을 맺게 하고 개국을 강요했다. 일찍이 일본이 미국의 페리함대에 당한 일을 더욱 난폭하게 조선에 되풀이한 것이다.

강화도도 당시와는 모습이 바뀌었다. 운요오호를 공격한 포대의 유적인 초지진(草芝鎭)은 보기 좋은 전망대가 되어 관광버스와 승용차가 끊임없이 들어온다. 문화관광해설가인 박성옥(朴成玉)씨는 "여기는 한국이 근대와 만난 장소입니다"라고 설명하면서, "지금은 서울에서 가까운 관광지가 되었습니다"라고 했다.

운요오호사건에 대해서는 최근 새롭게 밝혀진 사실이 있다. 지금까지 알려진 운요오호 함장의 보고서보다 먼저 씌어진 보고서가 일본의 방위연구소 도서관에 있었던 것이다.

'운요오호는 물 보급을 목적으로 접근했으며, 일장기를 달고 있었음에도 포격을 당했다.' 이것이 이제까지의 보고서에 따른 일본측의 주장이었다. 그런데 새로 찾은 보고서에는 '물 이야기'는 전혀 없다.

새로운 사료에 관심을 가진 이태진(李泰鎭) 서울대 교수를 만나 이야기를 들었다.

"지금까지의 보고서는 사실관계를 알고 싶어한 영국공사를 만나기 전날에 고쳐쓴 것입니다. 다음날에는 같은 것을 프랑스공사에게도 보여주었습니다. 조선은 국제법도 모르는 야만스러운 나라라는 이미지를 갖게 해서 영국과 프랑스를 자기편으로 삼고 싶었겠지요. 조약교섭을 유리하게 이끌어가기 위한 공작입니다."

당시 일본정부에는 부아쏘나드뿐만 아니라, 프랑스계 미국인인 르장드르(Le Gendre)처럼 대만출병 때 "장래에 일본이 대만을 영유하면 좋을 것"이라는 등의 바람을 넣은 외국인 고문도 있었다.

이교수는 앞에서 이야기한 운요오호사건과 조약에 관한 정설에 의문을 품고 있다. "쇄국정책을 펴던 조선을 일본이 개국시켜 은혜를 베풀었다는 것은 나중에 한국병합을 강행한 일본측의 주장이 아닌가" 하는 것이다.

운요오호사건이 있기 2년 전, 22세가 된 조선국왕 고종이 직접 정치를 하겠다고 선언했다. 국제적으로 잘 대응하지 못하면 살아남을 수 없다, 개국은 피할 수 없다. 고종은 그런 개화사상을 가지고 있었다고 한다.

그러고는 이렇게 덧붙였다. "고종은 개화에는 일본의 도움이 필요하다고 생각해 조약체결에도 적극적이었다. 조선이 개국할 의사가 있어 쌍방의 합의로 이루어진 것이 한일수호조약(강화도조약)이다." 이후 대립은 제쳐두고, 조약을 체결할 때는 합의가 있었다는 취지이다.

조약에는 "조선은 자주국으로, 일본과 평등한 권리를 갖는다"라고 되어 있다. 청의 종주권을 부정하는 것이라는 해석이 가능한데, 훗날 청일전쟁(중국에서는 갑오중일전쟁) 개전의 구실이 된다.

(쿠마모또 신이찌, 니시 마사유끼西正之, 사또오 카즈오佐藤和雄)

고종(1852~1919). 12세에 조선왕조 제26대 국왕에 즉위. 아버지 대원군과는 다르게 개화정책을 실시했으며 서양문명을 수용하여 궁전에도 일찍부터 전기를 도입했다. 정무를 저녁 이후에 보는 습관 때문이었다는 설도 있다.

일본 · 중국 · 한국 · 대만의 중학생들은 어떠한 역사를 배우고 있는 것일까? 각국에서 가장 널리 사용되고 있는 교과서를 중심으로 비교해 읽어본다.

교 과 서 를
비 교 한 다

각국의 서술 분량과 특징은?		
	아편전쟁	메이지유신
일본	제2차 아편전쟁을 포함하여 9줄.	12면으로 많은 분량. 여러 개혁을 설명.
중국	5면으로 자세히 서술. 중화민족의 저항을 강조.	세계사에서 2면 남짓. 중국의 개혁과 비교하는 과제도 있음.
한국	8줄. 아편전쟁은 세계사 부분에서 다룸.	세계사에서 1면. 자국사에서도 메이지유신의 영향을 다룸.
대만	중국사 부분에서 1면. 청조에 냉담한 시선.	세계사에서 1면 반. '강국과 어깨를 나란히했다'라고 평가.

일본

간명한 서술

토오꾜오서적(東京書籍)의 『새로운 사회: 역사(新しい社會: 歷史)』는 「제5장, 개국과 근대일본의 발걸음」에서 아편전쟁을 다루고 있지만 상당히 간명하게 서술한다.

아편을 엄격하게 단속한 청에 대해, 1840년 영국은 군함을 보내 굴복시켰습니다(아편전쟁). 그 결과, 상하이 등의 항구를 개항시키고 홍콩을 손에 넣은 영국은 더 나아가 영사재판권을 인정하도록 하는 등의 불평등한 조약을 청에 강요했습니다.

교과서의 전체내용은 일본사 중심으로 구성되며, 아편전쟁은 어디까지나 개국 후 근대화로 나아간 일본사를 이해하기 위한 배경으로 다루어진다.

1950년대의 교과서에서는 '앞선 유럽'과 '뒤처진 아시아'라는 대비로 설명했지만, 지금은 그러한 표현은 사라졌다. 현재는 대청(對淸)무역 적자에 고심하던 영국이 아편밀수를 시작했다는 사실을 명기하고 있다. 토오꾜오서적의 와따나베 노리오(渡邊能理夫) 사회편집부장은 "아시아가 뒤처졌다는 시각은 부적절하다는 역사학계의 견해가 반영된 결과"라고 말한다.

학습지도요령*은 메이지유신에 관해 "복잡한 국제정세 속에서 독립을 지키고 근대국가를 형성하던 정부와 인물의 노력을 알 수 있도록 한다. 폐번치현, 학제·병제·세제의 개혁, 신분제도 폐지, 영토의 획정을 다룰 것"을 요구하여, 어느 교과서든 이에 따라 해당내용을 기술하고 있다.

토오꾜오서적판에서는 메이지유신에 관해 12면을 할애하고 있다. 영토획정에 대해서는 "국경을 정하는 것은 근대국가로서 중요한 과제였습니다"라고 설명한다. 또한 류우뀨우왕국을 일본에 편입시켜 오끼나와현을 설치한 '류우뀨우처분(琉球處分)'도 다루면서 "군대의 힘을 빌려 이에 반대하는 류우뀨우사람들을 억누르고 오끼나와현을 설치했습니다(류우뀨

---

* 학습지도요령: 초등학교에서 고등학교까지의 학교교육에서, 학년마다 배울 내용과 시간을 명시한 문서. 문부과학성이 학교교육법에 기초해 고시한다. 교과서도 지도요령에 따라 편집·검정되고 있다.

우처분)"라고 서술하고 있다.

중화민족의 저항을 강조

아편전쟁을 '근현대사의 시작'으로 자리매김하는 중국. 인민교육출판사의 『중국역사(中國歷史)』에서는 5면에 걸쳐 이를 자세히 설명한다.

아편전쟁을 다루는 단원의 제목이 「침략과 반항」이라는 점에서 알 수 있듯이, 침략이라는 사실(史實)뿐만 아니라 중화민족이 어떻게 저항했는지를 강조하는 점이 특징이다. 예를 들어 린 쩌쉬의 아편처분을 다음과 같이 설명한다.

아편처분은 중국 인민의 아편금지 투쟁의 위대한 승리이며, 밖으로부터의 침략에 반대하는 중화민족의 단호한 의지를 분명히한 것이었다. 이 투쟁을 지도한 린 쩌쉬는 의심할 바 없는 민족의 영웅이다.

메이지유신에 대해서는 세계사 교과서(인민교육출판사의 『세계역사(世界歷史)』)에서 2면 남짓한 분량으로 설명한다.

중국의 학습지도요령에 해당하는 '역사과정표준'의 작성에 관여한 주 한꿔(朱漢國) 뻬이징사범대 교수는 "메이지유신은 일본의 역사에서도 중요한 위치를 차지한다고 생각한다. 그것은 일본이 전통사회에서 근대사회로 변화한 중대한 사건이었다"라고 말한다. 「일본의 메이지유신」이라는 항목은 이렇게 끝을 맺고 있다.

메이지유신에 의해 일본은 쇄국했던 봉건사회에서 자본주의국가로 전환되었다. 반(半)식민지 국가가 되지 않았던 것은 일본의 역사에서 중대한 전환점이었다. 그러나 일본은 강해진 후 곧바로 대외 침략과 확장이라는 군국주의의 길을 따랐다.

또한 19세기 말 일본의 메이지유신을 모방하여 인재등용 등의 개혁을 시도한 '무술변법(戊戌變法)'이 일어났지만 실패했다고 서술하면서, 교과서에서는 '왜 메이지유신은 성공하고 무술변법은 실패했는가'를 조사할 것을 과제로 제시하고 있다.

한국

일본의 대륙침략 과정 서술

한국에서는 자국사는 국정(國定)인 '국사' 교과서로 배우고 세계사는 '사회' 교과서로 배운다. 아편전쟁은 국사가 아닌 세계사 과목에서 다룬다. 그 이유를 교육인적자원부의 구난희(具蘭憙) 교육연구관은 "아편전쟁이 조선에서 미친 영향은 간접적이었기 때문"이라고 설명한다. 금성출판사의 『사회 2』에서는 「동아시아의 근대적 성장」이라는 장에서 아편전쟁을 8줄로 간단하게 서술한다.

한편 메이지유신에 대해서는 같은 교과서에서 1면을 할애하고 있다.

메이지정부는 봉건제도를 폐지하고 국왕 중심의 입헌군주제를 채택했다. 또한, 신분제도와 토지제도, 조세제도 등을 개혁하고 신식교육을 실시했으며, 적극적으로 산업을 진흥하여 자본주의를 크게 발전시켰다. 이로써, 일본은 아시아에서 가장 먼저 근대국가로 성장했다.

기본적으로는 긍정적인 평가이지만, 바로 이어 「일본의 대륙침략」이라는 항목을 두고 다음과 같이 서술한다.

아시아 각국이 열강의 식민지나 반식민지 상태로 전락하고 있을 때, 메이지유신에 성공한 일본만이 근대국가로 성장하여 제국주의의 길로 들어서게 되었다.

청, 러시아와의 전쟁을 거쳐 '마침내 조선의 주권마저 빼앗았다'라며, 지도를 덧붙여 대륙침략의 전개과정을 보여준다. 교과서 집필자는 "메이지유신에는 긍정적인 면과 부정적 면이 있으므로, 그것을 사실대로 기술했다"라고 설명한다.

국사 교과서에서도, 갑신정변(甲申政變, 1884년)을 일으킨 김옥균(金玉均) 등 개화파에 대해 "메이지유신을 본떠 근대국가를 이루고자 했다"라고 메이지유신의 영향을 언급한다.

대만

'쯔진청의 황혼'이라며 냉담

대만의 주요 출판사 세 곳의 교과서 가운데 하나인 난이서국(南一書局)의 『국민중학 : 사회』에서는 아편전쟁에 대해 1면밖에 할애하고 있지 않다. 해당 단원의 제목은 「쯔진청(紫禁城)의 황혼」. 쯔진청이란 청조의 왕궁(현재의 고궁)이며, '황혼'이란 청조의 쇠퇴를 의미한다. 제목에서부터 중국이 다루는 방식과 다르게 어딘가 냉담하다.

이 교과서의 편집지도위원인 저우 후이민(周惠民) 정치대학 역사학부 교수는 아편전쟁을 포함한 교과서 전체의 작성방침에 대해, "대만은 10여년 전까지만 해도 국민당 사관이 뚜렷했다. 우리는 국민당 사관을 수정하려고 여러모로 생각했다"라고 설명한다. 국민당 사관이란 '국민당정권이 중국의 정통정권이다'라는 사고가 반영된 견해이다.

국민당정권하인 1983년 제정된 역사과정표준에 따라 편집된 교과서에서는 아편전쟁에 대해 4면 남짓한 분량을 할애하여 자세히 설명한다. 불평등조약에 의해 '열강의 침략대상이 되었다'라고 피해자로서의 측면을 강조했다. 현재는 아편전쟁의 결과를 다음과 같이 담담하게 기술한다.

근대중국이 불평등조약을 맺는 서막이 되었다. 이후 다른 열강들도 똑같은 특권을 챙겼다.

메이지유신에 대해서는 중학3년 사회 과목의 세계사 부분에서 1면 반이 할애되어 있다. 옛 교과서에서는 "유신에 성공한 일본은 아시아에서 최초로 공업화한 나라가 되어 대외침략을 시작하여, 우리나라에 심각한 피해를 초래했다"라고 메이지유신의 부정적 측면을 강조했지만, 현재는 이렇게 결론을 맺는다.

(일본은) 갑오전쟁과 러일전쟁으로 중국과 러시아를 잇달아 물리쳐 세계의 강국과 어깨를 나란히했다.

한 나라의 이미지나 역사적 사건에 대한 집단적인 기억은 어떻게 만들어진 것일까? 여기서는 그것을 탐구해보고자 한다.

먼저 2006년 가을에 방영된 중국중앙텔레비전의 역사다큐멘터리를 살펴본다.

기억을 만드는 것

중국 TV프로그램

'냉정하고 정확하게' 일본의 모습을

코이즈미 준이찌로오(小泉純一郎) 수상의 야스꾸니(靖國)참배 등을 계기로 최악의 상태가 된 중일관계. 2007년 4월 원 자빠오(溫家寶) 수상의 방일을 두고 중국측은 "얼음을 녹이기 위한 여행"이라고 자리매김했다. 그런데 직후에 중국사회과학원이 뻬이징, 샹하이 등의 주민 1천명을 대상으로 대일본 인식을 조사한 바에 따르면, "친밀감을 느끼지 않는다" "그다지 친밀감을 느끼지 않는 편이다"라고 대답한 사람이 60%를 넘는다. 그이유로 응답자의 7할이 '역사인식의 차이'를 들었다.

조사를 직접 담당한 사람은 중국에서의 대일 이미지 형성을 연구하는 류 즈밍(劉志明) 중국사회과학원 미디어조사쎈터장이다. "중일전쟁·침략국가·잔학행위 같은 대일 이미지가 형성된 데에는 텔레비전 등의 영상이 압도적인 영향을 미쳤다"라고 설명한다. 류 씨가 '일본을 묘사하는 방식으로는 획기적'이라고 평가한 TV프로그램이 2006년 11월에 방송되었다.

중국중앙텔레비전(CCTV)의 역사다큐멘터리 「대국굴기(大國崛起)」('강대국의 대두'란 의미)가 바로 그것이다. 총 12회(회당 약 50분)에 걸쳐 미국, 러

서점 전면에 진열된 '대국굴기' DVD. 뻬이징에서 아사히.

시아 등 9개국의 근대화과정을 그렸다. 괄목할 만한 경제발전을 달성한 중국이 진정한 대국이 되기 위한 교훈을 얻고자 하는 것이 이 프로그램의 기획의도인 셈이다.

「백년유신(百年維新)」이라는 제목이 붙은 일본편은 평론가인 카또오 슈우이찌(加藤周一) 씨 등 일본과 중국 지식인들의 코멘트를 삽입하여, 1853년의 흑선(黑船)의 내항에서부터 전후의 발전에 이르기까지의 과정을 추적했다. 그중 역점을 둔 것은 메이지유신이다. 류 씨는 "중국인에게 메이지유신은 군국주의의 대두를 상기시킬 뿐, 결코 긍정적인 이미지는 없다"라고 말한다.

그러나 이 프로그램에서는 메이지유신 시기의 산업육성과 해외문화를 흡수하는 모습 등을 소개한다. 2차대전의 패전을 극복한 것도 메이지유신 때 틀이 잡힌 인재육성제도 등의 쏘프트파워가 있었기 때문이라고 평가한다. 등장하는 인물은 변혁기의 지도자 오오꾸보 토시미찌, 산업육성의 관점에서 주목한 시부사와 에이이찌(澁澤榮一), 국가제도를 정비했다는 점에서 선택한 이또오 히로부미(伊藤博文), 이 세 사람에게 초점을 맞추었다. 한편 중국 등에 대한 침략전쟁의 역사는 간단하게 소개하는 데 그친다.

뻬이징주재 일본대사관 홍보문화쎈터장인 이데 케이지(井出敬二) 공사는 이 프로그램에 강한 인상을 받았다고 한다. "현체제하에서는 미묘한 주제인 자유민권운동까지 다루었다. 중국에서는 매우 드문 일이다."

관계자에 따르면, 프로그램 제작의 발단은 2003년 11월에 공산당 정치국이 역사학자를 초청해 개최한 학습모임이라고 한다. 주제는 '15세기 이래 대국의 발전사'. 이러한 움직임을 알게 된 CCTV측이 프로그램 제작에 나선 것이다.

많은 역사학자들의 협력으로 2004년 초부터 준비하여 방송까지 대략 3년이 걸렸다. 일본에 유학한 경험이 있고 일본편 제작에 관여한 왕 커리(王克力) 씨는 "지금까지 일본을 묘사할 때는 전쟁이 부각되었다. 이 프로그램에서는 일본의 본 모습을 냉정하게 전할 수 있도록 신경썼다"라고 말한다. "가장 절실하게 전달하고 싶었던 것은 외국문화를 배우고 받아들이려는 강한 의욕이다. (약 1년 10개월에 걸쳐 정부의 중심인물들이 구미를 시찰한) 이와꾸라 사절단은 그 상징적인 존재이다"라고 강조한다.

CCTV는 1980년대 후반에도 서양문명과 중국을 대비하면서 중국 근대화의 길을 모색하려 한 역사다큐멘터리 「황하의 엘레지(河殤)」를 제작한 바 있다. 그러나 그후 당국에서 방송금지처분을 받아 아직까지도 중국 국내 텔레비전에서는 볼 수가 없다(좀더 정확히 말하면, 1988년 중국의 여러 방송국에서 인기리 방영되다가 1989년 톈안먼사건 이후 방영금지되었다 ─옮긴이).

뻬이징대학의 쑹 청여우(宋成有) 교수(일본사)는 "「하상」은 정치적인 메씨지가 강했지만, 이번 「대국굴기」는 역사적 사실을 전하는 데 역점을 두고 있다. 또한 당시와는 개혁·개방의 진전 정도도 다르다"라고 지적한다. "지금 중국은 전지구화(globalization)에 어떻게 대응해나갈 것인지를 묻고 있다. 메이지유신의 어떤 점이 참고가 될 것인가. 일본을 재발견하려는 시도이기도 하다."

프로그램은 DVD와 책으로도 제작되어 중국의 서점 등지에서는 가장 눈에 잘 띄는 곳에서 판매되고 있다. 인기는 중국 국내에만 머무르지 않는다. 한국교육방송(EBS)은 "역사가 객관적으로 묘사되어 있어 한국에서도 참고가 된다"라며 방영권을 구입해, 2007년 1월과 2월에 방영했다. 대기업인 삼성전자에서는 직원들에게 DVD 시청을 권하는 등, 방송 직후부터 반향을 불러일으켰다. 시청자들의 강한 요청에 힘입어 6월부터 재방송이 결정되었다.

한국 연세대학교의 백영서(白永瑞) 교수(중국현대사)는 "중국의 역사연구와 교육에서는 최근 애국주의와 다원적 역사관이 2대 조류를 이루고 있다. 중국을 위해 외국의 역사를 배우자는 「대국굴기」에는 그 두 가지가 중첩되어 있다"라고 분석하면서, "일본에 대해서도 반일만으로는 안되고 긍정적인 측면을 배우려는 것이다"라고 말한다.

영화 「아편전쟁」, 전쟁을 다룬 오락대작

아편전쟁을 소재로 한 영화가 많지는 않지만 화제작은 있다. 최근 영화로는 「부용진(芙蓉鎭)」 등으로 알려진 중국의 명장 셰 진(謝晉) 감독이 찍은 「아편전쟁(阿片戰爭, 1997)」이 있다. 홍콩 반환에 맞추어 제작되어 아시아 각지에서 공개되었다. 제작비는 당시 중국에서 최고액수인 1억 위안(약 160억원)에 달했고, 2만 상자가 넘는 아편폐기 장면에 3천명의 엑스트라를 동원하는 등 그 스케일로 화제가 되었다. 실현되지는 못했지만, 영국여왕 역으로 고 다이애너 전 황태자비에게도 출연섭외를 했다고 한다. 중국에서는 이밖에도 1950년대 후반 작품으로, 명배우 자오 딴(趙丹)이 주연을 맡은 「린 쩌쉬(林則徐)」가 알려져 있다.

일본의 마끼노 마사히로(マキノ正博, 나중에 한자가 雅弘으로 바뀜) 감독의 「아편전쟁(1942)」은 독특한 작품이다. 전시 사회상을 반영하여 반영국(反英國)의 시점에서 묘사하는 한편, 뮤지컬적 요소도 도입한 대작 오락영화였다. 출연배우는 모두 일본인으로, 하라 세쯔꼬(原節子)와 타까미네 히데꼬(高峰秀子)가 자매로 출연했다. 음악은 핫또리 료오이찌(服部良一)가 담당했으며, 와따나베 하마꼬(渡邊はま子)가 부른 주제곡 「바람은 바다에서부터」는 오랫동안 인기를 끌었다.

그리고 같은해 만주영화협회와 중국 영화사와의 합작으로 린 쩌쉬의 활약을 그린 「만세류방(萬世流芳)」도 만들어졌다. 당시 리 샹란(李香蘭)이란 이름으로 활약하던 만주영화협회의 스타 야마구찌 요시꼬(山口淑子)가 출연했다. 환상 속의 작품이었다가 2005년 토오꾜오 쿄오바시(京橋)에 있는 토오꾜오국립근대미술관 필름쎈터에서 61년 만에 상영되었다.

(니시 마사유끼)

청일**전쟁**과
대만할양

아편전쟁 등 서구 여러 나라들과의 잇따
른 전쟁에서 청이 패한 것을 알고 근대화
를 서두른 메이지시기의 일본. 제2장은 그
일본이 스스로 아시아를 침략한 청일전쟁
을 다룬다. 일본인은 잊어버리기 쉽지만,
이 전쟁은 한반도를 무대로 시작되었고,
일본군은 청국군만이 아니라 조선민중까
지 적으로 대했다. 전쟁에서의 승리로 일
본은 대만을 식민지로 삼고 제국주의 열
강의 일원이 된다.

1. 청일전쟁은
경복궁에서
시작되었다

청일전쟁

1894~95년, 중국(당시의 청)과 일본은 조선의 지배권을 둘러싸고 싸워 일본이 승리했다.
일본측 전사자는 1만 3천여명이고 전쟁비용은 약 2억 3천만엔이었다. 중국측의 피해는 알
려진 바 없다.

당시 일본정부는 왜 조선의 지배권에 집착했던 것일까? 그것은 1890년 제1회 제국의회에
서 야마가따 아리또모(山縣有朋) 수상이 밝힌 시정방침 연설에서 간파할 수 있다. 야마가
따는 '이익선(利益線)'을 지키지 않으면 안된다고 호소했다. 국경이라는 '주권선'뿐만 아
니라, 그것을 위태롭게 할지도 모르는 '이익선'으로 수비범위를 넓히자고 말한 셈인데, 이
이익선이란 바로 조선이었다. 그 배경에는 시베리아철도 착공을 눈앞에 둔 러시아가 조선
을 넘보고 있다는 위기의식이 있었다.

1876년 한일수호조약 이후 일본은 '조선의 독립'을 내세우고 청과의 종속관계를 끊으려 하
는 한편, 시장으로서도 중요한 조선을 마음대로 하려고 했다. 조선 내부에서도 청일 양국
과 각각 연결된 세력들이 서로 다투었고, 1884년에는 일본의 지원을 받아 김옥균 등이 일
으킨 쿠데타를 청국군이 진압했다. 조선을 사이에 둔 줄다리기는 청일전쟁으로 정면충돌
하기에 이른다.

이쪽에서 먼저 화제로 삼기도 했지만, 상대편이 먼저 말을 꺼낸 경우도 있다. 상대방의 입을 통해 나온 것은 같은 말이었다.

"어째서지요?"

청일전쟁의 흔적을 찾아 나는 한국과 중국을 돌아다녔다. 그곳에서 만난 정치가와 학자가 고개를 갸우뚱한 것은 청일전쟁 때문이 아니다. 2007년 여름 미국에서 위안부 문제로 일본의 사죄를 요구하는 결의가 하원위원회에서 막 가결된 것이다.

당시 아베 신조오(安倍晋三) 수상은 위안부에 대한 강제성을 '넓은 뜻인가 좁은 뜻인가'로 나누었고, 미국 방문시 부시 대통령에게 사죄의 뜻을 밝혔으며, 일본의 여야 국회의원을 포함한 사람들이 미국 신문에 반론광고를 냈다. 그 광고를 두고 "상식을 뛰어넘었다"라고 한국의 강창일(姜昌一) 의원은 말했다. 격노를 참지 못한다기보다는 어처구니가 없다는 투였다.

이러한 일본의 행동이 아시아사람들에게 좋게 비칠 리 없다. 강의원은 본래 학자로서 동아시아근현대사에 관한 저작도 있는데, 한국과 중국, 일본은 아직도 '백년의 불신' 속에 있다고 말한다. 정확하게는 종결된 지 112년이 지난 청일전쟁도 거기에 포함돼 있다.

일본과 중국이 정면충돌했다는 것뿐만이 아니다. 청일전쟁은 한국인

시모노세끼조약: 청일전쟁의 강화조약. 일본군은 육지와 바다에서 청의 군대에 잇따라 승리를 거두어, 1895년 4월에는 일본측 이또오 히로부미와 무쯔 무네미쯔(陸奧宗光), 청측 리 훙장 등이 전권을 갖고 시모노세끼(下關)에서 강화조약을 맺었다. 청은 ① 조선의 독립을 인정한다 ② 랴오뚱반도 및 대만을 할양한다 ③ 배상금 2억량(3억엔)을 지불한다라는 내용이다. 그런데 러시아·독일·프랑스의 삼국간섭으로 일본은 랴오뚱반도를 포기하게 되었고, 이때 '와신상담'의 발상이 러일전쟁으로 이어진다.

들에게 '일본이 조선을 침략한 전쟁'으로 기억된다.

첫번째 전장은 한반도였다.

조선왕궁 점령은 청국군을 몰아내는 작전

현재 일본에서는 '한류' 붐을 넘어, 한국 드라마나 영화가 일본에서 당연하게 받아들여지고 있다. 주말에 일본에서 서울로 놀러가는 것도 흔한 일이 되었다.

서울에는 경복궁이라는 왕궁이 있다. 관광명소이기 때문에 방문한 일본인도 많을 것이다.

전쟁은 사실상 여기서 시작되었다.

1894년 7월 23일 새벽. 어둠속에서 일본군 한 무리가 경복궁 문 한 곳을 폭파하려 했다. 그런데 그게 잘되지 않았다. 기어오르고 도끼로 부수는 등 갖은 고생 끝에 난입했다. 다른 문도 열어젖히고 왕궁을 지키는 조선 병사들과 약 3시간에 걸친 총격전 끝에 왕궁을 제압한 것은 동이 틀 무렵이었다.

마치 활극영화와 같았던 전투는 일본군의 공식 전쟁사에는 기록이 없다. 우발적으로 벌어진 사소한 전투였다고 알려졌지만, 후꾸시마(福島)현 립도서관에서 상세한 전쟁사 초안을 찾아내어, 백년 후에 세상에 알린 사

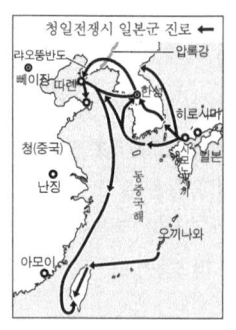

경복궁. 사진은 홍례문으로 동서남북에 걸친 대문의 안쪽에 있다. 15세기 무렵 궁전을 지키던 병사들의 복장과 무기를 관광용으로 재현하고 있다. 아사히.

람은 나라(奈良)여자대학의 나까쯔까 아끼라(中塚明) 명예교수였다.

왜 왕궁을 점령한 것인가? 한마디로 말한다면, 위정자를 뜻대로 할 수 있는 자로 바꾸어, 청국군을 조선에서 축출해달라고 일본에 요청하도록 만들기 위해서였다. 너무나도 난폭한 행동이라고 지금은 생각되지만, 사실 그대로 당시로서도 그런 일들이 비일비재했다. 그후 일본은 더욱 난폭해져서 1945년 파국에 이르게 되는데, 이 전쟁이 그 시작이다.

당시 조선에는 청과 일본, 양쪽의 군대가 있었다. 파병의 직접적인 계기는 그해 봄 조선 남부에서 전봉준(全琫準) 등 동학을 믿는 농민들이 봉기한 사건이다. 조정의 착취가 너무 심해 반기를 들고 일어선 민중저항운동이었다. 지금은 '갑오농민전쟁'이라고 불린다. 크게 시달린 조선정부는 종주국인 청에 출병을 부탁했는데, 그러자 일본도 질세라 군대를 보냈다.

동학농민군은 청과 일본의 움직임을 보고 조선정부와 타협해 우선 내분을 수습한다. 그런데도 일본군은 철수하지 않는다. 왕궁을 점령하고 일본의 뜻을 따르도록 조선정부에 압력을 가하고, 이틀 후에는 인천 근처의 풍도(豊島) 앞바다에서 청과 교전에 들어간다. 일본은 어떻게 해서든 개전의 구실이 필요했던 것이다. 정부 내부에는 신중론도 있었지만, 주도한 것은 외무장관 무쯔 무네미쯔였다.

왕궁 점령만으로 끝나지 않는다. 조선은 싸움터가 되어버렸다. 일본군

동학: 1860년에 최제우(崔濟愚)가 창시했다. 한국의 원광대학교에서 동학을 강의하는 박맹수(朴孟洙) 교수는 "신분제도가 남아 있던 당시의 조선에서 모든 사람이 평등하고 귀중하다고 주장하자, 차별을 받던 농민들이 그에 반응했다"라고 말한다. 또한 악정을 바로잡는 것을 중심으로 했고, '왜적과 서양오랑캐를 몰아내자(斥倭斥洋)'를 구호로 삼았다.
사진은 전봉준(상)과 최제우(하, 아사히).

은 청국군과 싸우면서 수도로 진격하는 한편 동학농민군을 섬멸시킨다. 왕궁 점령을 계기로 농민군은 타도상대를 '악정(惡政)의 조선정부'에서 '일본침략군'으로 바꿔 다시 봉기하게 된다.

민중봉기의 효시, '동학농민혁명'

서울에서 고속철도로 3시간 남쪽으로 내려가면, 동학농민군의 발상지인 전라도에 이른다. 어차피 가는 길이라 '광주사건'(광주민주화운동—옮긴이) 기념묘역에 들르자, 여기는 '한국 민주주의의 심장부다'라고 씌어 있었다. 상영되고 있는 비디오를 보면, 동학농민군의 투쟁도 소개되는데, 광주사건으로 이어지는 '민중투쟁'의 효시로 기리고 있다.

일본에서는 '동학당의 난'으로 오랫동안 불려왔지만, 동학농민군 투쟁은 지금 한국에서는 '난'으로 취급되지 않는다. 오랜 시간 역적으로 간주해왔지만 백년이 지나서야 재평가가 진행되어, 포괄적으로 역사의 재평가를 추진한 노무현(盧武鉉) 정부시절인 2004년에는 명예회복 특별법까지 제정되었다. 지금은 '동학농민혁명'이라 부르며, 그 기념관에서는 프랑스혁명과 나란히 평가되고 있을 정도다.

농민군은 처음에는 조선의 신분사회에 이의를 제기하고, 그 다음에는 군홧발로 쳐들어오는 일본을 밀어내려고 싸웠다. 동학농민군 세력하의

광주민주화운동: 한국에서 1980년 5월, 쿠데타로 실권을 잡은 전두환 등의 신군부가 계엄령하에서 야당지도자인 김대중(金大中) 등을 체포했다. 이를 계기로 전라남도 광주시에서 학생과 시민이 민주화를 요구하는 시위를 일으키자, 군부는 전차까지 동원하면서 진압해 다수의 사상자를 냈다. 한국정부는 사망자가 193명이라고 발표했다.

지역에서 민중자치의 원형 같은 체제를 수립한 것을 보면 확실히 민주화의 선구였다고 하겠다.

그러나 군사적으로는 일본군의 상대가 되지 못했다. 기념관의 이영일(李永日) 연구원에 따르면, 농민군의 주된 무기는 죽창이었고 화승총보다 좀 나은 총만 들고 있어도 양호한 편이었다고 한다. 연발총을 주력으로 하는 일본군은, 병사 한 사람이 농민군 백명에 필적했다. 농민군측 희생자는 3만명에서 5만명이라고 하나, 한국에서는 그 10배라는 설도 유력하다는 전문가들도 여럿이다. 하지만 확실한 숫자는 아직 파악되지 않았다. 명예회복과 더불어 그 자손에 대한 조사가 정부에 의해 2009년까지 계속된다.

화이질서의 붕괴에 결정타를 가하다

외적을 몰아내기 위해 일어선 동학농민군이지만, 청국군과는 싸운 흔적이 없다. 왜 그들은 일본군만을 눈앞의 적으로 삼은 것일까?

당시의 청은 조선의 종주국이고, 조선은 청의 속국이었다. 조선은 청에 사절을 파견하여 조공을 바치고, 청은 답례로 조선 왕의 권위를 보증해준다. 이것이 조공체제라는 것인데, 상하의 위계관계이기는 하나 하위자는 그 나름으로 독립국이다.

무쯔 무네미쯔(1844~97). 메이지의 외교관, 정치가. 키슈우번(紀州藩, 현재의 와까야마현和歌縣) 출신으로 사까모또 류우마(坂本龍馬)의 카이엔따이(海援隊)에 가입해서 활동했다. 불평등조약 개정에 노력하는 한편, 청일전쟁을 주도했다. 능력을 평가받아 외무성에는 지금도 동상이 세워져 있지만, 청일전쟁에서 학살사건이 벌어진 중국 뤼순의 기념관에는 초상이 악인으로 묘사돼 있다.

중국 따롄(大連)에서 만난 랴오닝(遼寧)사범대학 역사학과의 꿔 톄춘(郭
鐵椿) 부교수는 "조공체제는 지배와 착취의 관계가 아닙니다. 속국의 내정
에는 간섭하지 않았습니다"라고 한다. 대등한 관계가 아니기에 근대의 관
점에서 보면 문제가 많긴 했으나 속국 쪽에서 봐도 그리 불편한 상황은 아
니었다는 뜻이다.

중국을 종주국으로 섬긴 것은 조선뿐만이 아니고, 거슬러 올라가면 동
아시아의 '부근 일대'가 그러했다. 베트남과 류우뀨우왕국, 한때의 일본
모두 중화세계의 주민이었다. 그런데 원래 '중국'이라는 것이 현재의 국
제법체제에서 말하는 나라이름은 아니었다. 그 경계는 지금보다 훨씬 모
호해서 마치 옅은 먹물로 그린 듯 어렴풋한 것이었다.

'화이질서'라고 불리는 이 국제관계는 서구열강이 개입하면서 무너지
기 시작했는데, 결정타를 가한 것이 바로 청일전쟁이다. "여기가 세계의
중심이다. 어디 마음껏 해봐라" 하며 떡 버틴 것이 중국이라면, 일본이
"여기까지는 내 것이니 내 맘대로 해주마" 하면서 제국주의의 줄긋기 경
쟁에 끼어 들어 큰 싸움이 터진 것이다.

물론 청도 단지 느긋한 종주국이었을 리 없고, 조선도 현상유지와 변혁
사이에서 내부 싸움, 그것도 아주 격렬한 싸움이 있었다. 일본이 조선을
화이질서에서 떼어내기 위해, 이것은 '문명이냐 야만이냐'의 싸움이라고

이 시기의 동아시아

1840 아편전쟁.

1867 일본에서 막번(幕藩)체제가 끝나고 새 정부가 수립.

1871 청일수호조약. 서로 대등한 내용.

1873 일본, '메이지 6년의 정변'으로 정한론 패배.

1874 일본, 대만으로 출병.

1875 운요오호사건. 이듬해 한일수호조약으로 조선 개국.

호소하며 안팎의 지지를 얻으려 한 것도 19세기 말의 세계에서는 전혀 억지이론이 아니었다.

그러나 일본이 침공한 중국의 웨이하이(威海) 연안에서 푸른 바다를 바라보고 있노라면, 그 무렵의 동아시아가 공유한 '느슨한 일체감'이 사라져서 아쉽다는 느낌도 든다. 청일전쟁으로 아시아침략을 향해 크게 발을 내디딘 일본은 그후에도 의식적으로 아시아를 외부에 두지 않았을까 하는 생각이 드는 것이다.

서울시립대학교를 방문했을 때, 정재정(鄭在貞) 교수는 청일전쟁 이후에 일본이 걸어간 길을 돌아보며, "주변국의 위협을 강조하여 국내를 튼튼히하는 것"이 바로 일본이라고 말했다.

"아시아인에게 공감을 주는 슬로건, 즉 아시아의 공통된 가치관. 그것을 일본은 결국 제시하지 못했다."

백년의 불신. 한국에서도 중국에서도 내가 만난 사람들이 일본에 가하는 비판이 나에게는 원한보다는 안타까움으로 들렸다.

(후꾸다 히로끼福田宏樹)

1882 조선에서 임오군란(壬午軍亂). 청의 영향력이 강해짐.
1884 청불전쟁(~1885). 베트남이 프랑스의 보호국이 됨.
1884 조선의 갑신정변. 일본군과 청국군이 충돌.
1885 일본과 청이 톈진조약. 갑신정변을 계기로 조선에 파병할 때는 서로 통지하기로 결정함.
1894 조선의 갑오농민전쟁을 계기로 청일전쟁 개시.
1895 조선황후인 명성황후, 일본군 등에게 살해당함.

당시 세계는

청일전쟁이 일어난 19세기 말은 서구열강의 제국주의가 세계를 석권하던 시대였다. 공업화가 진행되면서 제품을 내다팔 시장과 원재료의 공급처가 필요했던 열강들은 다양하게 식민지 획득경쟁을 벌였다.

청일전쟁보다 조금 앞선 1880년대에는 아프리카대륙이 영국과 프랑스, 독일 등에 의해 분할지배되었다. 1890년대가 되자 아프리카 종단정책을 추진하는 영국과 횡단정책을 펴는 프랑스가 수단에서 충돌했고, 영국이 금과 다이아몬드 광맥을 확보하기 위해 남아프리카(보어 Boer)전쟁을 일으키기도 했다.

열강은 아시아도 그냥 내버려두지 않았다. 프랑스는 1884년에 청과 전쟁을 일으켜, 청의 속국이었던 베트남의 보호권을 얻고 나서 3년 후 프랑스령 인도차이나를 성립했다. 영국과 러시아는 아시아진출을 놓고 서로 반목했으며, 청일전쟁으로 새롭게 열강의 일원이 된 일본은 영국과 동맹을 맺어 러일전쟁으로 치닫게 된다.

미국은 이 무렵 유럽 각국에 비해 아시아에서의 영향이 미약했지만, 1893년에 하와이의 왕정을 폐지하고, 5년 후 1898년에는 병합해버린다. 같은해에 스페인과 전쟁을 벌여 필리핀과 괌을 획득했다. 카리브해의 여러 나라에 대해서도 군사력을 동원하여 강제로 자신의 세력하에 두어 '곤봉외교'라 불렸다.

2. 화약 냄새
가시지 않은
바다

대만의 역사

대만에는 남태평양계 등의 민족이 옛날부터 정착해 살았는데, 17세기가 되면서 네덜란드가 남부에, 스페인이 북부에 거점을 구축했다. 네덜란드가 스페인을 격퇴하고 지배했으나, 그후 명나라 왕조의 재건을 목표로 삼은 정성공(鄭成攻)이 네덜란드 세력을 몰아내 정씨 일족의 통치로 넘어갔다.

이를 청이 무너뜨리고 자국의 영토로 편입했다. 이 무렵부터 대만해협 맞은편의 푸젠성(福建省)을 중심으로 대륙에서 건너온 이민자들이 급증했다. 청일전쟁으로 일본이 대만 서쪽의 평후(澎湖)열도를 점령했다. 1895년 시모노세끼조약으로 일본에 대만과 평후열도를 할양하기로 결정되어 반세기에 이르는 식민지시대가 시작된다.

제2차 세계대전의 패전으로 일본이 철퇴한 후, 국민당(國民黨)이 이끄는 중화민국정부의 지배 아래 들어갔다. 이로써 잇따라 대륙에서 건너온 사람들(외성인外省人)과 원주민(본성인本省人) 사이에 골이 깊어져, 1947년 2월 28일에 시작된 국민당 정권과 원주민의 충돌(2·28사건)로 다수의 주민이 희생되고 내부 균열은 돌이킬 수 없는 지경에 이르렀다. 1949년 대륙의 내전 끝에 공산당이 중화인민공화국의 성립을 선언했다. 중화민국정부가 타이뻬이(臺北)로 수도를 옮기자 수백만명이 대만으로 도망쳐왔다. 국민당정권이 계속 통치하는 가운데 1980년대부터 서서히 민주화가 진행되어 1996년에는 총통직선제를 도입하고, 2000년 민진당(民進黨)이 정권을 잡았는데 2008년에는 국민당이 8년 만에 정권을 되찾았다.

청일전쟁(중국에서는 갑오중일전쟁)으로 일본과 중국은 어떤 싸움을 벌였는가? 그 결과는 중국과 대만에 무엇을 가져왔는가? 그 대답을 찾아서, 일본군이 일찍이 쳐들어간 중국과 대만의 두 해변을 방문했다.

조용한 바다가 여름햇살에 빛난다.

황해로 돌출한 샨뚱(山東)반도의 끝에 위치한 웨이하이시(威海市). 안벽과 만 안에 자리잡은 작은 섬, 류꿍따오(劉公島) 사이를 많은 관광객을 태운 페리가 오간다.

웨이하이웨이(威海衛)로 불리던 19세기, 이곳에는 청왕조의 북동부 바다를 지키는 북양(北洋)함대의 기지가 있었다. 바다를 둘러싸고 포대가 설치되고, 류꿍따오에 제독의 청사가 세워졌다. 1880년대 무렵까지는 동양 제1의 함대라고 불렸지만 청일전쟁에서 패하고 만다. 일본군이 이 바다를 습격하자 북양함대는 투항했다.

페리 선창에서부터 몇분 걸어가니 낡은 군함이 보였다. 북양함대의 기함이었던 전함 '띵위안(定遠)'이다. 실물과 거의 같은 모습과 크기로 건조되었는데 길이는 91미터 남짓. 2005년 4월에 선보였다. 군함 안에 역사자료를 전시하고 있다.

이 배를 소유하는 웨이하이 북양수사(北洋水師)관광발전유한공사의 장페이치(姜培旗) 사장을 만났다. "중일관계에 영향을 줄 생각은 없습니다.

복원된 '띵위안', 샨뚱성 웨이하이시. 아사히.

역사를 객관적으로 반영하는 것이 목적입니다"라고 말한다. 2년간 약 60만명이 방문해 관광사업에도 한몫하고 있다고 한다.

서로 경계하는 일본과 청, 다투어 해군 증강

띵위안은 일본과는 사연이 얽힌 배다. 1886년 다른 함선과 함께 일본에 기항했을 때, 해군들이 나가사끼에서 소동을 일으켜 경찰과 대난투가 벌어지는 바람에 양쪽에서 사망자가 나왔다. 일본측은 청 함대의 위용을 보게 되는 한편, 해군들의 행동으로 '국가의 치욕'이라는 반발도 일어나 해군 증강에 박차를 가하는 요인이 되었다.

그러나 먼저 청정부에 경계심을 갖게 한 것은 일본이었다. 그로부터 12년 전, 일본의 대만출병을 경험한 청정부는 해군 증강에 거액을 쏟아부었다. 일본과 청은 군비확장 경쟁으로 치달았다.

띵위안의 내부를 안내해준 회사의 연구원에 의하면, 전쟁 당시에는 일본해군이 우위에 있었다는 것이다. "일본 배는 대포의 수가 많은데다가 발사속도도 앞섰다"라고 말한다. 한편 북양함대의 증강은 1880년대 말경부터 멈추었다.

왜 청은 증강을 멈추었을까?

현지 전문가들의 저서 『북양 해군과 류꿍따오(北洋海軍と劉公島)』에는

이렇게 적혀 있다. 청정부는 1891년 재정난 때문에 함선과 대포 구입을 2년간 금지해 북양함대는 한 척도 늘지 않았다. 청정부가 해군력을 자만하고 있던 것이나, 최대의 실력자인 서태후(西太后)가 이궁(離宮) 보수건축 등에 거액을 소비하여 재정난을 초래한 것이 그 배경이라고 한다.

그렇다면 정부의 자만심이나 서태후의 방자함이 패전의 간접적인 원인이 된다.

물론 다른 배경도 있다. 광서제(光緖帝)와 서태후의 아집, 두 사람의 세력에 속한 고관들의 대립 등 여러가지 요소들이 음으로 양으로 대일전략과 얽혀 있다고 한다. 중국에서는 총체적으로 정치적 근대화의 지체를 원인으로 보는 것이 보통이다.

백수십년 전 군비확장의 역사를 대하노라면, 동중국해에서 서로 대치하고 있는 작금의 일본과 중국의 모습이 겹쳐 보였다.

중국의 군사비가 19년 연속해서 두자릿수로 증가한 것이나 착실하게 잠수함대의 능력을 높이는 것 등으로 인해, 일본은 동중국해에서의 경계를 강화하고 있다. 한편 중국은 일본이 헌법을 개정하여 해외에서의 무력행사의 길을 열어나간다거나, 미일 공동 미사일방위망을 대만까지 넓혀가는 게 아닌가 우려한다.

서태후(1835~1908). 청조 제9대 황제 함풍제의 황후이자, 동치제의 어머니. 어린 황제의 뒤에서 정치를 지도했다. 동치제가 죽은 후 여동생의 아들인 광서제를 내세운다. 약 반세기에 걸쳐 권력을 장악했다. 여름 별궁인 뻬이징의 이화원 보수와 60세 생일 축하행사 등으로 거액을 사용, 재정을 압박한 것이 청일전쟁 패배로 이어졌다는 비판을 받는다. 1898년 정치개혁 '무술변법'을 시작한 광서제를 유폐하는 등, 청조 멸망 직전까지 영향력을 행사했다. 뻬이징 고궁박물원 제공.

물론 약육강식의 제국주의시대와 지금은 상황이 다르다. 이 바다에서 가까운 장래에 일본과 중국이 다시 싸운다는 것은 상상하기 어렵다. 하지만 종종 상호불신에 빠져 상대 군사동향에 신경을 쓰고 있는 것도 사실이다. 서로 내셔널리즘에 불을 붙이기 쉽다는 것도 마음에 걸린다.

중국의 청일전쟁 연구의 제1인자는 청의 패배원인 중 하나로 외교의 실패를 든다. 그분, 샨뚱성 역사학회 명예회장 치 지장(戚其章) 씨를 만나기 위해 성도(省都)인 지난시(濟南市)를 방문했다.

치 씨에 의하면, 외교와 군사를 담당한 고관 리 홍장은 전쟁을 피하려고 영국과 러시아의 알선에 기대를 걸고 움직였지만 생각대로 되지 않았다. 대만할양에 관해서도, 영국에 대만의 이권을 넘겨줌으로써 일본으로 넘어가는 것을 막아보려고 영국측에 접촉했지만 거절당했다고 한다.

"일본은 열강의 관계를 잘 간파하고 있었다. 청보다도 자기들이 러시아의 진출을 막을 수 있다고 영국에 잘 선전했다"라고 치 씨는 말한다. 열강이 어떻게 나올 것인지를 꿰뚫어보지 못하고 쓸데없는 기대를 했던 청의 전략이 잘못이었다고 본다.

뿌리가 다른 대만인의 역사관
대만해협의 또다른 해변으로 향했다.

대만 북동부에 있는 아오띠(澳底). 해수욕장에 작은 물결이 일고 있었다. 태풍의 영향으로 수영은 금지되고 해변에 설치된 풀장에서 아이들이 장난치는 목소리가 들려온다.

1895년 5월, 이 바닷가에 일본군이 상륙했다. 대만은 일본과 청의 강화조약에 의해 일본에 할양되었지만, 식민지지배가 순조롭게 시작되었을 리 없다. 대만의 관료와 명사들이 세운 '대만민주국(臺灣民主國)' 군대나 지주세력 등과의 싸움이 가을까지 계속되었고, 그후에도 종종 무장봉기가 일어났다.

해변에는 항일기념비가 세워져 있었다. 이전에는 일본군 상륙기념비가 있었지만, 1970년대에 바뀌었다.

대만할양의 역사에 대한 대만인들의 견해는 복잡하다. 국민당정권 전부터 있던 사람들은 대만인의식이 강하고, 그 이후에 해협을 건너온 사람들은 중국인의식이 강한 경향이 있다. 양자간에는 역사관도 정치적 입장도 차이가 난다.

민진당은 계속해서 대만인의식을 호소한다. 국민당은 중국인의식이 비교적 짙고 중국대륙과의 통일도 시야에 넣는다.

타이뻬이 교외의 국사관(國史館). 대만사를 편찬하는 총통부의 직속기관이다. 민진당정권 아래 관장을 맡고 있는 장 옌셴(張炎憲) 씨는 "대만인

1895년 일본군이 상륙한 대만 동북부의 저지대 해안가. 유리에 적힌 설명에는 상륙 당시의 사진이 붙어 있다. 해안가에 상륙해오는 일본군의 망령을 보는 듯하다.

에게는 청나라에 버림을 받았다는 슬픈 정서가 있습니다"라고 한다. 청에서 파견된 순무(巡撫, 도지사에 해당)는 대만민주국 총통이 되었는데, 일본군이 도착하자 곧바로 대륙으로 돌아갔다는 사실도 지적한다.

그런데 다른 한편으로는 이렇게 말한다. "청일전쟁 이후, 대만은 중국과는 다른 길을 걸어왔습니다. 자본주의경제를 발전시키고, 민주와 자유를 포함한 사회의 현대화를 목표로 삼아온 일관된 흐름이 있습니다." 한때는 일본의 통치를 받으면서도, 대륙과는 별도로 독자적으로 발전해왔다는 자부심이 중국과 대만 문제를 대하는 자세에 영향을 주고 있음은 틀림없다.

이와 달리 국민당 안에서는, 대만할양의 실상은 일본이 억지로 청에서 대만을 잡아뗀 것이므로 '침략'이라는 시각이 있다.

국민당 중앙당사위원회의 전 주임위원인 천 펑런(陳鵬仁) 씨는 타이뻬이사무소에서 이렇게 말했다. "일본은 남진하기 위한 징검다리라는 군사적 이유와 차와 장뇌(樟腦)의 생산지이자 일본의 시장으로 삼으려는 경제적 이유에서 대만을 요구했겠지요." "일본이 (2차대전에) 패전했을 때, 60세 이상의 사람들은 다시 중국으로 돌아간다고 기뻐했습니다."

대만을 할양한 청에 대해서는 "일본과 계속 싸울 실력은 없었습니다. 도리가 없었겠지요"라는 식의 이해방식을 보인다.

대만사회에서는 결과적으로 일본에 할양된 것을 한층 더 적극적으로 받아들이는 사람들도 있다. '타이뻬이시 리 떵후이의 벗 모임(臺北市李登輝之友會)' 명예이사장인 차이 쿤찬(蔡焜燦) 씨는 대만을 일본에 할양한 청 왕조의 행위에는 비판적이지만, 그 결과 빚어진 일본의 통치는 대만에 이익을 가져왔다고 말한다. "대만에 행운이었다고 생각한다."

차이 씨는 일본통치 아래 전염병 퇴치나 인플레 정비, 제당산업 육성이 이뤄진 것 등을 평가한다. 그 가운데도 "'공(公)'과 '사(私)'의 구별을 대만에 철저히 주입시킨 것"을 최대의 유산으로 강조했다. 그때까지는 '공'이란 사고방식은 희박하고 지도자들도 자신의 것밖에 생각하지 않았다고 한다.

2008년 3월의 총통선거를 앞두고 2007년 7월 초순, 일본 통치시기의 대만인 활동가를 주제로 한 심포지엄 '역사와 정치의 대화'가 타이뻬이에서 열려, 민진당의 셰 창팅(謝長廷) 후보와 국민당의 마 잉주(馬英九) 후보가 불꽃을 튀겼다. 일본에 저항한 활동가를 마 후보가 평가하자, 셰 후보는 일본도 국민당도 외래정권이었다라고 받아쳤다. 역사관의 차이는 총통선거에서도 초점의 하나가 되었던 것이다.

이러한 대만사회의 행방을 중국이 주시하고 있다. 만약 독립의 움직임을 보이면, 중국은 무력행사도 불사할 태세이다. 대만의 맞은편 해안에 다수의 미사일을 배치해 견제하고 해군도 증강한다. 대만군대도 중국과의 전쟁을 상정한 연습을 게을리하지 않는다.

내가 방문한 아오띠는 한가로운 풍경이었다. 하지만 11년 전에는 바로 가까운 바다에 미사일이 날아왔다. 첫 총통 직선을 앞두고, 중국이 '연습'이라는 명목으로 발사한 것이다.

이 바다가 안고 있는 불안한 분위기는 110년 전과 그다지 다르지 않다.

(이라가와 토모요시五十川倫義)

일본인의 아시아관 변화

청일전쟁은 일본인이 품어온 중국과 조선의 이미지를 크게 바꾸어 놓았다.

예를 들면 후꾸자와 유끼찌(福澤諭吉)가 이끄는 『시사신보(時事新報)』. 개전 직후인 1894년 7월 29일자에 「청일전쟁은 문야(文野)의 전쟁」이라는 제목으로 사설을 게재했다.

'문야'란 '문명'과 '야만'을 뜻한다. 전쟁을, '문명개화의 진보를 꾀하는' 일본과 '진보를 막으려는' 청의 싸움이라고 자리매김했다. 11월에는 조선에 대해서도, '문명류(流)'의 개혁을 위해서는 '협박'도 불사하여, '국무(國務)의 실권'을 일본이 장악해야 한다는 사설을 실었다. 반전주의자로 유명한 우찌무라 칸조오(內村鑑三)조차, 그 시점에서는 같은 인식이었다. 같은해 8월, 일본은 '동양 진보주의의 전사'이고, 중국은 '진보의 대적(大敵)'이라 주장하는 영어논문을 구미 잡지에 발표했다.

중일관계를 연구하는 케이아이(敬愛)대학의 이에찌까 료오꼬(家近亮子) 준교수는 "청일전쟁의 승리로 일본에서는 아시아가 뒤떨어져 있다는 인식이 뿌리내렸다. 멸시감정도 퍼졌다"라고 지적한다. 그 의식은 10년 후의 러일전쟁으로 한층 더 강해져, 중국침략 감행으로 이어진다. 이런 의식은 지금도 어디엔가 남아 있는 것은 아닐까? 이에찌까 씨는 2007년 7월, 학생들에게 "당신은 아시아인이라고 의식했던 적이 있습니까"라는 설문조사를 했다.

교실의 반 정도를 차지하는 아시아인 유학생들은 86%가 '있다'라고 대답했다. 이에 비해 '있다'라고 대답한 일본인은 63%에 머물렀고, '오히려 구미인이라면 좋았겠다'라고 적은 학생도 있었다.

(요시자와 타쯔히꼬吉澤龍彦)

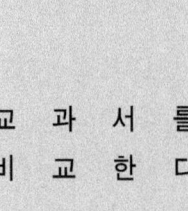

교 과 서 를
비 교 한 다

	각국의 서술 분량과 특징은?
	청일전쟁
일본	2면. 대만의 식민지화는 불과 2줄.
중국	「침략과 반항」이라는 단원에서 4면. 그중에서 대만할양은 반면.
한국	세계사에서는 2줄. 자국사에서는 「동학농민운동」에서 자세히 설명(7면).
대만	전쟁 자체에 대해서는 1면. 일본의 식민지시대는 16면.

일본

'일본측의 논리'를 설명

토오꾜오서적의 『새로운 사회: 역사』에서는 '청일전쟁'을 2면에서 다루고 있는데, 바로 그 앞에 「구미열강의 침략과 조약개정」이란 제목으로 청일간 개전에 이르기까지 국제정세를 상세하게 설명한다.

열강이 아시아와 아프리카를 식민지화하는 움직임을 '제국주의'라 설명하는 한편, 한반도 정세에 대해서는 다음과 같이 기술한다.

조선에서는 한일수호조약을 맺은 일본과, 조선의 지배권을 주장하는 청이 세력다툼을 펼치고 있었습니다. (…) 1884년에 일어난 정변 이후, 청의 영향력이 강해지자, 일본은 구미열강의 아시아침략이 노골화되는 가운데, 조선으로 진출하지 않으면 일본의 앞날도 위험하다고 보고, 청에 대항하기 위해 군비증강을 계획해갔습니다.

일본의 조선진출은 구미열강에 대한 위기감에서 비롯되었다는 설명이다. 토오꾜오서적의 와따나베 노리오 사회편집부장은 "일본의 정책에도 여러가지 가능성이 있었지만, 청일전쟁부터는 러일전쟁, 조선침략으로 일직선을 달렸다. 거기서 그전에 '일본측의 논리'를 설명할 필요가 있다고 생각했다"라고 말한다.

「청일전쟁」의 항목에서는 개전의 계기가 된 농민봉기에 5줄을 할애하는 한편, 청일전쟁 그 자체에 관한 기술은 "전쟁은 우세한 군사력을 가진 일본의 승리였고, 1895년 4월 시모노세끼조약이 맺어졌습니다"라고 짤막하게 되어 있다. 이어서 조약의 내용이나 열강이 청에서 세력확대 경쟁을 한 것, 일본에서는 삼국간섭을 받아 러시아에 대한 대항심이 높아졌다는 것이 씌어 있다.

대만의 식민지화에 대해서는 다음과 같이 2줄밖에 쓰지 않았다.

대만을 영유한 일본은 대만총독부를 설치하고, 주민의 저항을 무력으로 진압하여 식민지지배를 밀고 나갔습니다.

중국

침략전쟁이라는 인식

인민교육출판사판에서는, '갑오중일전쟁'을 「침략과 반항」이라는 단원에서 4면으로 다루고 있다. 일본의 교과서와 비교해 크게 다른 것은 '중국에 대한 침략전쟁'이라고 인식하고 있는 점이다. 첫머리 3줄에 이렇게 쓰어 있다.

1894년에 일본은 조선을 정복하고 중국을 침략하여 세계의 패권을 쥐겠다는 몽상을 실현하기 위해, 조선의 수도 한성으로 출병하여 점령하고 이어서 중국침략전쟁을 시작했다.

이러한 인식은 중국에서 두번째로 많이 사용되는 뻬이징사범대학판에서도 마찬가지다. "갑오전쟁은 일본이 중국에 대하여 발동한 최초의 대규모 침략전쟁이다" "1894년 7월 일본은 선전포고도 하지 않고 전부터 미리 계획한 대중국 전쟁을 시작했다"라고 일본측이 주도면밀하게 준비해온 전쟁임을 강조한다.

인상적인 것은, 두 교과서 모두 청 해군함장인 떵 스창(鄧世昌)을 다룬다는 사실이다. 탄약이 다 떨어지자, "우리는 희생되지만, 국가의 명성을 높이게 될 것이다"라며 일본 군함에 돌진하여 장렬히 전사한 사실을 상세히 기술하고 있다. 전쟁묘사가 간결한 일본 교과서와의 차이가 두드러진다.

이것은 중국의 학습지도요령에 해당하는 역사과정표준이 학습목표로서 "떵 스창의 주된 업적을 기술하여 외국침략에 저항하는 중국인민의 민족적 기개와 투쟁정신을 실감한다"라는 점을 제시하고 있기 때문에 실린 것이다.

대만할양에 대해서는, 대만사람들이 진주해온 일본군에 대항하여 무장투쟁을 벌이고, 일본군에 타격을 입힌 것을 반면 남짓 기술하며 이렇게 끝맺는다.

곧 대만의 전 국토가 상실되었다. 그러나 대만의 여러 민족은 일본의 식민지지배에 저항하고 조국복귀를 쟁취하려는 투쟁을 한순간도 멈추지 않았다.

항일농민운동에 초점

세계사를 다루는 금성출판사의 『사회 2』는 「일본의 대륙침략」이란 항목에서 다음과 같이 간결하게 기술한다.

> 강화도조약으로 한반도에 침략의 첫발을 내디딘 일본은 청일전쟁에서 승리한 후, 중국으로부터 랴오뚱반도와 대만을 할양받았다.

세계사에서는 왜 이 전쟁이 일어났는지는 언급하고 있지 않다. 그것은 국사 교과서에서 알 수 있다. 청일전쟁은 1894년에 시작된 동학농민운동과 그것에 이어지는 내정개혁의 항목에 등장한다. 어디까지나 전쟁이 아니라 농민운동에 초점이 맞추어져 있다.

> 농민들은 기세를 올려 마침내 전주를 점령했다. 다급해진 정부는 농민군을 진압하기 위해 청에 원군을 요청했고, 이 틈을 이용하여 일본도 우리나라에 군대를 보냈다.

동학농민운동의 기술은 7면에 달하고, 일본과 청에 의한 내정간섭, 농민생활의 궁핍, 정부의 부패라는 상황에서 봉기한 농민의 전투상황과 운동의 의의를 자세히 기술한다. 전쟁 자체보다도 전쟁의 계기라든가 일본군과 싸운 조선농민군의 역사를 중시하고 있음을 알 수 있다. 일본과 청이 맺은 강화조약에 대해서는 언급이 없다.

전주화약을 맺은 후 농민군이 해산하자, 정부는 일본군의 철수를 요구했다. 일본은 이를 거부하고 오히려 궁궐을 침범했으며 청일전쟁을 일으켰다. 일본군의 침략행위가 노골화되자, 농민군은 일본군 타도를 내세우며 다시 일어났다.

국사편찬위원회의 구선희(具仙姬) 사료조사실장은 "수탈당한 농민들이 스스로 목소리를 높여 정부에 항의하고 개혁을 요구한 운동으로서 한국 역사에서 중요한 의미를 가진다"라고 설명한다. 동학농민군이 후에 일본의 지배에 저항하는 의병투쟁에 참전하여 '항일투쟁의 전통을 이었다'(국사 교과서)라는 점도 동학농민운동을 중요시하는 한 이유다.

대만

식민지의 공과 죄를 상세하게
대만에서는 『국민중학: 사회』(난이서국)의 중국사 부분 「청말 개혁의 좌절」에서, 전쟁에 대해 1면을 할애한다. 전쟁 국면을 지도로 표시하고, 20몇년 전의 교과서와 비교해 간명하게 기술하고 있으며, 패전의 의의를 다음과 같이 평가한다.

청일전쟁의 실패는 총포와 군대장비 수준의 개혁만으로는 힘을 키우기에 부족했다는 것을 증명했다.

한편 전쟁 때문에 일본으로 대만이 할양된 사실은 중학교 1학년 대만사 부분에서 배운다. 50년에 걸친 식민지시대를 16면에 걸쳐 다루고 있다. 대만의 지방장관 등이 주도했던 대만민주국 건국과 원주민의 봉기 등 일본에 대한 저항에서 시작하여, 경제발전과 사회제도의 정비로부터 황민화운동에 이르기까지 식민지의 공과 죄를 기술한다. 그 가운데 할양 당시에 대한 기술은 이러하다.

대만의 명사와 평민은 탕 징쑹(唐景崧)과 추 펑자(丘逢甲) 등을 추대하여 '대만민주국'을 세우고, 외부에 지원을 요청하려 했지만 성공하지 못했다.

"살아서 잡히느니 죽어서 의민(義民)이 되리라." 대만 각지에서는 항일운동이 끊임없이 일어났다.

교육부 국민교육국의 역사교육 담당 린 춘루(林純如) 씨는 "교과서 기술이 개방적이고 중립적이 되었다. 일본시대에 대해서도 '일본의 점령'과 '일본의 통치'라는 말이 있지만, 최근에는 '통치'가 증가했다. 국민당시대는 일본과의 단교도 있어서 '은혜를 원수로 갚았다'라는 감정적인 기술이 있었다"라며 예전과 지금의 교과서 차이를 설명했다.

메이지시대에 태어난 '탈아론'이 아직도 건재하다. 인터넷으로 검색하면 수만건이나 나온다. 여기서는 알고 있는 듯하면서도 사실은 잘 모르는 '탈아론'을 해부한다.

기　억　을
만　드　는　것

제 스스로 움직이는 '탈아론'

중국·조선에 '절교선언'

「탈아론(脱亞論)」은 일간지 『시사신보(時事新報)』 1885년 3월 16일자 1면에 게재된 사설제목이다. 특별히 이날 무슨 일이 있었던 것은 아니고, 당시 대부분의 일간지에서 사설을 1면에 싣는 경향이 있었다.

서명은 없었지만, 필자는 후꾸자와 유끼찌(福澤諭吉)*. 오늘날로 치자면

---

* 후꾸자와 유끼찌(1835~1901): 근대 일본을 대표하는 계몽사상가. 나까쓰번(中津藩)의 하급무사 집안에서 태어나 오가따 코오안(緒方洪庵)의 테끼주꾸(適塾)에서 난학(蘭學)을 배웠다. 에도로 나와 영어를 배우고 1860년에는 칸린마루(咸臨丸)를 타고 미국으로 건너갔다. 막부가 유럽과 미국에 파견한 견학사절단에도 수행했다. 처음에는 번(藩)의 명령으로 문을 연 사립학교를 1868년에 케이오오의숙(慶應義塾)으로 고쳐, 현재의 케이오오대학이 되었다.
정부의 요직을 맡은 일은 없고, 언론·교육계에서 활약했다. 『서양사정(西洋事情)』을 비롯하여 많은 저작을 간행했는데, "하늘은 사람 위에 사람을 만들지 않는다"라는 구절이 들어 있는 『학문의 권장(學問のすすめ)』은 메이지시대 최초의 대형 베스트셀러가 되었다. 1882년에는 일간지 『시사신보』를 창간했다. 이 신문은 후꾸자와가 죽은 뒤 1936년까지 존속되었다. 2차대전 후에도 한때 잠시 복간되었다.

주필 겸 논설주간이라 할까. 분량은 2천여자. 별권까지 포함해 22권인 『후꾸자와 유끼찌 전집』에는 겨우 3면으로 실릴 정도의 짧은 글이다.

　요점은 이런 내용이다.

　▼ 서양문명은 '홍역'이 유행하는 것처럼 막을 방도가 없다. 일본은 문명화를 받아들여, 아시아에서 새로운 축을 마련했다. 그 이념이 '탈아'다.

　▼ 일본에 불행한 것은, 이웃인 중국과 조선이라는 국가가 근대화를 거부하고 있고, 서양 문명이 압박해오는 가운데 예전 그대로 변함이 없어 국가의 독립을 유지할 방법이 없다는 점이다.

　▼ 두 나라가 메이지유신처럼 정치체제를 변혁할 수 있다면 좋지만, 그렇지 않으면 몇년 이내에 '망국'하여, 서양 여러 나라에 의해 분할되어버릴 것이다.

　▼ 지금의 중국과 조선은 일본에 도움이 되지 않는다. 오히려 서양에서 보면 3개국이 지리적으로 가깝기 때문에 일본도 중국이나 조선과 같은 것처럼 간주되기 십상이다. 그것은 '일본의 큰 불행'이다.

　▼ 중국과 조선이 서양문명을 받아들일 때까지 기다려 함께 아시아를 진흥시킬 여유가 없다. 오히려 그들 이웃과 헤어져 서양열강과 함께 움직이자. 중국과 조선을 이웃나라라고 해서 특별취급할 필요는 없다.

　그러고 나서 이렇게 끝을 맺는다. "나쁜 친구와 친하게 지내는 사람은 나쁜 이름을 함께할 수밖에 없다. 우리는 마음속에서부터 아시아동방의 나쁜 친구를 사절해야 한다." 나쁜 친구들과 사이좋게 지내면 나쁜 평판이 자자하게 되기 때문에 이제는 안녕이라고 '절교선언'을 한 셈이다.

그런데 이 사설은 어떻게 해서 태어났는가?

1884년 12월, 조선의 근대화를 목표로 한 김옥균 등 친일파가 서울에서 쿠데타를 결행했다. 일본군의 지원을 얻어 한때는 왕궁을 점거하고 반대파를 숙청했다. 그런데 3일 만에 청국군에 진압되어 쿠데타는 실패했다. 일본공사관도 불타버렸고, 일본인 사망자도 나왔다.

이 엄청난 사건을 일본의 신문들이 경쟁적으로 보도했는데, 그 가운데 『시사신보』는 유독 더 열을 냈다. 후꾸자와는 김옥균 등과 친교가 있었고, 활동을 지원하기 위해 케이오오의숙(慶應義塾)의 문하생들을 조선에 보낸 바 있다. '탈아론'은 친일파의 쿠데타 실패에 대한 실망을 배경으로 씌어진 것이다.

그러나 그 사설이 실릴 당시에는 그다지 화제가 되지는 않았던 듯하다. 『시사신보』의 역사를 잘 아는 무사시노가꾸인(武藏野學院)대학의 토꾸라 타께유끼(都倉武之) 강사에 의하면, 『시사신보』는 당시 창간 3년 만에 7천부 남짓까지 부수가 급증했다. 인텔리층 대상의 신문으로서는 선두로 성장하고 있었다. 조선에 관한 보도로 한층 더 명성을 높였지만, '탈아론'이 단독으로 주목받은 적은 없다. 후꾸자와도 이후에는 '탈아론'에 대해 한번도 거론하지 않았고, '탈아'라는 말조차 사용하지 않았다고 한다. 토꾸라 씨는 "『시사신보』 사내에서도 인용된 적 없이 그 존재는 잊혀졌다"라고 한다.

잊혀졌던 '탈아론'이 재발견된 것은 2차대전 이후였다.

그 과정을 자세하게 추적한 시즈오까(靜岡)현립대학의 히라야마 요오(平山洋) 조교에 의하면, 최초로 인용된 것은 1951년이었다. 역사학자 토오야마 시게끼(遠山茂樹)가 쓴 「청일전쟁과 후꾸자와 유끼찌」라는 논문이었다고 한다. 후꾸자와 유끼찌의 외교론이 재평가되는 가운데, 중국과 조선에 강경자세를 보인 '탈아론'이 연구대상이 되면서 지명도가 높아졌다. 1983년에는 야마까와(山川)출판사의 고등학교 일본사 교과서에서도 다루어졌다.

중국과 한국에서도 '탈아론'은 점차 확산되었다. 서울대 국제문제연구소의 강상규(姜相圭) 연구원에 의하면, 한국에서 '탈아론'을 인용한 연구논문이 나타난 것은 1970년 이후라고 한다. 1980년대 일본의 역사 교과서 문제가 불거지면서 '탈아론'은 일본의 침략논리로서 다시 부각되었다. 현재는 고등학교 세계사 교과서에서도 인용되고 있다. 중국에서도 2003년, 장쑤성(江蘇省) 등지에서 대학입시문제에 출제되었다.

일본어 인터넷에서도 '탈아론'이라는 말은 난무한다. 야스꾸니참배 등을 계기로 불거진 근린외교에서의 알력을 둘러싸고, 혹은 동아시아공동체 만들기에 관한 논쟁과정에서 중국과 한국에 강경자세를 요구하는 의견들 속에서 거론되는 경우가 눈에 띈다.

토꾸라 씨는 "'탈아'라는 말이 후꾸자와에게서 떨어져나와 제 스스로 움직이고 있다. 아시아와의 관계에서 자신의 생각에 권위를 부여하거나 보강하려 할 때 편의적으로 사용되고 있다"고 말한다.

그렇지만 잊혀진 것은 '탈아론'만은 아닐지도 모른다.

야스까와 주노스께(安川壽之輔) 나고야(名古屋)대학 명예교수는 후꾸자와 유끼찌가 남긴 방대한 양의 저작과 논설을 하나하나 면밀히 검토하고 거기에 나타난 '아시아인식'을 독해하려고 시도했다. 예를 들면, 1887년 1월 『시사신보』에는 다음과 같은 사설이 실려 있다.

"지금 일본섬을 지키는 데 최근의 방위선으로 확정해야 할 곳이 조선지역임은 의심할 나위가 없다."

야마가따 아리또모(山縣有朋) 수상이 제1회 제국의회에서 조선은 일본의 '이익선'이라고 밝히며 군비확장의 필요성을 호소한 것이 1890년이었다. 그것보다 3년이나 앞서 한반도를 '방위선'으로 표현한 것이다.

후꾸자와 유끼찌가 일본의 문명개화에 커다란 역할을 한 계몽사상가였다는 사실은 틀림없다. 그런데 일본의 근대화란 제국주의화를 의미하기도 한다. 후꾸자와 유끼찌도 혼란을 겪는 중국과 조선에 실망해 경멸하게 되고, 끝내는 아시아에 대한 무력침공을 시인했다.

야스까와 명예교수는 "후꾸자와 유끼찌의 사상적 궤적은 아시아침략으로 귀결된 근대일본의 궤적과 아주 잘 들어맞는다"라고 말한다.

(요시자와 타쯔히꼬)

화폐 — 국가이미지를 보여주는 '얼굴'

후꾸자와 유끼찌라고 하면 1만엔짜리 지폐의 초상화가 떠오른다. 1984년에 쇼오또꾸태자(聖德太子)에게서 그 자리를 이어받았다. "지폐에 어울리는 품격이고, 국민 각층에 잘 알려져 있으며 국제적으로도 지명도가 높다"(일본 재무성 통화기획조정실)라는 이유로 선택되었다고 한다. 그 말대로라면, 지폐의 초상화는 '나라의 얼굴'이자 국가이미지를 어느정도 담당한다고 말할 수 있을지도 모른다.

중국은 어떨까? '건국 50년'인 1999년을 맞아 새롭게 디자인을 해 1위안(元)에서 100위안까지를 모두 '건국 초기의 마오 쩌뚱(毛澤東)' 초상화로 통일했다. 그때까지는 저우 언라이(周恩來)나 소수민족의 초상화도 사용되었다. 왜 통일했는지 공식설명은 없다.

한국은 1만원에는 한글 창시자인 세종대왕을, 5천원과 1천원에는 유학자 이율곡과 이퇴계의 초상화를 사용하고 있다. 2009년에는 10만원, 5만원 지폐를 발행하는데, 누구의 초상화로 할지에 관심이 쏠려 있다. 정부와 한국은행은 여론조사 등을 통해 선정할 방침이다.

일본은 일찍이 쇼오또꾸태자 외에 이또오 히로부미와 이와꾸라토모미 등 메이지유신시대 정치가의 초상화를 사용했지만 1984년 이후에는 문화인만 등장한다. 재무성은 "다른 외국에서도 문화인 초상의 이용이 증가했기 때문"이라고 설명한다.

중국, 한국, 일본, 대만의 지폐(왼쪽 상단부터 시계 방향).

대만은 '국부(國父)'라 일컬어지는 쑨 원(孫文)이 100위안(圓)에, 국민당 지도자 장 제스(蔣介石)가 200위안에 나온다. 좀더 고액의 지폐에는 소년야구팀이나 지구의를 보는 아이 등의 도안을 사용하고 있다. "쑨 원과 장 제스의 지위를 유지하면서 정치적인 메씨지를 약화한"(대만중앙은행) 결과 그렇게 되었다고 한다. (요시자와 타쯔히꼬)

러일**전쟁과**
조선의 식민지화

청일전쟁 후 러시아는 중국 동북부(구 만
주)에 대한 지배를 강화함과 동시에 조선
으로도 진출을 꾀하고 있었다. 일본은 조
선을 독점적으로 지배하기 위해 대러시아
전쟁을 준비하기 시작했다. 세계 유수의
군사대국 러시아를 패퇴시킨 일본, 그 승
리는 동아시아에 어떤 결과를 가져왔는
가?

1. 토오고오가 이겼다!
아시아에 퍼져나간
덧없는 꿈

러일전쟁

1904~1905년 일본은 한반도와 중국 동북부의 지배를 둘러싼 전쟁에서 러시아에 승리했다. 일본측 사망자는 약 8만 4천명으로 청일전쟁 때(약 1만 3천명)의 6.5배에 달했고, 러시아측은 5만명이었다. 청일전쟁 후 러시아는 조선에 대한 영향력을 강화하는 한편 극동지역에서 부동항을 손에 넣기 위해 1898년 청으로부터 뤼순(旅順)·따렌(大連)을 조차(租借)하고 철도를 부설했다. 모스끄바대학 올레그 아이라뻬또프(Oleg Airapetov) 조교수에 따르면 러시아 대외정책의 근간은 대양에 진출한다는 해양전략으로, 황제 니꼴라이(Nikolai) 2세가 이 구상을 열렬히 지지했다고 한다.

1900년 의화단(義和團)에 맞서기 위해 청으로 출병한 러시아는 진압 후에도 중국 동북부에 머물렀다. 한편 일본은 러시아와 교섭을 계속하면서 전쟁을 준비했다. 결국 교섭은 결렬되었고, 1904년 2월 일본군은 뤼순의 러시아함대를 공격하고 인천에도 상륙하면서 전쟁을 시작했다. 일본군은 12월에는 많은 희생자를 내면서도 뤼순항이 굽어보이는 203고지를 점령했고, 이듬해 1월에는 뤼순의 요새를 함락했다. 일본 연합함대가 5월에 쯔시마해전에서 발틱함대에 치명적인 타격을 주자 미국의 시어도어 로우즈벨트(Theodore Roosebelt) 대통령이 강화(講和)를 주선했다. 러시아 국내에서는 혁명운동의 확대로 혼란이 가중되었고, 일본에서도 전비 조달이 한계에 달했기 때문에 양국은 강화에 응한다.

"오랜만에 일본에 왔는데 어디에 가볼까?"

필자가 알고 지내던 당시 77세의 한국인 퇴역군인 이(李)씨가 느닷없이 토오꾜오에 방문한 것은 2007년 6월이었다. 그는 일본에서 자랐지만 한국군에 입대하여 1950년 한국전쟁에 육군소위로 참전했다. 원래 필자는 취재를 통해 이씨의 아들을 알게 되었는데, 그 인연으로 이씨와도 친하게 지냈다.

가이드북을 읽은 이씨가 고른 곳은 러일전쟁에서 러시아 발틱함대를 물리치고 영웅이 된 토오고오 헤이하찌로오(東鄕平八郞)를 기리기 위해 세운 토오꾜오 하라주꾸(原宿)의 토오고오신사(東鄕神社)였다.

"일본의 전술은 정말 참고할 만해. 그래서 토오고오 원수를 존경하지."

그는 경내에 전시된 쯔시마해전 그림 앞에서 기념사진을 찍고는 만족해했다.

전 외무성 직원으로 메이지시대 외교를 연구하고 있는 마쯔무라 마사요시(松村正義) 러일전쟁연구회 회장은 "아시아의 신흥국이 유럽의 주요 강대국에 도전한 전쟁이며, 국제적인 관심을 불러일으킬 수밖에 없었던 대사건"이었다고 설명한다. 외국 기자들에게서 종군취재 요청도 쇄도했다고 한다.

러일전쟁시 일본군 진로(➡).
(토오꾜오서적의 일본사 교과서 등을 기초로 제작)

1905년 5월 토오고오가 이끄는 연합함대는 쯔시마섬 앞의 동해에서 발 틱함대를 맞아 대승리를 거두었다.

『뉴욕타임즈』(*New York Times*)는 "토오고오, 러시아함대를 격멸"이 라는 소식을 1면의 반을 할애해 머리기사로 전했다. 영국의 『타임즈』 (*Times*)도 "'발틱함대 사실상 전멸'이라는 토오꾜오발 기사는 전세계를 경악케 했다"라고 썼다.

승리에 흥분한 것은 일본인뿐이 아니었다.

나중에 인도의 초대 수상이 된 네루(Nehru)는 1930년대 옥중에서 이렇 게 썼다.

"아시아의 한 나라인 일본의 승리는 아시아 모든 나라에 큰 영향을 주 었어. 내가 어린아이였을 때 얼마나 감격했는지를 너에게 자주 이야기하 곤 했지."(『아버지가 자식에게 들려주는 세계역사』, 미스즈서방みすず書房)

중국의 혁명가 쑨 원(孫文)은 일본의 승리가 아시아뿐만 아니라 이집트 나 터키, 아프가니스탄 등에서도 독립운동을 자극했음을 지적한다. 구미 대국에 압도되었던 유색인종에게 희망을 주었다는 것이다. 미국의 흑인 지식인들조차도 '노란 사람들'의 활약을 칭송했다.

그런 이야기를 들으니 한 인물이 생각났다. 베트남에서 프랑스에 맞서

일본의 연합함대 승리를 전하는 『뉴욕 타임스』 지면.

독립운동을 이끈 판보이차우(Phan Boi Chau, 1867~1940). 차우는 러일전쟁 소식을 접한 후 1905년 초에 몰래 출국하여 봄 즈음에 일본에 들어왔다. 그는 수천 킬로미터나 떨어진 일본에서 무엇을 얻으려 했던 것일까? 베트남을 찾아갔다.

'동문동종'인데……, 격노한 베트남

하노이사회과학원 역사연구소에서 오랫동안 차우를 연구해온 추온타우(Chuon Tau) 교수가 차우의 초상화가 걸린 응접실에서 나를 맞았다.

"일본이 재빨리 메이지유신으로 근대화를 진척하고, 입헌주의를 도입하여 대국 러시아를 이긴 겁니다. 이런 '동문동종(同文同種)' 일본의 모습은 열강의 침략으로 고통받는 사람들의 모범이 되었고 많은 베트남인들이 일본에 매혹되었습니다." '동문'이란 같은 한자문화권, '동종'이란 같은 황인종이라는 뜻이다.

일본에 도착한 차우는 요꼬하마(橫濱)에 망명중이던 중국의 입헌사상가 량 치차오(梁啓超)를 방문했다. 량 치차오는 청조 말기 국정개혁에 실패하여 일본으로 탈출한 상황이었다. 유교 집안에서 태어나 어린 시절부터 중국 고전을 배운 차우는 중국인이나 일본인과 필담으로 소통할 수 있었다.

포츠머스 조약: 러일전쟁의 강화조약. 1905년 9월, 미국 포츠머스(Portsmouth)에서 일본의 코무라 주따로오(小村壽太郎) 전권(외무장관)과 러시아의 비떼(Sergei Vitte) 전권(전 재무장관)이 조인했다. 내용은 다음과 같다. ① 러시아는 대한제국에 대한 일본의 지도감독권을 인정한다 ② 청으로부터 얻은 러시아의 뤼슌·따롄 조차권 및 창춘(長春) 이남의 철도를 일본에 양도한다 ③ 러시아가 북위 50도 이남의 사할린을 일본에 양도한다 ④ 연해주와 깜차뜨까(Kamchatka)에서 일본의 어업권을 인정한다. 거액의 배상금을 기대했던 일본 민중은 강화 내용에 반발하여 토오꾜오에서 폭동을 일으켰다.

차우가 일본에 온 목적은 프랑스와 싸울 때 필요한 무기나 병력 등의 원조를 얻기 위함이었다. 차우는 량 치차오의 소개로 당시의 유력한 정치가 오오꾸마 시게노부(大隈重信), 이누까이 쯔요시(犬養毅) 등과 만난다. 하지만 오오꾸마 등은 일본과 프랑스 사이의 외교문제로 비화될 수 있다는 이유로 군사원조를 거절하고 우선은 인재육성에 힘쓸 것을 조언한다.

차우는 일본의 동조자에게서 자금을 얻거나 유학처를 소개받거나 해서 베트남의 젊은이들을 불러들이는 동유(東遊)운동을 시작했다. 유학생은 한때 200명에 달했으나 '안주의 땅' 일본에 머물 수 있는 시간은 그리 길지 않았다.

러일전쟁에서 승리한 일본은 1907년 6월 인도차이나와 조선 지배를 사실상 상호 인정한 불일협약을 프랑스와 체결한다. 프랑스정부가 일본에 요구한 것은 베트남 독립운동을 단속하는 것이었다. "일본정부는 프랑스 식민지정권과 결탁하여 베트남유학생, 나아가 판보이차우까지 추방했다. 동유운동은 분쇄당했다." 하노이에서 구입한 고등학교 역사교과서에는 그렇게 씌어 있었다.

차우는 1909년 3월, 4년간 머물던 일본에서 추방되었다. 토오꾜오 외무성 외교사료관과 코무라 주따로오 외무장관에게 보낸 차우의 친필편지가 남아 있다. 그는 외무장관이 "아시아 황인종을 경멸하고 있으며, 죄가 있

판보이차우(좌).
량 치차오(우).

82

는지 없는지 상관없이 내쫓고 있다"라면서, 일본이 구미열강과 손잡은 사실을 통렬하게 비판했다. 반지(半紙)라는 얇고 흰 일본종이에 한자로 정서된 편지를 만져보니 그의 분노가 조용히 전해진다.

일본의 청국학생, '단속규칙'으로 경계와 반감만 늘어

당시 일본에는 청에서 온 유학생이 더 많았다. 청은 청일전쟁 직후인 1896년 유학생을 보내기 시작해 1905년에는 약 1만명에 달했다.

청말 유학생 사정에 밝은 리 시쒀(李喜所) 난카이(南開)대학 교수를 중국 톈진(天津)에서 만났다. 리 교수는 "청일전쟁에서 왜 일본에 졌는지 그 이유를 알아보려고 일본으로 유학이나 시찰을 떠나는 일이 시작되었다"라고 말한다. 구미에서 근대 사상이나 제도를 직접 배우는 것이 아니라 일본의 경험을 통해 배우면 좀더 효율적일 것이라고 생각하는 경향도 있었다. 구미보다 가깝고 비용이 덜 든다는 현실적인 이유도 무시 못했다. 또한 1905년 과거제도가 폐지되어 일본이 새로운 학습의 장으로 여겨진 것도 중요한 요인이라고 설명했다.

러일전쟁에서 일본이 승리하자 청에서는 '전제' 러시아와 대립한 '입헌' 일본의 승리라는 견해가 펴져나갔고, 일본에 대한 관심이 한층 더 높아졌다. 야마나시가꾸인(山梨學院)대학의 중국 출신 슝 따윈(熊達雲) 교수

이 시기의 동아시아
1895 명성황후, 일본군에 살해됨.
1896 조선 고종, 러시아 공사관에 약 1년간 피신(아관파천俄館播遷).
1897 조선, 대한제국으로 국호를 개칭.
1898 러시아, 청국으로부터 뤼슌·따롄의 조차권과 남만주 철도부설권 획득.
1900 뻬이징에서 의화단사건 발발.
1902 영일동맹 조인.

는 "일본의 승리로 중국 국민은 깨달은 바가 있었다. 그때부터 입헌제도 도입에 박차를 가했다"라고 말한다. 1906년 청조정부는 늦었지만 입헌정치 실시를 약속했다.

그런 가운데 유학생들에게 충격적인 사건이 일어난다. 일본정부에서 1905년 11월 '청국유학생 단속규칙'을 공포한 것이다. 청조정부가 혁명운동의 움직임을 두려워한 나머지 일본정부에 단속을 의뢰한 결과였다. 유학생들은 이 조치에 수업 거부 등으로 반발했다. 당시 『아사히신문』은 이를 "청국인의 방종비열(放縱卑劣)"이라고 비판했는데, 이를 읽은 유학생이자 혁명파 활동가였던 천 톈화(陳天華)는 항의의 뜻으로 토오꾜오 앞바다에서 투신자살하기도 했다.

"아시아의 강국 일본을 배우는 유학생들의 마음 한편에는 조선이나 중국 동북부 지배를 강화하는 일본에 대한 경계와 반감이 자리를 잡아가고 있었다. 그들은 이러한 모순으로 고민하고 있었다." 리 교수는 이렇게 설명한다. 현대 일본에서도 헌법개정 움직임이나 역사문제 등 중국측이 신경을 곤두세우는 문제가 있다. 리 교수에게서 배우는 대학원생 리 라이룽(李來容) 씨는 이렇게 덧붙였다. "일본을 배우자는 마음도 있고 경계심도 있어요. 일본을 바라보는 눈은 별로 바뀌지 않았습니다."

1904 러일전쟁 발발. 제1차 한일협약으로 대한제국은 일본이 추천하는 재무·외무고문을 받아들임.
1905 포츠머스조약 조인. 제2차 한일협약으로 일본은 대한제국의 외교권을 강탈하고 보호국으로 삼음. 이또오 히로부미를 초대 통감으로 임명.
1907 제3차 한일협약으로 내정도 일본 지배하에 놓임. 이때 각서를 통해 군대를 해산함.
1910 '한국병합에 관한 조약' 체결.

중국은 '피해만 준 침략', 일본은 '식민지에 꿈을'

현재 중국은 러일전쟁을 어떻게 받아들이고 있을까? 격전지였던 뤼순을 방문했다.

뤼순항은 지금도 중국해군의 중요한 거점으로, 일부 관광지를 제외하고 외국인이 자유롭게 돌아다닐 수 없다. "뤼순·따롄은 러시아와 일본이 쟁탈하려던 장소였다. 일본의 승리는 중국침략을 위한 도약대가 되었다." 뤼순 국방교육기지 '러일전쟁진열관'에서 본 중국어 비디오에 나오는 말이다.

203고지 산기슭의 선물가게에서 일하는 한 싱슈(韓行恕) 씨는 어릴 적 뤼순에서 일본어를 배웠다고 한다. 그는 유창한 일본어로 전쟁의 경위를 설명해주었다. 중국에서 러일전쟁이란 무엇이었는지를 물었다. "피해만 준 침략전쟁이죠. 일본이 러시아를 내쫓고 중국을 도와줬다고 하는 사람도 있지만, 그건 틀린 얘기입니다. 일본은 전쟁이 끝나도 떠날 생각 없이 눌러 앉아 뤼순을 지배해버렸습니다. 결국 중국 전체로 쳐들어왔지요." 부드럽게 타이르는 듯한 말투였다.

그러면 일본에서는 어떨까?

종전기념일인 8월 15일, 야스꾸니신사 유우슈우관(遊就館)에 들렀다. 러일전쟁 코너에서는 군함행진곡이 시끄럽게 울려퍼지며 일본의 승리를

천 톈화(좌).
러시아군이 농성했던 뤼순 동계관산
(東鷄冠山)의 요새(우). 아사히.

전하는 영상이 흘러나왔고, 사람들로 북적거렸다. "동양의 작은 나라였던 일본이 대국 러시아를 물리쳤을 때, 러시아와 유럽 지배하에 있던 식민지 사람들에게도 커다란 꿈과 희망을 가져다주었다." 내레이션이 자랑스럽게 외친다.

그럴지도 모른다. 하지만 한반도나 중국이나, 일본에서 가까울수록 '꿈과 희망'이 빛을 바래가는 속도도 빨랐던 것은 아닐지.

오오에 시노부(大江志乃夫) 이바라끼(茨城)대학 명예교수는 이렇게 말한다. "전쟁 직후, 일본은 조선을 보호국으로 만들었고 아시아 사람들의 희망은 실망으로 변했다. 일본의 승리는 희망도 주었지만 즉시 실망으로 변했다는 사실을 잊어서는 안된다."

(사꾸라이 이즈미櫻井泉)

제0차 세계대전

러일전쟁을 '제0차 세계대전'으로 보아야 하지 않을까? 이런 시각이 최근 역사학자들 사이에서 제기되고 있다.

종전 100주년인 2005년, 케이오오대학에서 열린 국제회의에서 이 전쟁을 '제0차 세계대전'으로 재평가하는 시각이 논의되었다. 회의에 참석한 요꼬테 신지(橫手愼二) 케이오오대학 교수에 의하면, 제1차 세계대전(1914~18)의 여러 중요한 특징이 이 전쟁에서 이미 보이기 때문이다.

그중 하나는 당시 국제환경의 영향을 받아 구미열강을 끌어들이는 식으로 전쟁이 전개된 점이다. 일본은 영국과, 러시아는 프랑스와 각각 동맹을 맺고 있었다. 예컨대 영국은 아프가니스탄과 이란 지배를 둘러싸고 러시아와 대립하고 있었기 때문에 일본과 동맹을 맺는 이점이 있었다. 미국은 러시아가 중국 동북부를 점령하는 데 반대했으므로 일본을 경제적으로 지원한 것이다.

또 하나의 특징은 '총력전'이다. 무기가 발달하여 전쟁규모가 확대되었기 때문에, 국가 전체가 모든 힘을 전쟁에 쏟아부어야만 했다. '총력전'이라는 개념은 1차대전의 특징으로 널리 알려진 것이지만, 이미 러일전쟁에서 그 단초가 있었다는 것이다. 또 모스끄바대학 올레그 아이라뻬또프 조교수는 "러일전쟁은 육지와 바다의 총력전"이었다고 지적했다. 육군과 해군을 효과적으로 연동시키지 않으면 전쟁에 이기는 일이 불가능해진 것이다.

(사꾸라이 이즈미)

2. 철도와
일본군

식민지

한 민족 또는 국민의 일부가 다른 땅에 이주하여 새롭게 만든 도시나 마을을 의미했으나, 15세기 '신대륙' 발견 후 본국 밖에 있으면서도 본국의 지배하에 있는 지역을 지칭하게 되었다. 19세기 후반 이후 구미열강은 원료를 손에 넣고 제품을 팔기 위한 시장을 마련하기 위해 본국에서 떨어진 아시아 · 아프리카 · 태평양 지역에서 식민지 획득경쟁을 펼쳤다. 그러나 일본과 같이 고대부터 교류가 있는 인근국가를 식민지로 지배한 예는 드물다.

넓은 플랫폼에 내리자 '서울까지 56킬로미터, 평양까지 205킬로미터'라는 안내판이 눈에 들어왔다.

여기는 남북한 휴전선에서 가까운 도라산(都羅山)역. 신의주와 서울 사이를 잇는 경의선의 남한측 최북단 역이다. 한국군이 민간인의 출입을 제한하는 지역이며 여기까지 오는 열차는 하루 세 편뿐이다. 신분증을 보여주고 헌병의 검문검색을 통과해야 승객이 될 수 있다.

이 주변에는 몇년 전만 해도 지뢰가 묻혀 있었다. 그러던 것이 2000년에 처음 개최된 남북정상회담 때 한국전쟁으로 파괴된 경의선 일부의 복원이 결정되어 이 역도 5년 전에 새로 만들어졌다. 2007년 5월에는 휴전선을 넘어서 시험운행하여, 56년 만에 열차가 남북을 왕래했다. 북으로 이어지는 철로는 민족의 화해를 뜻하는 새로운 무대인 셈이다. 2007년 당시 노무현(盧武鉉) 대통령은 남북정상회담을 위해 이 경의선을 따라 옆으로 뻗은 도로를 통해 평양으로 향했다. 남북교류의 성과를 인상깊게 보여주려는 마음이 잘 전달된 듯하다.

나는 왜 여기에 왔는가?

일본이 언제 어떻게 한반도를 식민지화하여 지배하게 되었는지를 조사해보니 그 과정에 철도가 깊게 관여하고 있다는 사실을 알 수 있었다. 경의선도 그 중요한 기능을 담당했다.

경의선 한국측 최북단의 도라산역. 5년 전에 지어진 새 역이다. 한국 파주에서 아사히.

식민지지배의 그늘과 남북분단, 그리고 융화. 식민시대의 첫 순간으로 거슬러 올라가는 여정을 시작하면서 역사가 중첩되는 상징의 장을 두 눈으로 확인하고 싶었다.

지배를 확대하는 도구, 다툼의 불씨가 되어

서울에서 『일제침략과 한국철도』라는 책의 저자인 정재정(鄭在貞) 서울시립대 교수를 만났다.

철도가 부설되어 편리해진 것이 아니냐는 순진한 질문을 던지자 정교수는 얼굴이 굳어졌다.

"한국 입장에서 보자면 철도와 함께 일본군이 들어와서 수탈과 억압의 시대가 시작됐어요. 일본은 한반도를 군사상의 생명선으로 생각했고 반도를 지배하기 위한 도구로 철도를 깔았지요. 또 러일전쟁은 철도를 둘러싼 싸움이기도 했습니다."

정교수의 설명이 계속되었다.

군대와 물자를 대량으로 운송할 수 있는 철도는 열강들에게는 지배지역을 넓히기 위한 중요한 수단이었다. 중국 동북부와 한반도 북부의 철도를 둘러싸고 다투던 일본과 러시아는 철도 문제가 교섭으로는 해결이 되지 않자 전쟁으로 치달았으니, 철도는 전쟁의 원인 중 하나였다.

1910년경의 조선반도와 중국 동북부의 주요 철도.

확실히 청일전쟁 이후 러시아는 중국 동북부를 횡단하여 블라지보스 또끄 근방까지에 이르는 동청철도(東淸鐵道)와, 하얼삔(哈爾濱)에서 뤼순 까지 이어지는 남만주 지선의 부설권을 청국으로부터 획득하는 등 스스 로의 철도네트워크를 넓히려 혈안이 되어 있었다.

일본도 서울과 한반도 남단의 부산을 연결하는 경부선과 경의선을 손 에 넣는 데 힘을 쏟았다. 이 두 개의 노선만 있으면 반도를 종단할 수 있었 기 때문이다. 경부선은 청일전쟁 후에 부설권을 획득하여 1901년에 기공 했다. 러시아와의 긴장이 고조되자 공사속도를 높였다. 한편 경의선은 대 한제국정부가 조선민족의 손으로 자력건설을 하겠다는 목표를 세웠으나 자금부족으로 좀처럼 진전되지 않고 있었다.

당시 공문서를 보면 일본정부의 의도를 명확히 알 수 있다. 예컨대 1902년 코무라 주따로오 외무장관이 카쯔라 타로오(桂太郎) 수상에게 제 출하여 내각에서 결정된 문서에는 이런 취지가 담겨 있었다.

"경의철도를 우리가 부설하여 경부선과 연결하면 한국을 관통하는 간 선철도는 모두 우리 제국의 것이 되고, 이는 한국을 우리 세력권에 두는 일과 마찬가지다."

이듬해 러시아와의 교섭방침을 논의한 내각회의에서는 "향후 한국 철 도를 만주 남부로 확장하는 것"을 방해하지 않겠다는 약속을 러시아로부터 받아낸다는 방침을 결정한다. 즉 한반도에서부터 중국 동북부까지 노선을 연장하여 세력권을 확대하자는 의도였던 셈이다.

1904년 2월, 러일전쟁이 발발한다.

개전 전 대한제국은 전쟁에 말려들지 않기 위해 '중립'을 선언했다. 하지만 일본은 이를 무시하고 러시아에 선전포고를 하기 이틀 전에 먼저 인천에 선발대를 상륙시켰고, 이어서 상륙한 부대와 함께 총 1만여명의 병력이 수도와 그 주변으로 들이닥쳤다. 점령이라고 할 수 있는 상황에서 개전 후 약 2주가 지나서는 '한일의정서(韓日議定書)'를 체결하여, 일본이 "군사상 필요한 지점을 임기수용(臨機收用)할 수 있음"을 한국정부가 인정하도록 강요했다. 단적으로 말하자면 일본군이 '이 토지가 필요하다'라고 간주하면 일본군 소유가 되는 일이 가능해진 것이다.

현안이었던 경의선에 관해서는, 일본이 대한제국에 '군용철도'로 만들 것이라는 사실을 통고한다. 그후 철도대대가 바로 공사를 시작했다.

식민지지배는 러일전쟁에서부터

철도와 식민지지배의 역사가 중첩되는 장소를 방문하기 위해 서울시 용산구로 향했다.

이 지역에서 용산역 동쪽은 한국 지도에서는 공백으로 표시되어 있다.

서울 용산구의 미군기지 위치.

거대한 주한미군기지가 있기 때문이다. 도로를 따라 철조망이나 콘크리트, 벽돌로 세운 벽이 이어진다.

이 일대는 러일전쟁중 일본군이 토지를 징용하여 군사시설로 만든 곳이다. 그후 100년이 지났지만 여전히 사람들이 자유롭게 드나들지 못하는 곳으로 남아 있다.

일본군은 왜 용산을 고른 것일까?

서울대 김백영(金白永) 연구원이 낡은 지도를 펼쳐 보이며 가르쳐주었다. 이 지역의 현관이라 할 수 있는 용산역은 당시 한반도 철도의 교차로였으며 경의선 등도 여기서 출발했다. 또한 왕궁을 감시할 수 있는 장소이기도 했다.

"왕을 위압하기도 쉽고 철도를 통해 반도 각지역으로 이동하기도 쉬운 곳에 일본군이 거대한 군사거점을 세운 것입니다."

또 하나의 중요한 노선인 경부선은 1905년 1월에 완성되어, 그해 일본의 시모노세끼(下關)로 이어지는 연락선 운항도 시작되었다. 이듬해 4월에는 경의선도 완전 개통되었다.

러일전쟁을 포함해 불과 몇년 동안 반도를 남북으로 관통하여 중국 동북부로 이어지는 약 950킬로미터의 새로운 간선철도가 건설되었다. 일본의 신깐센(新幹線)에 빗대어보자면 토오꾜오역에서 신야마구찌(新山口)역부근까지와 비슷한 거리이다. 육로에서는 말을 이용하여 무기나 식량을 옮기곤 했는데, 이제 대륙의 입구까지 대량수송이 가능해진 것이다.

그러나 군대와 물자를 옮기는 동맥을 만들어낸 것만이 아니다. 일본군은 전선으로의 물자수송이나 철도 경비 등을 이유로 주둔군을 편성하여 대한제국으로부터 수도의 경찰권도 강탈했던 것이다.

러시아와 전쟁이 끝났어도 일본군은 철수하기는커녕, 약 3만명의 2개 사단 규모 육군부대를 주둔시켰다. 게다가 대구·부산 인근을 중심으로 광대한 토지를 차례차례 수용하여 군사거점으로 삼았다.

서울사무소에서 만난 친일반민족행위진상규명위원회의 서민교(徐民敎) 전문위원은 "러일전쟁이 시작됨과 동시에 한국은 사실상 일본군 수중에 놓이게 되어 식민지화가 진행되었다"라고 말했다. 이 때문에 위원회가 조사대상으로 삼고 있는 '일제강점' 기간도 1904년 2월의 러일전쟁 개전부터 1945년 8월의 해방까지로 되어 있다.

즉 한국에서 식민지지배의 시작점은 1910년의 병합조약 체결이 아니라 러일전쟁이라고 인식되고 있는 것이다.

농민의 고된 노동이 저항운동으로 이어져

조선민중의 눈에 철도 건설은 어떻게 비춰졌을까?

친일반민족행위진상규명위원회: 과거사 재조명을 천명한 노무현 정권하에서 일본 식민지 지배에 대한 협력자와 그 행위를 조사하기 위해 특별법에 의거하여 2005년 5월에 발족했다. 위원은 학자, 변호사 등 11명으로, 조사를 담당하는 연구원도 근무하고 있다. 임기는 4년으로 연장도 가능하다. 이 위원회와 별도로 '일제 협력의 댓가'로 손에 넣은 재산을 밝혀내 자손에게서 몰수한 뒤 국가로 귀속하는 일을 담당하는 '친일반민족행위자 재산조사위원회'도 있다.

일본의 역사 교과서 문제를 계기로 건립된 한국 독립기념관(천안)을 2007년 7월에 처음 방문했다. 광장에 총을 멘 일본군 병사와 총살형에 처해진 민중의 실물크기 모형이 서 있다. 설명을 읽어보니 8월말까지의 기념전시로서 "일제가 한국침략을 위해 부설한 철도를 파괴하여 1904년에 순국한 애국지사의 처형장면을 재현했습니다"라고 적혀 있었다. 러일전쟁중 수도의 경의선 부근에서 공개 총살된 세명은 현재 일본의 식민지화에 저항한 '의병(義兵)'으로 칭송되어, 처형장면의 기록사진은 한국 역사 교과서에도 등장한다.

철도는 민중에게서 농지를 빼앗은 것만이 아니었다. 일본 군인이나 민간업자들은 주로 감독 역할을 맡았고, 현장에서 고된 노동은 사실상 강제적으로 징용된 농민들 몫이었다. 이런 수법은 민중의 반발과 증오를 불러일으켜, 일본의 지배에 저항하는 '의병투쟁'의 공격대상이 되었다. 골치를 썩고 있던 일본군은 철도에 위해를 가한 자와 그를 숨겨준 자 모두 '사형'에 처한다는 군령을 공포하여 실제로 처형했다.

경부선이 지나가는 서울 교외의 안양시. 거리를 굽어보는 언덕 위에 세워진 비석에 '이또오 히로부미(伊藤博文)'라는 글자를 발견했다. 비문에 의하면 1905년 11월, 이또오가 경부선 열차로 안양을 지나간다는 사실을

철도를 파괴한 조선인을 일본군이 처형하는 장면을 재현한 전시. 한국의 어린이가 가만히 보고 있다. 한국 천안 독립기념관에서 아사히.

안 이 고장 태생의 원태우(元泰祐)가 열차에 돌을 던져 이또오에게 상처를 입혔다고 한다. 그 비석은 고문을 받고 투옥되어 불우한 생애를 마감한 '지사(志士)'의 위업을 후세에 전달하기 위해 주민들이 15년 전에 세운 것이었다.

일본 수상을 역임한 이또오는 대한제국으로부터 외교권을 강탈하고 보호국으로 삼은 제2차 한일협약(을미조약)의 조인을 강요하기 위해 특사로 와 있던 상황이었다.

이또오가 안중근에게 살해된 지 10개월이 지난 1910년 8월 22일, 대한제국 최후의 어전회의에 의해 병합조약의 체결이 승인되었다. 현재 세계문화유산으로 등록된 창덕궁 일각에 당시 회의를 했던 곳이 남아 있다. 그 설명판에는 '한일병합을 결정한 비운의 장소'라고 적혀 있었다.

이듬해 한반도와 중국대륙을 가로지르는 압록강 가교가 완공된다. 부산에서 중국 동북부까지 철로로 이어지자 일본은 대륙침략으로 돌진한다.

(나까노 아끼라中野晃)

독도 문제, 민족의 존엄 문제

독도(일본명 타께시마)는 동해에 있는 작은 바위섬에 불과하지만, 그 영유권을 둘러싸고 한일은 첨예하게 대립하고 있다. 그런데 여기에는 일본의 식민지지배라는 역사문제가 그림자를 짙게 드리우고 있다.

일본의 패전 후인 1946년, 연합국 총사령부는 각서로 일본의 행정권이 정지되는 지역에 독도를 포함했다. 한편 1951년 서명한 쌘프란씨스코 평화조약에서는 일본이 포기하는 섬 중 독도는 명기되지 않았다.

그것 때문인지는 확실하지 않지만 1952년 조약 발효 전에 한국 초대 대통령 이승만은 공해상에 '평화선'(일본에서는 '이승만 라인')을 그어 독도를 한국측에 편입했다.

이때부터 시작된 한일국교정상화 교섭에서는 독도 문제가 가장 어려운 문제로 인식되었고, 결국은 영유권 문제를 해결하지 못한 채 국교를 맺었다.

독도 문제는 일본에서 영유권 다툼으로 비춰지고 있지만 한국에서는 민족의 존엄이 걸려 있는 역사문제이다.

이 문제가 쟁점이 된 계기는 시마네현(島根縣) 편입을 천명한 1905년 내각회의 결정과 현(縣) 고시문이다. 그때는 러일전쟁의 와중으로, 일본이 한국의 외교권을 강탈하여 보호국으로 삼은 해이며, 5년 후 병합의 길로 나아가는 출발점이었다.

그 때문에 한국은 독도를 '강탈피해 제1호'로 파악하고 있다. 2005년 시마네현의회가 '편입 100주년'을 기념하여 '타께시마의 날' 조례를 가결한 데 대해, 한국측이 강력하게 반발한 것은 이런 배경에서이다.

(코스게 코오이찌小菅幸一)

	각국의 서술 분량과 특징은?	
	러일전쟁	한국 식민지화
일본	2면, 국제관계에 중점.	약 1면, 저항운동도 기술.
중국	기술 없음.	기술 없음.
한국	5줄, 경위 포함.	52면, 식민지화의 영향도 포함.
대만	5줄, 입헌운동과의 관계에 중점.	4줄, 세계사에서 다룸.

일본

강해지는 우월감, 10년 전부터 기술

토오꾜오서적의 『새로운 사회: 역사』는 청일전쟁에 이어지는 항목으로 러일전쟁을 2면 분량으로 다루고 있다.

개전까지의 경위에 관해서는 열강 각국의 국제관계 설명에 중점을 두고 있다. 본문에서는 러시아가 의화단사건 이후에도 군을 중국 북동부에 주둔했던 데 반해, 일본은 영국과 동맹을 맺어 대항했다고 기술하고 있다. 이에 더해 미국과 영국이 일본을, 프랑스가 러시아를 원조하고 있었음을 나타내는 도판도 실었다.

전후 상황에 대해서는 일본이 얻은 이익이 적다는 이유로 불만을 가진 국민이 정부를 공격해서 폭동까지 일어났다는 사실이나, 군비확장이 계속되어 국민의 부담이 줄지 않았다고 설명했다. 또한 다음과 같은 기술이 이어진다.

일본의 승리는 인도와 중국 등 아시아 여러 나라에 자극을 주었고, 일본을 따라 근대화 또는 민족독립의 움직임이 활발해졌습니다. 한편 국민에게는 일본이 열강의 일원이 되었다는 대국의식이 생겨나 아시아 여러 나라에 대한 우월감이 강화되어갔습니다.

이 기술의 후반부는 1997년 발행된 교과서부터 포함되었다. "전쟁의 영향을 되도록 다면적으로 설명하려고 노력했다"라고 이 출판사의 와따나베 노리오 사회편집부장은 말한다.

일본에 의한 조선 식민지화를 1면 정도 할애해 기술했다. 러일전쟁 후 반(反)식민지화 저항운동이 일어났다는 사실을 지적하면서 다음과 같이 설명한다.

1910년, 한국은 일본에 병합되었습니다. 일본은 조선총독부를 설치하여 무력을 바탕으로 식민지지배를 전개했습니다. 학교에서는 조선역사를 가르치는 일을 금지했고 일본역사나 일본어를 가르쳐서 일본인에게 동화하는 교육을 실시했습니다.

또한 조선의 왕궁 내에 세워진 조선총독부 사진이나 일본어로 수업을 받는 어린이들의 사진을 게재하여 당시의 상황을 알기 쉽게 전달하려 하고 있다.

국내가 전장이었는데도 다루지 않아

인민교육출판사의 『중국역사』에서는 러일전쟁과 조선의 식민지화에 대한 기술이 전혀 없다. 반면 러일전쟁의 간접적인 원인이 된 의화단사건을 「8개국 연합군의 중국 침략전쟁」이라는 제목으로 4면에 걸쳐 자세하게 설명하고 있다.

> 1900년 봄에 의화단운동은 징진(京津) 지구로까지 확대되었다. 투쟁의 칼끝은 직접 제국주의 침략세력으로 향했다. (…) 8개국 연합군은 뻬이징 도처에서 방화·살해·약탈을 일삼았으며 지독한 악행이 극에 달했다.

일본에서는 '북청사변(北淸事變)'이나 '의화단사건'이라 불리고 있지만, 중국에서는 '반제애국운동(反帝愛國運動)'이라고 한다. 최근에는 학계 일부에서 이러한 인식에 대해 이론이 제기되고 있지만 교과서의 기술이 수정될 기미는 보이지 않고 있다.

그러나 뤼순, 랴오양(遼陽), 펑톈(奉天, 현재의 선양瀋陽) 등 중국의 주요지역이 전장이 되었는데도 왜 자국의 역사 교과서에서 다루지 않는 것일까?

중국 교과서를 잘 아는 케이오오대학 똰 루이충(段瑞聰) 준교수는 "교전의 주체는 일본과 러시아였다. 중국으로서는 두 개의 제국에 의한 전쟁으로 인식하기 때문에 자국사로 인정하지 않는 것"이라고 말한다.

러일전쟁과 조선의 식민지화는 고등학교 세계사 교과서(인민교육출판사의 『세계근대현대사(世界近代現代史)』)에 등장한다. 「제국주의로 향하는 주요 자본주의국가」라는 주제로, 러일전쟁의 원인 등을 언급하지 않고 한국의 식민지화에 중점을 두었다.

1905년 일본은 러일전쟁 승리라는 순풍을 타고 미국의 지지를 얻어 한국을 식민지로 삼았다. 1910년 일본은 한국정부에 '한일병합조약'의 체결을 강요하여 한국을 정식으로 병합했다.

한국

지배와 약탈, 51면에 걸쳐

전쟁과 함께 일본에 의한 한국의 식민지화가 진행되었기 때문에, 국사 교과서에서는 우선 러일전쟁에 이르기까지의 경위를 포함하여 다섯줄 정도로 설명하고 있다.

이에 더해 ▼ 대한제국의 외교권을 강탈한 을사조약(제2차 한일협약) ▼ 군대를 해산시킨 뒤 '의병전쟁'의 확대 ▼ 식민지지배하의 교육 및 언론활동 ▼ 물자와 인적자원의 수탈 등을 자세하게 설명한다. 그 내용은 1919년 '3·1운동'까지 51면에 이른다. 을사조약에 관해서는 이렇게 씌어 있다.

러일전쟁에서 승리한 일본은 우리나라에 대한 침략을 본격적으로 추진했다. 그리하여 우리나라의 외교권을 빼앗고 서울에 통감부를 설치하는 것을 주요내용으로 하는 을사조약을 강요했다.

1910년 합방조약에 대해서는 「국권침탈」이라는 항목에서 다음과 같이 설명한다.

일제는 군대와 경찰을 전국 각지에 배치하여 우리 민족의 저항을 미리 차단하고, 이완용을 중심으로 한 매국 내각과 이른바 합방조약을 체결했다. 이로써 오랫동안 독자적인 문화를 창조하면서 발전해온 우리 민족은 나라를 빼앗기고 일제의 노예상태로 떨어지게 되었다.

한국인에 의한 '항일민족운동'도 중점적으로 다루고 있다. 예를 들어 안중근의 초대 통감 이또오 히로부미 암살사건에 대해서는 "민족독립의 의사를 명확히 보여주었다"라고 높게 평가한다.

영유권이 한일 양국간 문제가 되고 있는 독도문제도 이러한 '일제침략' 사례 중 하나로 인식하여 "일본은 러일전쟁중 일방적으로 독도를 자기 영토에 편입했다"라고 씌어 있다. 국사편찬위원회의 구선희 사료조사 실장은 "일본에 의한 침략의 서막이므로 제대로 가르치고 싶다"라고 말했다.

대만

입헌운동에 대한 영향 위주로

대만의 교과서에서는 러일전쟁과 조선의 식민지화를 중국사와 세계사에서 아주 간단하게 다룬다. 『국민중학: 사회』(난이서국 발행)의 중국사 부분에서는 청조말기의 입헌운동 항목에서 다섯줄 정도로 다음과 같이 씌어 있다.

러시아와 일본 양국은 중국 동북부의 권익을 둘러싸고 중국 영내에서 개전했다. 이듬해 러시아가 패하여 일본세력이 동북부로 진출했다. 일부 지식분자는 일본과 같은 소국이 대국을 제압하고 예상 외로 승리한 일은 일본의 입헌군주체제에 덕분에 가능해졌다며 입헌체제의 필요성을 주장했다.

1983년 '역사과정표준'에 기초한 교과서에서도 '러시아군의 동북 강탈과 러일전쟁'이라는 항목에서 러일전쟁 전후의 양국과 청조 중국 동북부를 둘러싼 분쟁을 설명한다. 이어 "러일전쟁이 끝나자 지식인들은 입헌체제가 전제체제에 승리했다며, 조야(朝野)에서 입헌체제를 요구하는 주장이 끊이지 않았다"라고 기술하고 있으며, 신구 교과서 모두 입헌운동에 끼친 영향을 중시하고 있음을 알 수 있다.

한편에서 러일전쟁 후 한국이 식민지가 된 데에 대해서는 중국사 부분에서는 언급이 없지만 세계사 부분의 「아시아의 민족부흥운동」 항목에서 항일운동에 중점을 두고 4줄밖에 다루고 있지 않다.

한국에서는 1910년 일본에 병합된 이후 끊임없이 항일이 제창되었다. 1919년에는 서울에서 대규모의 항일운동이 일어났지만 일본에 진압되었다. 그후에도 항일 움직임이 계속되었다. 제2차 세계대전이 끝나서야 한국은 일본통치에서 벗어났다.

이 교과서의 편집지도위원 저우 후이민 정치대학 역사학부 교수는 "한국 병합은 거의 다루어지지 않았다. 나는 1902년의 영일동맹(英日同盟)을 기술해야 한다고 본다. 영일동맹이 없었다면 러일전쟁은 불가능했다. 하지만 수업시간이 제한되어 많은 내용을 포함하기는 어렵다"라고 말한다.

청일전쟁 직후 일본정부 관계자가 조선국 왕비를 살해하는 사건이 일어났다. 일본에서는 잊혀진 이 사건은 현재 한국에서 뮤지컬로 상연되어 새로운 기억을 만들어내고 있다.

기 억 을
만 드 는 것

명성황후

식민지사관에서 벗어나 기술하기

살해된 왕비란 명성황후(明成皇后)이다. 일본인에게는 민비(閔妃)라고 해야 이해가 빠를 것이다. 그녀를 둘러싼 사건*은 러일전쟁의 서곡이기도 했다.

청일전쟁 후 러시아는 일본의 중국진출을 경계하여 조선에 접근했다. 이때 조선측에서 권력을 쥐고 있던 이가 반일파 명성황후였다. 1895년 10월, 미우라 고로오(三浦梧樓) 공사가 주모한 일단이 왕궁에 난입하여 눈

* 명성황후 암살 사건(을미사변): 조선왕조의 실권을 잡아 배일·친러 정책을 펴고 있던 명성황후에 맞서, 일본 공사인 미우라 고로오는 민비의 정적인 대원군을 앞세워 친일정권을 만들려고 획책하고 있었다. 1895년 10월 8일 이른 아침, 일본군 수비대, 경찰관 등으로 이루어진 일단이 왕궁인 경복궁을 습격하여 명성황후를 참살했다. 이후 친일정권이 만들어지기는 했으나 궁중 내에 있던 미국인 및 러시아인이 사건의 전말을 목격하는 바람에 국제적인 비난을 받았다. 일본정부는 미우라 등 관계자를 귀국시켜 재판에 회부했지만 증거불충분으로 면소·석방되었다. 친일정권은 민중의 반일의병투쟁으로 붕괴되었고, 이듬해인 1896년에는 친러파 내각이 탄생했다.

명성황후 생가. 현재 경기도 여주에 있다. 아사히.

옛가시였던 민비를 살해하기에 이른다. 명성황후는 사후에 주어진 칭호
이다.

하지만 시아버지인 대원군(大院君), 남편인 국왕 고종(高宗)을 제치고
권력을 장악한 모습은 유교사상이 강한 한국에서는 그간 부정적인 이미
지로 받아들여졌다고 한다.

그 사건이 발생한 지 100년이 지난 1995년, 이러한 이미지를 뒤집는 뮤
지컬 「명성황후」가 등장했다.

기획제작을 맡은 연출가 윤호진(尹浩鎭)씨는 "(최근의) 다양한 외국사
료를 통해 떠오른 그녀의 모습은 국제감각을 갖춘, 조선의 미래에 대한 확
고한 이상을 그리는 모습이었다"라고 자부했다.

뮤지컬에 자극을 받아 한국방송공사(KBS)에서는 2001년부터 2002년
까지 드라마 「명성황후」를 방영했다. 인기 여배우 이미연(李美姸)이 향학
심 넘치는 총명한 황후상을 연기하여 큰 인기를 얻었다. 명성황후 하면 그
녀를 기억하는 이도 적지 않다고 한다.

KBS의 윤창범(尹昌範) 프로듀서는 "종래의 (명성황후에 대한) 이미지
는 일본에서 만들어진 것이었다. 그러한 식민사관에서 벗어난 명성황후
상을 그려내는 일이 큰 목표였다"라고 말했다. 방송도 한일월드컵에 맞춰
방영되었다. "양국이 더욱 가까워지기를 기대하며, 결코 잊어서는 안될
역사가 존재함을 생각하는 계기로 삼고 싶었다."

이러한 명성황후 재평가 움직임은 왜 일어난 것일까?

명지대학교의 홍순민(洪順敏) 부교수(한국사)는 "역사학계에서 근대사에 대한 관심이 고조되었고, 역사에서 여성의 역할을 인식하자는 분위기가 형성된 것이 영향을 미쳤다"라고 보고 있다. "단 역사연구가 충분하지 않은 상황에서 예술작품으로 만들어져 과도하게 미화되었다는 측면도 부정할 수 없다."

명성황후를 다룬 뮤지컬, 드라마는 해외에도 진출했다. 특히 드라마는 아시아를 석권한 '한류' 인기를 타고 대만, 중국에서도 크게 히트했다.

"중국에서도 민비가 일반적인 명칭이라 애초에는 명성황후가 누구냐는 분위기였다"라고 코마자와(駒澤)대학 전임강사(미디어론) 까오 위안(高媛) 씨가 전했다. 그러다가 일본에서 「겨울연가」가 큰 반향을 일으키자 명성황후라는 이름은 바로 대중에게 침투했다.

"근대사에서는 대(對)일본이라는 의미에서 중국과 한국이 공유하는 부분이 많다. 또 여성의 삶의 방식을 그린 이야기라는 점에서도 많은 여성들에게 지지를 받은 것 같다."

한편으로 당시의 이 드라마의 청에 대한 시각을 두고 논란이 일었다고도 한다.

사건의 당사자인 일본은 어땠을까?

오오쯔마(大妻)대학 전임강사(근대일본어문학) 나이또오 쯔즈꼬(內藤千珠子) 씨는 명성황후가 당시 일본 신문에 의해 부정적 이미지로 낙인찍혔다는 사실을 저서 『제국과 암살(帝國と暗殺)』에서 밝혔다.

"이후 일본에서는 명성황후의 이미지 자체가 거의 사라졌다. 거기에 존재하고, 또 알고 있는데도 보지 않는다는 시각이 한일의 역사관 안에 가로놓여 있다. 명성황후는 그 상징적인 존재라고 생각한다."

한국의 연예산업은 현재 일본에서도 자연스럽게 받아들여지고 있다. 하지만 명성황후의 드라마와 뮤지컬을 둘러싸고 아직까지 방영·공연 계획은 없다.

"한국에서는 누구나 알고 있는 사건이라도 가해자측인 일본에서는 그런 사건이 있었다는 사실조차 일반적으로 알려져 있지 않다." 이런 놀라움을 근거로 작가 스미따 후사꼬(角田房子) 씨는 논픽션 『민비암살(閔妃暗殺)』을 집필했다. "각오는 하고 있었지만 예상한 것보다 많은 공격을 받았습니다" 하며 20여년 전 출간 당시를 회고한다. 하지만 『민비암살』이 커다란 반향을 일으켜 일본 역사 교과서 기술에도 영향을 미쳤다.

　"그렇게까지 될 줄은 몰랐습니다. 물론 별것 아니라고 생각할 수도 있겠지만 저에게는 큰 한걸음이었다고 생각합니다."

(사꾸라이 이즈미, 니시 마사유끼)

쯔시마해전과 「미까사」 — 승전의 상징에 연 10만명 모여

러일전쟁이라고 하면 많은 일본인이 떠올리는 것이 쯔시마해전이 아닐까? 해전이 열린 5월 27일은 '해군기념일', 육군이 펑톈을 점령한 3월 10일은 '육군기념일'로 1945년 패전 전까지 승전의 기억으로 기념되었다.

토오고오 헤이하찌로오 연합함대사령관이 탄 기함 '미까사(三笠)'는 현재 기념함으로 복원되어 카나가와현(神奈川縣) 요꼬스까시(橫須賀市) 해변공원에 전시되어 있다. 함수(艦首)는 코오꾜(皇居) 쪽을 향하고 있다. 기념함을 운영하는 '미까사보존회'에 따르면 방문객은 2005년 '쯔시마해전 100주년'을 기해 2년 연속 10만명을 넘어섰다. 가족이나 학생 방문객들이 늘어난 것이 특징이라고 한다.

전 해상자위대 타까하시 세이이찌(高橋誠一) 공보계장은 "선인의 노력으로 일본의 안전과 독립이 지켜졌다는 사실을 아이들이 알았으면 좋겠다"라고 말한다.

2007년 5월 27일에 '쯔시마해전 기념식전'이 예년처럼 열렸다. 내빈인 아라까와 교오이찌(荒川堯一) 해상자위대 요꼬스까 지방총감은 "쯔시마해전은 일본과 아시아를 러시아의 지배에서 구해냈고, 대항해시대부터 시작된 서양의 세계제패 역사에 파문을 일으킨 사건"이라며 인사말을 전했다.

1968년 쇼오와 천황과 황후가 기념함 '미까사'를 방문했다. 아사히.

러일전쟁은 또한 시바 료오따로오(司馬遼太郎)의 작품『언덕 위의 구름(坂の上の雲)』에서도 중요한 무대이다. 시바 씨는 그 책 후기에 다음과 같이 적고 있다.

"승리를 절대화하고 일본군의 신비한 강력함을 신격화함에 따라 그 부분에서 민족적 치매에 걸렸다. 러일전쟁을 경계로 하여 일본인의 국민적 이성이 크게 후퇴하여 광란의 쇼오와(昭和)시대에 돌입하게 된 것이다."

(나까노 아끼라)

신해**혁명과**
민중운동

지금으로부터 백년 전 역사의 톱니바퀴가
크게 회전했다. 중국에서 신해혁명(辛亥
革命)이 일어난 것이다. 2천년도 넘게 지
속된 왕조정권을 무너뜨리고 아시아에서
처음으로 공화국이 탄생했다. 혁명지도자
중 다수가 일본에서 공부하고 지원받는
등 사실상 일본과의 관계가 매우 깊었다.
한편 일본육군 내부에서는 혁명의 동란을
틈타 중국 동북부(구 만주)를 넘보려는 움
직임이 벌써부터 시작되고 있었다.

1. 쑨 원의 혁명은
   토오꾜오에서부터
   시작되었다

신해혁명

1900년 의화단사건 이후 한족(漢族) 지식층 사이에선 무력혁명으로 만주족의 청조를 무너 뜨리는 것이 나라를 구하는 길이라는 생각이 강했다. 그리하여 혁명단체는 1905년 8월 토 오꾜오에서 '중국동맹회(中國同盟會)'를 발족하고 중국 각지에서 간헐적으로 군사행동을 시도한다. 1911년 10월 10일 중국동맹회의 영향하에 있던 우창(武昌)의 군대 일부가 봉기 했다. 이것이 양쯔강(揚子江) 이남 곳곳에 급속도로 확대되어 혁명파가 난징(南京)에 임시 정부를 수립한다. 1912년 1월 1일 쑨 원을 임시 대총통으로 선출하여 혁명정부가 세워지 고, 국호를 중화민국(中華民國)으로 정한다. 한편 청조측은 은퇴한 위안 스카이(袁世凱)를 기용하여 혁명군 진압을 꾀했다. 그러나 위안 스카이는 영국의 조정에 의한 평화를 획책하 여 2월 12일에 청조의 선통제(宣統帝)를 퇴위시키는 데 성공한다. 3월 10일에는 위안 스카 이가 쑨 원 대신에 임시 대총통에 취임했다. 1911년은 구력(舊曆)으로 '신해년'이기 때문 에 신해혁명(辛亥革命)이라 이름 붙여졌다.

뻬이징은 밤부터 비가 내렸다.

2007년 9월, 전후 태생으로 처음 일본 수상에 오른 아베 신조오(安倍晉三)가 갑자기 퇴진을 표명한 밤, 나는 톈안먼(天安門) 근처의 호텔에 있었다. CCTV에서 일본의 후임 수상 후보에 대해 자세하게 보도하는 것을 방안에서 멍하니 보고 있었다.

"자, 지금부터 중국과 일본의 관계는 어떻게 될까요?"

프로그램 마지막에 사회자가 해설자들에게 물었다. 한 학자가 이렇게 답했다.

"경제분야에서 상호의존도가 높아지고 있기 때문에 기본적인 관계는 바뀌지 않겠지요. 하지만 지금 일본인은 급성장하는 중국을 맞아 어떻게 대응할 것인가 하는 심리적인 문제를 안고 있습니다."

심리적인 문제.

그것은 중국이라는 국가를 어떻게 파악할 것인가, 그리고 어떤 관계를 구축할 것인가 하는 물음과 연결된다.

약 백년 전 신해혁명 무렵의 일본도 지금과는 다른 맥락이지만 똑같은 물음과 마주하고 있었다. 그때 일본인은 어떤 답을 찾으려 했는가? 나는 혁명에 깊게 관여한 두 일본인의 발자취를 추적하기 위해 중국을 찾았다.

미야자끼 토오뗸과 쑨 원. 신해혁명으로 중국에 돌아간 쑨 원을 방문했을 때의 사진 일부. 신해혁명박물관 소장.

아시아가 구미열강의 침략을 이겨내기 위해서는 중국이 강한 국가로 다시 태어나야만 한다.

미야자끼 토오뗸(宮崎滔天)은 평생 그렇게 굳게 믿고, 또 그렇게 되기 위해 혁명가 쑨 원을 지원했다. 토오뗸의 머릿속에는 '중국대륙에서의 이권'이라든가 '일본의 팽창' 따위는 없었다. 쑨 원을 지원한 일본인 중에는 중국에서의 이권에 집착하여 이후에 우익이라 불린 국가주의자가 적지 않았다. 하지만 토오뗸은 달랐다. 그런 의미에서 매우 드문 인물이었다.

토오뗸을 중국사람들이 어떻게 느끼고 있는지는 난징시에 있는 '난징 중국근대사 유지(遺址)박물관'에 가면 알 수 있다. 신해혁명 후 쑨 원의 임시 대총통부(大總統府)로 사용된 건물로, 집무실과 거실 등이 그대로 보존되어 있다. 쑨 원 기념관이라고 해도 좋을 정도다. 연간 2백만명이 넘는 관광객이 대형버스로 방문하는 곳이다.

박물관 안마당에 네 개의 작은 동상이 높이 1미터 정도의 받침대 위에 세워져 있다. 그중 하나에 쑨 원을 따라 걷는 미야자끼 토오뗸의 상이 있다. 쑨 원을 가운데 두고 반대편에는 미국인으로 쑨 원의 군사고문이었던 호머 리(Homer Lea)가 있다. 동상에는 한자로 '적성우의(赤誠友誼)'라는 제목이 붙어 있다. '거짓 없는 우정'이라는 뜻이다.

안내해준 류 샤오닝(劉曉寧) 부관장은 이렇게 설명해주었다. "쑨 중산

쑨 원(1866~1925): 중국의 혁명가, 정치가. 중국 국민당을 창설했다. '민족' '민권' '민생'의 '삼민주의'를 주창하여 혁명을 지도하는 사상으로 삼았다. 현재도 중국에서의 평가는 매우 높아 2006년 쑨 원 탄생 140주년 기념대회에서는 후 진타오(胡錦濤) 국가주석이 "걸출한 애국주의자이자 민족의 영웅이며 중국 민주혁명의 위대한 선구자"라고 칭송했다. 13세에 하와이에서 성공한 큰형을 찾아갔다가 18세에 귀국했다. 의학을 배운 후 1894년 하와이에서 혁명비밀결사 흥중회(興中會)를 조직하여 이듬해 최초의 무장봉기를 꾀했으나 실패하여 일본으로 망명했다. 추우오오(中央)대학의 리 팅장(李廷江) 교수에 따르면 쑨 원은 일본을 14회 방문하여 총 10년 가까이 머물렀다.

(孫中山, 쑨 원의 중국식 호칭)에게 중요한 의미를 갖는 네 가지 사건을 동상으로 표현한 것입니다. 이들은 쑨 중샨의 혁명을 평생 동안 지탱해준 친구들입니다. 일본에 친구가 많이 있었지만 혁명 초기에 가장 큰 힘이 되어준 사람은 미야자끼 토오뗀입니다."

토오뗀이 없었다면 쑨 원의 혁명운동은 분명 더욱 험난한 길을 걸었을 것이다. 지금으로부터 110년 전 청조정부에 쫓기던 쑨 원은 일본으로 잠입했다. 토오뗀은 쑨 원을 찾아내 중국을 바꿀 수 있는 자는 이 사람뿐이라고 확신했다. 그리고 이누까이 쯔요시 등 유력 정치인들에게 소개하여 쑨 원이 일본을 거점으로 활동할 수 있도록 해주었다.

게다가 토오뗀은 1905년 토오꾜오에서 '중국동맹회'의 발족을 후원했는데, 이것이 혁명운동의 전기가 되었다.

동맹회는 토오꾜오에 있던 중국 혁명파의 다양한 그룹을 통합한 것이었다. 뻬이징대학의 왕 샤오추 교수에 따르면 신해혁명은 이 동맹회의 발족으로 시작되었다고 해도 과언이 아니다. "동맹회가 성립됨에 따라 제대로 된 지도자와 강령과 조직이 생겼다. 이것을 통해 신해혁명은 핵심을 갖춘 혁명이 될 수 있었다."

미야자끼 토오뗀(1871~1922): 쿠마모또현(熊本縣) 출신. 자유민권사상에 큰 영향을 받아 형인 야조오(彌藏)와 함께 중국혁명을 지원하는 데 힘을 쏟았다. 1902년 신문에 연재한 「33년의 꿈」에서 쑨 원을 소개하여 일본이나 중국에 있는 혁명파와 연대하도록 해주었다. 평생을 관직에 몸담지 않고 재야에 남았으나, 신문과 잡지에 많은 원고를 썼다. 이후 로오꾜꾸시(浪曲師, 민요가수 — 옮긴이)를 한 적도 있지만 손자인 후끼(蕗苳) 씨는 "로오꾜꾸를 그리 잘 하시지는 못했던 것 같다"라고 한다. 젊은 마오 쩌뚱이 토오뗀에게 강연을 부탁한 일도 있었다. 어머니에게서 "이부자리에서 죽는 것은 남자에게 무엇보다 굴욕"이라는 가르침을 받아 평생 파란만장한 생애를 보냈다.

구미의 침략 저지에 온 힘을 기울이다

토오멘은 대체 어떤 인물이었는가?

만년을 보낸 집은 지금도 토오꾜오 니시이께부꾸로(西池袋)에 있다. 마당에는 토오멘이 심은 소나무가 몇 그루 있어 주위의 집을 굽어보고 있다.

"굉장히 호쾌한 사람이었지요. 가정을 돌보지 않았다고 말할 순 없겠지만, 이를테면 수입이 있어도 전부 혁명을 위해 썼어요. 그러니까 정말 가난했지요."

올해 82세가 된 손자 후끼(蕗芠) 씨가 토오멘의 부인 쯔찌꼬(槌子)와 아들 류우스께(龍介, 후끼 씨의 부친)에게서 들은 일화들을 전해주었다.

큐우세이이찌(舊制一)고등학교(현 토오꾜오대학 교양학부의 전신—옮긴이)에 다니던 류우스께는 큐우세이고교생의 상징이었던 망또도 못 샀지만, 어느날 새 망또를 아버지에게서 받았다. 무슨 영문일까 궁금했는데 알고 보니 폭탄을 감추고 다니기 위한 것이었다.

하루는 쑨 원이 토오멘의 자택에 머물고 있을 때, 혁명파를 노리던 중국인이 왔다. 쯔찌꼬가 그것을 알아채고는 뒷문으로 쑨 원을 도망치게 하고 고교생인 류우스께가 동행했다. 가까운 신사에서 시간을 보내고 있는데 밤하늘에 핼리혜성이 지나갔다. 쑨 원은 류우스께에게 이렇게 말했다고 한다. "저게 혁명이 성공할 거라는 징조야."

쑨 원과 미야자끼 토오멘이 나란히 걷는 동상. '적성우의(赤誠友誼)'가 제목이다. 아사히.

그렇다 하더라도 말이다.

토오멘은 왜 이렇게 모든 것을 바쳐 중국혁명을 지원했을까? 신해혁명을 오랫동안 연구해온 야마나시(山梨)현립대학의 쿠보따 분지(久保田文次) 국제정책학부장은 이렇게 설명했다.

"토오멘은 자유민권의 신봉자로 사회적 평등을 이상으로 삼았습니다. 국내에서 사회개혁을 이루기 위해서도 중국혁명과 근대화를 달성하여 구미의 침략을 저지하려 했던 것이지요. 중국혁명으로 일본은 독립을 유지하고, 일본과 세계의 개혁을 촉진할 수 있기를 기대하기도 했습니다."

'높은 사람'의 밀명으로 혁명군에 참가한 대위

또 한명의 일본인 이야기를 해보자.

니이가따현(新潟縣) 노다무라(野田村, 현재의 카시와자끼시柏崎市의 일부) 출신으로, 신해혁명 발생 직후에 혁명군에 참가하여 사망한 카네꼬 신따로오(金子新太郎).

카네꼬는 청국정부의 초청을 받아 군사학교의 교관을 역임했던 중국통 보병대위였다. 러일전쟁 이후에는 예비역이 되어 노다무라에서 촌장을 하고 있었다. 임기를 마치자마자 우창(현재의 우한시武漢市 우창지구)에서

봉기가 일어났다. 카네꼬는 가족에게 아무 말도 하지 않은 채 곧바로 마을에서 사라졌다.

카네꼬의 고향인 카시와자끼시의 향토사를 연구하는 키네부찌 타께지(杵淵武二) 씨는 33년 전 카네꼬 신따로오에 관해 남아 있는 편지나 당시 지역신문의 보도를 상세히 검토하여 논문으로 정리했다. 중국에 있을 때 부인에게 보낸 편지에서 네 개의 가명을 썼다는 사실이나, "성공하면 재회의 기회도 있겠지만 그렇지 않을 경우 무대 뒤의 주역, 혹은 죽은 사람으로 여겨주시오"라고 했다는 말이 전해진다.

키네부찌 씨는 봉기소식을 접한 카네꼬가 중국행을 희망하여 육군의 밀명을 품고 혁명군에 참가했을 것이라고 추측하고 있었다.

키네부찌 씨에게서 카네꼬 신따로오의 친척이 있다는 정보를 듣고 니이가따현 나가오까시(長岡市)에서 손자인 오오미야 카즈마사(大宮和正) 씨를 만나 이야기를 들었다. 오오미야 씨는 카네꼬가 남긴 낡은 사진첩을 넘기면서 설명해주었다.

"쑨 원의 혁명에 참가했다는 이야기는 들었다. 군의 정식명령은 아니었지만 높은 사람의 명령으로 갔다고 했다."

그 '높은 사람'이 누구인지, 무슨 목적으로 파견했는지, 이런 중요한 진실은 여전히 밝혀지지 않은 채 카네꼬의 이름은 역사의 어둠 속에 묻혀버

카네꼬 신따로오. 오오미야 카즈마사(大宮和正) 제공.

렸다.

독립국가를 세우라는 훈시와 '사적 파병'

내가 이 수수께끼를 풀 수 있는 글을 발견한 것은 전적으로 우연이었다. 2007년 4월에 간행된 우쯔노미야 타로오(宇都宮太郎)의 일기를 읽었을 때였다. 우쯔노미야는 신해혁명 당시 육군소위로, 참모본부에서 정보를 담당하던 제2부장이었다.

"11월 4일 토요일, 코야마 슈우사꾸(小山秋作)를 본부로 불러들여, 청에 보내면 열심히 활동할 수 있는 인물로 예비역 보병대위 카네꼬 신따로오라는 사람이 어떤지를 물었다. 이 사람을 청에 보내 반란군에 합류시키기로 결정하고(내 개인적인 용무로), 다음날 아침 본인이 직접 집으로 와달라고 부탁했다."

"11월 5일 일요일 이른 아침, 카네꼬 신따로오가 집에 왔다. 이 사람에게 나의 개인적인 의견의 요지를 전하고, 남북의 강화를 저지하고, 남쪽에 한 나라든 여러 나라든 건립할 필요성을 알리고 나서 준비한 현금 2천엔을 주고 청으로 보냈다. 이 사람은 당장 우창의 혁명군에 참가할 계획으로 출발했다."

즉 우쯔노미야 소위는 카네꼬 신따로오의 됨됨이를 확인한 후 자기 개

우쯔노미야 타로오(1861~1922). 사가번(佐賀藩) 출신이다. 육군사관학교와 육군대학교를 졸업한 육군 엘리트로, 주로 참모본부에서 정보분야를 담당했다. 육군 내에서는 반쪼오슈우파(反長州閥)의 중심인물이었다. 신해혁명에서는 이와사끼 히사야(岩崎久彌)(미쓰비시 재벌 소유주)로부터 활동비 10만엔(오늘 날의 수억엔에 상당)을 약속받아 중국에서의 정보, 공작비에 충당했다. 후일 수상이 되는 이누까이 쯔요시(犬養毅)와도 관계를 맺어, 중국으로 향하는 이누까이에게 1만엔을 건네주었다. 1919년 3·1독립운동 때에는 조선군 사령관이었다. 우쯔노미야의 장남은 군축 문제와 중국·한반도와의 우호를 위해 힘쓴 고 우쯔노미야 도꾸마(宇都宮德馬) 참의원이다.

인의 '사업'으로 혁명군에 참가시키기로 했다. 카네꼬에게는 청국정부와 혁명군의 강화를 저지하고, 혁명군의 세력권인 중국 남부에 독립국가를 건설하라고 훈시하며 이 파견비용을 주었다는 것이다. 정부나 육군 수뇌부가 전혀 관여하지 않은, 우쯔노미야에 의한 '사적(私的) 파병'이었던 셈이다.

카네꼬에게 말한 '나의 개인적인 의견'이란 무엇인가?

우창에서의 혁명이 일어난 지 닷새째 되던 날 밤, 일단 잠자리에 든 우쯔노미야는 새벽녘에 눈을 뜨자 평소부터 생각해왔던 대(對)중국 정책을 한꺼번에 써내려갔다. 참모본부 내부에 자신의 의견을 관철시키기 위함이었다.

정책의 포인트는 (1) 중국 전체를 한꺼번에 획득할 수는 없기 때문에 몇개의 독립국가로 분할하여 영토를 '보존하는' 것이 바람직하다 (2) 이번 내란에 의해 만주족과 한족, 두 국가로 나뉠 가능성이 있다 (3) 겉으로는 청조를 지원하되 뒤로는 혁명군을 지원하여 시기를 보아가며 두 개의 국가로 나뉘도록 조정한다 (4) 그후 보호국이나 동맹국 등의 특수한 관계를 맺는다 등이었다.

이 배경에는 러일전쟁에서 획득한 따롄·뤼순의 조차지나 남만주철도(만철)의 이권을 영속적으로 유지하고 싶다는 이른바 '만몽(滿蒙)문제'가 있었다.

카네꼬는 '제1보병 고문관'으로서 혁명군 부대를 지휘했는데, 우창에서의 전투는 청조정부군의 반격으로 가장 격렬하게 전개되었다. 혁명군은 패퇴하여 약 1만명의 희생자를 내고 만다. 그중 한 사람이 당시 47세였던 카네꼬였다. 우쯔노미야는 1913년 2월, 카네꼬가 사망한 한양(漢陽, 현재는 우창시 한양지구)을 방문하여 카네꼬의 묘를 건립할 장소를 골라 브랜디로 술을 올렸다.

필자는 그 장소를 찾으러 한양을 여기저기 돌아다녔지만 끝내 찾지 못했다.

그런데 우쯔노미야의 대중국 정책은 결국 정부의 입장에 반영되지 못했다. 당시 정부는 대영미 협조외교를 기축으로 삼고 있었기 때문에, 모험적인 정책은 채택되지 못했던 것이다. 우쯔노미야도 불만을 가졌지만 정부의 결정에 따랐다.

그렇지만 혁명의 동란기 때부터 육군은 정보수집을 위해 중국대륙에 많은 무관을 파견했다. 이를 통해 독자적인 중국대륙정책을 세우고자 했던 것이다. 만주를 독립국으로 하여 '만몽문제'를 한번에 해결한다는 계획은 잿속에 남은 불씨처럼 이어진다. (사또오 카즈오)

2. 곳곳으로
   퍼져나가는
   민중의 함성

제1차 세계대전과 민족자결

1914년 7월부터 1918년 11월까지 유럽을 중심으로 약 30개국이 참전한 제1차 세계대전이 종결될 무렵, 미국의 윌슨(Wilson) 대통령은 14개 조항으로 이루어진 평화원칙을 제안했다. 그중 하나가 민족자결(民族自決)의 원칙으로, 각 민족의 발전은 외부의 간섭 없이 스스로 결정할 수 있음을 국제적으로 보장하자는 것이었다. 전후처리를 둘러싼 1919년 빠리강화회의는 14개 조항의 원칙을 기본으로 삼았다. 일본의 식민지 조선이나 칭따오(靑島)의 반환을 요구하고 있던 중국에서 기대감이 높았지만, 이 원칙은 비유럽권에는 적용되지 않아 조선·이집트·인도 등에서 민중운동이 시작되는 결과를 낳았다.

한국의 3월 1일, 중국의 5월 4일이란 날짜에는 큰 의미가 있다. 1919년의 두달 동안 3·1독립운동, 5·4운동이라는 대규모 민중운동이 일어났기 때문이다. 양쪽 모두 일본제국주의에 대한 반발이었다.

한국에서는 매년 기념식이 열리고 대통령이 연설한다. 2007년 노무현 대통령은 일본에 "역사에 대한 왜곡된 미화와 정당화"를 비판하고, 성의를 다할 것을 요구했다. 한해 전에는 기념식에 불참하고 골프장에 간 국무총리가 비판여론에 사임한 사건도 있었다.

한편 중국은 어떨까? 2005년 일이 기억에 새롭다. 샹하이 등지에서 반일시위가 이어졌을 때 5월 4일은 중국당국을 특히 긴장시켰다고 한다. 시위대가 외치던 '띠즈르훠(抵制日貨, 일본제품을 배척하자)'라는 말은 5·4운동의 슬로건이었기 때문이다.

일본의 이웃나라에서는 그날의 기억이 지금도 되살아나고 있다. 그런데 일본은 어떤가? 먼 과거의 지난 일로 받아들이고 있지는 않은지. 하지만 동아시아에서 일어난 두 개의 대규모 민중운동은 같은해 2월 8일, 토오꾜오에서 일어난 한 사건이 계기가 된 것이었다.

토오꾜오 스이도오바시(水道橋), 큰 길에서 벗어난 한편에 재일본 한국 YMCA 건물이 있다. 정면의 현관 오른쪽 구석에 높이 2미터 정도의 하얀

3·1독립운동: 일본통치하의 조선 각지에서 1919년 3월 1일에 일어난 항일독립운동. 민중이 태극기를 흔들고 '독립만세'를 외치며 행진을 했기 때문에 만세사건으로도 불린다. 종교지도자들의 사전준비를 통해 서울과 평양 등에서 동시에 일어났다. 서울에서는 중심부 탑골공원(옛 파고다공원)에 모인 민중 앞에서 독립선언이 선포되고 가두행진이 시작되었다. 약 3개월 동안 전국에서 전개되었지만, 일본군의 탄압이 극에 달해 주민을 예배당에 몰아넣고 불을 지른, 약 30명이 학살당한 제암리(堤岩里)사건 등이 일어났다. 일련의 운동으로 사망자 7,509명, 부상자 1만 5,961명 외에 4만 6,948명이 투옥되었다(박은식朴殷植 『조선독립운동지혈사(朝鮮獨立運動之血史)』). 한국의 노동운동·농민운동·여성운동의 원점이 되기도 했다.

비석이 서 있다. '조선독립선언 1919 2·8기념비'라고 새겨져 있다. 그날 어떤 일이 일어난 것일까? YMCA의 역사 등을 통해 재구성해본다.

눈이 오고 있었다. 오후 2시, 강당은 약 6백명의 조선인 유학생으로 꽉 차 있었다. 이날은 감시하는 경찰관의 눈을 피해 학우회 총회라는 구실로 모였다. 개회를 하자마자 계획대로 독립대회로 모임을 바꾸었다. 단상에 는 독립선언문이 내걸렸다. 대표자가 읽어내려가자 장내는 박수와 함성 으로 뒤덮였다. 제국주의 일본에 반기를 든 순간이었다.

당시 칸다(神田)에 있었던 건물은 칸또오(關東)대지진으로 무너져 많은 관계자료가 소실되었다. 그후 지금의 장소로 옮겨왔다고 한다.

"기념비 말고 더 있습니까?" 부관장인 김홍명(金弘明)씨에게 묻자 9층 으로 안내해주었다. 낡은 금속부조가 복도 벽에 걸려 있었다. 당시 선언 문을 새긴 것이다. 이를 기초한 사람이 당시 와세다(早稻田)대학생이자 문 인으로 이름을 남긴 이광수(李光洙)다. "3·1독립운동의 선언문보다 훨씬 더 전투적인 내용입니다." 김씨가 덧붙였다. 말미에는 "요구가 받아들여 지지 않는다면 영원한 혈전을 벌인다"라고 되어 있다.

1910년 병합 이래 조선민족은 일본에 동화되도록 강요받았고, 학교에 서도 일본어를 중점적으로 가르쳤다. 민족의 존엄에 상처를 주는 지배에 대항하여 물밑에서는 독립운동이 태동하고 있었다. 예를 들어 샹하이에

이광수(좌).
옛 뻬이징대학 건물 옆에 세워진
5·4운동 기념비(우). 뻬이징에서
아사히.

망명한 독립운동가 여운형(呂運亨)은 신한청년당(新韓靑年黨)을 만들어 토오꾜오의 유학생을 비롯하여 각 지역과 네트워크를 만들기 위해 분주히 움직이고 있었다. 1919년 1월 조선왕조 황제였던 고종이 서거하자 일본에 의한 독살설이 널리 퍼져 대중의 분노가 더욱 끓어올랐다. 제1차 세계대전 강화회의에서 천명된 '민족자결', 즉 자기 민족의 일에 다른 민족이 간섭하지 않아야 한다는 생각도 힘을 실어주었다.

3월 3일 고종의 장례에 맞춰 어떤 식으로든 독립운동을 일으키는 방법이 조선에서 모색되기 시작했다. 그런 와중에 토오꾜오 유학생들의 궐기 소식이 들려왔다. 유학생 중 한 사람은 헝겊에 쓴 선언문을 모자 안에 숨겨 서울로 향했다. 그 글은 3·1독립선언문에 영향을 미쳤다고 전해진다. 그외에도 토오꾜오의 집회에 참여한 유학생 중 일부는 한국으로 돌아가 독립운동을 함께 준비했다.

지금은 노인들의 휴식공간으로 알려진 서울 탑골공원은 3·1독립운동의 발원지이다. 입구를 지나자 바로 오른쪽에 독립선언문을 새긴 거대한 비석이 있다. 한끝에는 주도자인 '민족대표' 33인의 이름이 새겨져 있다. 그러나 실제로 민중 앞에서 선언문을 읽은 것은 학생들로서, 그들은 그 장소에 없었다. 근처 식당에서 선언문을 읽고 난 다음 즉시 경찰에 투항한 것이다. "선언에 천명된 비폭력원칙을 보여주었다"라는 등의 여러가지

여운형(1886~1947). 조선의 독립운동가. 중국을 거점으로 활동했으며, 1919년 상하이 대한민국 임시정부 수립에 참가했다. 일본의 패전 후, '조선인민공화국' 건국을 주도하지만 1947년에 암살되었다. 한국에서는 오랫동안 좌파라는 낙인이 찍혀왔으나, 2005년 노무현 정부의 역사재검토 정책에 의해 서훈되는 등, 최근 재평가되고 있다.

설이 있다.

시위는 약 3개월에 걸쳐 전국에서 1,542회 벌어졌다. 인구의 약 10%에 해당하는 2백만명이 참가했다고 한다. 당시는 집회·결사의 자유도, 한국인이 자유롭게 의사를 표현하는 매체도 없었다. 게다가 '민족대표'도 체포된 상황에서 운동은 어떤 식으로 확대되었을까? 민족운동사 전공 신용하(愼鏞廈) 이화여자대학교 석좌교수에게 물어보았다.

"종교단체와 학교조직이 움직인 것입니다. 이 두 단체만은 총독부에 사전 연락 없이 집회를 열 수 있었으니까요." 천도교·기독교·불교 신도 그리고 교직원 등이 사전에 선언문과 태극기를 전국에 배포했다. 선언문을 기초한 '민족대표'도 모두 종교지도자였다. "한편 많은 민중이 참가할 수 있도록 지방도시에서는 사람들이 모이는 장날에 운동을 일으키곤 했습니다."

미리 계획된 네트워크, 그리고 사람들간의 우발적인 유대관계가 상승효과를 낳은 셈이다.

"해외 민족운동에 큰 영향을 미치기도 했습니다. 특히 중국 5·4운동이 일어나게 된 외부적인 요인이 되었습니다."

그 말대로 3·1운동은 중국으로 불길을 옮겼다.

중국에 옮겨간 불길, 교수들이 궐기를 촉구하다

우선 일본의 탄압을 벗어난 회원들이 샹하이에서 현재 한국정부의 뿌리가 된 대한민국 임시정부를 수립하자, 샹하이는 독립운동의 거점이 된다. 여운형이나 2·8선언을 기초한 이광수도 참가했다. 이것이 중국지식인들에게 자극을 주었다.

각지의 노동자, 농민들로 확대되면서 전국적인 애국운동으로 발전된 5·4운동은 뻬이징대학에서 시작되었다.

조선의 3·1운동에 주목한 이들은 공산당 창설자로 여겨지는 교수 리따자오(李大釗), 천 뚜슈(陳獨秀), 학생회의 중심인물 푸 쓰녠(傅斯年) 등이었다. 자신들이 편집하는 잡지에서 적극적으로 3·1운동을 다룬 것이다. 뻬이징대학에서는 교직원과 학생들이 여러 잡지를 발행하고 있었다. 천은 "조선인들을 보라. 우리는 무엇을 하고 있는가"라고 호소했다.

뻬이징 중심부에 '우스따제(五四大街)'라는 큰 거리가 있다. 예전 뻬이징대학 건물 '홍러우(紅樓)'에는 뻬이징 신문화운동기념관이 설립되어 5·4운동의 자료를 전시하고 있다. 그러나 3·1운동과의 관계를 보여주는 전시는 없었다.

뻬이징대학 쏭 청여우 교수(동북아시아사)는 "대학 교사관(校史館)에도 없습니다. 역사가 넓은 시야로 파악되고 있지 않은 것이지요. 5·4운동을

5·4운동: 1914년 7월 유럽에서 제1차 세계대전이 일어나자 영국의 동맹국 일본은 중국에 진출한 독일에 선전포고를 하고, 중국 산뚱반도의 독일 근거지 칭따오를 공략했다. 일본은 이를 계기로 1915년 1월, 독일의 산뚱 이권 양도와 남만주로의 권익 확대 등 21개 조항으로 이루어진 요구를 들이밀고 위안 스카이 정부에 수락토록 했다. 1919년 1월 빠리강화회의에서 중국은 산뚱 반환, 21개조 요구철폐를 요구했으나 기각되었다. 이 소식이 전해지자 뻬이징대학을 중심으로 한 대학생들 약 3천명이 5월 4일, 텐안먼광장에서 항의집회를 연 후 시위를 시작했다. 21개조 요구 교섭을 담당하던 친일파 관료의 자택을 방화했다는

중국사의 관점으로만 보는 것은 문제가 있습니다"라며 솔직하게 의견을 밝혔다. "3·1운동과 5·4운동은 틀림없이 사상적인 연관이 있습니다. 공통의 적은 일본이었지만 단순한 반일은 아니었죠. 민중에 의한 반제국주의 애국·민주운동으로 파악되어야 합니다."

일본에서는 쌀소동과 보통선거운동도

일본도 민중운동의 계절을 맞이하고 있었다. 3·1운동과 5·4운동이 있기 한해 전, 쌀가격의 폭등을 계기로 토야마현(富山縣) 여성들이 항의행동을 일으켜 '쌀소동'이 일어났다. 이는 전국으로 번져 탄광 등에서 폭동으로 커지기도 했다. 이 때문에 초대 조선총독이었던 테라우찌 마사따께(寺內正毅) 내각은 사퇴할 수밖에 없었다. 보통선거운동도 활발하게 전개되었다. 이 시대는 후대에 '타이쇼오(大正) 데모크라시'라고 불리기도 했다.

내부에서는 '데모크라시', 외부로는 제국주의. 이것이 당시 일본의 모습이었다.

그런 일본의 한복판에서 3·1운동과 5·4운동에 공감한 일본인이 있었다. 대표적인 인물이 타이쇼오 데모크라시의 아버지라 불리는 요시노 사꾸조오(吉野作造)였다. 토오꾜오대학 교수 요시노는 기독교도이자 학내 YMCA이사장으로 중국인, 조선인 유학생들과 접촉했는데, 그들의 학비를

이유 등으로 학생 30여명이 체포되었다. 이에 대한 항의로 대규모시위가 일어나 상하이, 우창, 톈진 등에서 일본상품의 배척, 노동자 파업 등 전국 규모의 애국운동으로 발전했다. 그 결과 정부는 친일파로 찍힌 관료 3명을 파면했고, 강화회의에 출석하던 대표단에게 조약 조인을 거부하도록 했다. 이후 반일·항일뿐만 아니라, 군벌지배 등의 봉건주의 반대, 사상해방운동 등 폭넓은 요소를 지닌 운동으로 발전했다.

지원해주기도 했다.

3·1독립운동 직후에는 "국민의 어디에도 '자기반성'이 없다. 무릇 자기에 대해 반대운동이 일어났을 때, 이를 근본적으로 해결하는 첫걸음은 자기반성이어야만 한다"(『중앙공론(中央公論)』)라고 했으며, 5·4운동에 관해서는 "일본을 배척하는 것은 사실 침략하는 일본을 배척하는 것이다" "오늘날의 일본에는 침략의 일본과 평화의 일본, 이 두 가지가 있다는 사실을 인정해야만 한다"(『동방시론(東方時論)』)라고 호소했다.

5·4운동의 지도자 리 따자오는 요시노가 중국 톈진 뻬이양(北洋)법정전문학교에서 교단에 섰을 때 그의 제자였다. 각자 편집을 맡고 있던 잡지를 서로 보내주는 등 교류를 계속하고 있었다. 요시노는 5·4운동 이듬해 뻬이징대학 교수 리 따자오를 통해 뻬이징대학의 학생단을 일본으로 초청했다. 3·1운동의 지도자 여운형과도 토오꾜오에서 의견을 교환하고 '존경할 만한 인물'이라고 평가했다.

토오꾜오외국어대학의 요네따니 마사후미(米谷匡史) 준교수는 최근 몇년 동안 근현대사에서 동아시아와 일본의 관계성을 논해왔다. 학생은 일본인뿐만 아니라 아시아유학생도 있다. "각 나라의 입장에서만 역사학을 배웠기 때문에, 연관되어 있다거나 얽혀 있다는 관점으로 역사를 다르게 볼 수 있다는 말을 해마다 듣습니다. 요시노에 대해서도 타이쇼오 데모크

리 따자오(1889~1927). 중국 공산당 창설 멤버중 한명. 와세다대학에서 공부했다. 신문화운동을 지도하고, 잡지 『신청년』『매주 평론』을 편집했다. 뻬이징대학 도서관 주임 당시, 보조원으로 마오 쩌둥이 있었다. 1927년, 공산주의자를 색출하던 군벌측에 의해 교수형에 처해졌다. 사후 80년이 되는 올해, 뻬이징의 옛 저택이 기념관으로 일반에 개방되었다.

라시, 보통선거운동이라고만 보고 있었는데, 3·1운동, 5·4운동에 관심을 갖고 조선인, 중국인과 마주했다는 사실에 일본학생들이 놀라곤 하지요."

토오꾜오에서도, 서울에서도, 뻬이징에서도 역사는 기념비나 기념관에 깊이 새겨져 있었다. 그러나 지금 일본인은 3·1운동이 자기 안마당에서 시작된 것을 알고 있을까? 중국인은 5·4운동의 원동력이었던 조선인들의 존재를 알고 있을까? 한 나라의 역사라는 벽을 넘어섰을 때, 사람과 사상의 네트워크가 존재했다는 사실과 같은, 정말로 중요한 것들이 눈에 들어오는 듯하다.

(니시 마사유끼)

요시노 사꾸조오(1878~1933). 미야기현(宮城縣) 후루까와정(古川町, 현 오오사까시大崎市) 출신. 토오꾜오제국대학을 졸업한 후, 위안 스카이 장남의 가정교사로 중국 텐진(天津)에 부임했다. 유럽에서 유학하고, 토오꾜오대학 교수 재직시 '민본주의'를 제창하여, 타이쇼오(大正) 데모크라시의 기수로 자리잡는다. 노년에는 메이지 문화연구에 힘썼다. 사진은 텐진 시절. 요시노 사꾸조오 기념관 제공.

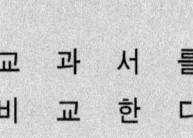

	각국의 서술 분량과 특징은?	
	신해혁명	3·1운동과 5·4운동
일본	약 1면, 「쑨 원과 일본」 칼럼 포함.	2면, 「아시아에서의 민족운동」이라는 주제.
중국	4면, 쑨 원 중심.	5·4운동만 1면, 3·1운동은 세계사에서도 기술 없음.
한국	2면, 전후상황 포함.	3·1운동은 한국사에서 9면, 5·4운동은 세계사에서 다룸.
대만	3면, 민국 초기 포함.	5·4운동은 높이 평가하며 2면, 3·1운동은 세계사에서 간단히 다룸.

일본

인물칼럼으로 파헤친다

신해혁명은 일본 교과서에서 러일전쟁 후 중국과 한국에서 일어난 중대한 변화 중 하나라는 인식이다. 토오꾜오서적의 『새로운 사회: 역사』는 1면을 할애해서 설명한다.

중국에서는 제국주의 열강의 압박에 대항하는 움직임이 강화되어, 청을 무너뜨리고 민족독립과 근대국가건설을 목표로 한 운동이 시작되었습니다. 그 중심이 된 것이 삼민주의를 주창한 쑨 원입니다.

이렇게 시작한 후 '아시아 최초의 공화국'인 중화민국이 건국되었으나 위안 스카이의 독재정치를 거쳐 군벌이 할거하게 된 과정을 요약했다.

3·1독립운동과 5·4운동은 인도의 민족운동과 함께 「아시아 민족운동」이라는 주제로 2면에 걸쳐 정리되어 있다. 학습지도요령은 제1차 세계대전 후 '민족운동의 고조'를 이해하는 것을 목표로 하며, 그에 따른 내용으로 구성되어 있다. 일본이 중국에 강요한 21개 조항은 그 요점을 발췌하여 별도로 게재하고 있다.

중국과 한국의 사건에 관해 이 교과서가 주력하는 것은 일본과의 연관성을 보여주는 인물소개 칼럼이다. 신해혁명에서는 「쑨 원과 일본」이라는 제목으로, 쑨 원이 일본과 깊은 관계를 맺고 있었지만, 점차 일본의 대중국 정책을 비판하게 되었다고 설명한다.

3·1독립운동에서는 조선백자의 아름다움을 평가한 민예운동가 야나기 무네요시(柳宗悅)를 소개하고 다음과 같이 인용한다.

우리 일본인이 현재 조선인 입장에 있다고 가정해보자. (…) 우리 일이 아니라서 그것을 그저 폭동이라고 오해하고 마는 것이다. (…) 반항하는 그들보다 더욱 어리석은 것은 압박하는 우리들이다."

토오꾜오서적 교과서에 야나기가 등장한 것은 10년 전이었다. 와따나베 노리오 사회편집부장은 "역사를 다면적으로 학습하기 위한 조치 중 하나"라고 말한다.

부르주아지도의 민주혁명

인민교육출판사의 『중국역사』에서 신해혁명은 「근대화의 모색」이라는 장에서 4면에 걸쳐 설명된다. 현재 중국정부가 쑨 원을 높게 평가하고 있음을 반영하여 그에 관해 많이 기술되어 있다. 토오꾜오에서의 중국동맹회 발족에 관해서도 다음과 같이 비중있게 다룬다.

쑨 중산은 혁명세력을 규합하여 통일적인 혁명조직인 중국동맹회 설립을 제창했다. (…) 그해 8월, 중국동맹회 성립대회가 일본 토오꾜오에서 개최되었다. (…) 동맹회 성립은 전국 부르주아 민주혁명운동을 크게 발전시켰다.

학습지도요령에 해당하는 역사과정표준에서는 "쑨 중산의 주요 혁명활동을 이해하고 우창봉기에 관한 지식을 습득하여 신해혁명의 역사적 의의를 탐구할 것"을 목표로 삼는다.

5·4운동에 관해서는 「신민주주의혁명의 흥기」라는 장에서 1과 2/3면을 할애했다. '5·4애국운동'이라고 표현하면서, 빠리강화회의에서 중국의 요구가 거절되어 촉발된 경위를 다음과 같이 설명한다.

(요구가 기각되었다는) 소식이 국내에 전해지자 오랫동안 쌓인 중국인민의 분노의 불꽃이 산불처럼 폭발했던 것이다.

역사과정표준에서는 "부르주아계급이 지도하는 구(舊)민주주의혁명의 종결과 프롤레타리아혁명이 지도하는 신민주주의혁명의 시작을 알리는 것이었다"라면서, 혁명운동의 전환점으로 인식하고 있다. 교과서에서도 "처음으로 제국주의와 봉건주의에 철저하게 반대한 애국운동이며, 중국 신민주주의혁명의 시작이었다"라고 기술하며, 바로 다음 항목에서 「중국 공산당의 탄생」을 다룬다.

한편 3·1독립운동은 중국사와 세계사 어느 쪽에서도 한줄도 언급하지 않는다.

한국

세계 민족운동과 비교

신해혁명에 관해서는 세계사를 다루는 『사회 2』(디딤돌)에서 이렇게 설명한다.

혁명세력은 청의 타도를 선언하며 무장봉기했다. 봉기가 전국적으로 확산되면서 황제가 퇴위하고, 쑨 원이 임시 대총통으로 추대되어 중국 최초의 공화국이 탄생했다.

집필에 참여한 태릉고등학교 교사 김육훈(金陸勳)씨는 "아시아의 가장 큰 나라에서 군주제를 타도하고 국민국가를 만든 운동이 일어났다. 식민지였던 우리나라에서도 많은 사람들이 독립 후에는 공화제로 가야 한다고 생각했다"라고 신해혁명의 영향을 지적한다.

『사회 2』는 인도, 베트남, 이집트 등 대국의 지배에 저항한 민족운동에 관한 기술이 10면에 달한다. 또 3·1독립운동에 관해서는, "제1차 세계대전 후 제창된 민족자결주의의 계기가 되었다"라며 중국의 5·4운동과 나란히 설명한다. 김육훈씨는 "자국의 민족운동에만 초점을 맞추는 것이 아니라 세계 각지의 운동과 비교하는 시각을 길러주고 싶다"라고 말한다.

한편 한국사에서는 3·1운동과 그 영향만으로 9면을 할애한다.

그동안 꾸준히 계속돼온 한민족의 민족독립운동을 하나로 묶어 거족적으로 전개한 최대규모의 독립운동이었다.

운동은 국내외에서 임시정부를 만들려는 움직임으로 이어진다.

3·1운동은 우리 민족의 목표가 완전한 자주독립이라는 것을 확인시켜주었고, 이를 계기로 우리 민족의 독립운동은 국내외에서 더욱 다양하게 전개될 수 있었으며, 그 결과 대한민국 임시정부가 수립되었다.

현재 한국의 헌법 전문에는 국민이 "3·1운동으로 건립된 대한민국 임시정부의 법통을 계승한다"라고 씌어 있다. 국사편찬위원회의 허영란(許英蘭) 박사는 "한국의 법적 정통성이 3·1운동에 있으므로 교과서에서도 상세하게 가르친다"라고 말했다. 교과서는 중국이나 인도의 민족운동에 영향을 준 사실도 강조하고 있다.

대만

'국부'라는 경칭이 사라진 쑨 원

신해혁명과 중화민국 건국은 중국사에서 꽤 상세하게 씌어 있다. 『국민중학: 사회』(난이서국)는 우창봉기에 1면, 위안 스카이의 제정운동까지인 민국 초기에 2면을 할애한다. 「민국 초기의 소란」이라는 장에서는 이 시대를 다음과 같이 묘사한다.

신해혁명 후 아시아의 첫 민주공화국인 중화민국이 건국되었으나, 국운은 순조롭게 풀리지 않았다. 위안 스카이가 공화제를 파괴하고 군벌이 난립했으며 남북분열이라는 사태를 초래했다. 게다가 외환(外患)이 줄어들기는커녕 소란이 계속되어 마음 편한 날이 하루도 없었다.

1983년 역사과정표준에 기초한 교과서에서는 '국부(國父) 쑨 중샨 선생'의 혁명 이야기가 여러 면에 걸쳐 나와 있었다. '국민혁명운동의 위대한 창도자'로 불리며 이후의 국민당 지도자 장 제스(蔣介石)와 함께 '선생'이라는 경칭이 붙어 있었다.

반면 현행 교과서에서 쑨 원은 혁명지도자 중 한 사람으로 자리매김되었다. 사진 설명에 '국부' '쑨 중샨 선생'이라는 표현이 남아 있는 것도 있지만, 2003년 '샤오중(小中)9년 일관과정강요(一貫課程綱要)'에 기초하여 본문에서는 '국부'라는 경칭이 사라졌다. 2008년 봄까지 민진당 정권이 추진하던 역사교육의 대만화-탈중국화의 일환이다.

난이서국 교과서 편집지도위원 저우 후이민 정치대학 역사학부 교수는 "'국부'는 국민당이 만든 개념이다. 그는 위대한 인물로 여겨져왔지만 그후 연구에서 그다지 위대하지 않다는 사실이 드러났다. 쑨 원이 없었다면 중국은 좀더 좋은 방향으로 발전했을지도 모른다"라고 말한다.

5·4운동은 2면에서 높게 평가되고 있다.

5·4애국운동은 중국 사회 각 계층에 확대되어 자각심을 보였고, 국가의 자립과 부강을 요구하는 국민의식을 높였다.

한편 3·1운동에 관해서는, 세계사의 「아시아 민족부흥운동」 항목에 "1919년 서울에서 대규모 항일운동이 일어났다"고 씌어 있지만 '3·1운동'이라는 표현은 없다.

신해혁명이 일어나기 얼마 전 중국 청년 하나가 일본에서 의학을 배운 뒤 문학가가 된다. "원래 지상에는 길이 없었다. 사람들이 많이 걸으면 그곳이 길이 되는 것이다." 이렇게 쓴 고고한 작가는 동아시아 사람들에게 하나의 지침이 되었다.

기 억 을
만 드 는 것

국경을 넘은 '아Q'

봉건사회에 안주함을 비판

이름은 알고 있다. 『아Q정전(阿Q正傳)』『고향(故鄉)』이라는 작품명도 안다. 관계있는 것끼리 잇는 줄긋기 시험이라면 완벽하게 맞힐 수 있다. 그러나 정확히 어떤 인물인지, 내용은 무엇인지 묻는다면 자신이 없다.

현재 일본에서 루 쉰(魯迅)에 대한 인식은 대체로 이런 정도가 아닐까? 중학교 교과서에서 읽을 당시엔 존경하지만 그후 멀리하고 마는,─문호란 대체로 그런 취급을 받는 것이지만─이름의 중후한 울림과 함께 어딘가 '복잡한 느낌'이 루 쉰에게 있는 것이다.

루 쉰 연구로 유명해진 타께우찌 요시미(竹內好)는 왜 그의 작품이 어려운지 단적인 이유 두 가지를 든다. 하나는 중국사회의 과도기를 살았던 까닭에 루 쉰이 품은 내적인 모순이라는 '본질적인 어려움'이다. 또 하나는 중국근대사에 대해 일본인이 '사실상 아는 게 없기' 때문이다. 반세기 전의 지적이지만, 새삼 맞는 말이라는 생각이 든다.

중국이나 한국 연구자에게 물어보면 젊은 세대에게 루 쉰이 경원의 대상이 되는 사정은 거의 똑같은 것 같다. 중국 교육계에서는 현재 교과서에

루 쉰의 작품은 다양한 언어로 번역되었고 연구도 각국에서 이루어지고 있다.

서 루 쉰을 어떻게 다룰 것인지를 둘러싸고 논의가 일고 있다. 똑같은 루 쉰이라도 비교적 쉬운 작품으로 바꿀 것인지, 아니면 오히려 어려운 작가로 자리매김할 것인지를 놓고 말이다. 마오 쩌뚱이 '성인(聖人)'이라고까지 절찬했음을 생각해보면 의외라는 생각도 들지만, 루 쉰의 고국이라도 시대는 흘러가고 있는 것이다.

그런 루 쉰이 살았던 시대는 바로 제4장에서 다룬 시기였다. 유학생으로서 20대에 7년여를 메이지 일본에서 지낸 루 쉰은 중국에서 5·4운동이 일어난 1919년에는 38세였다. 한해 전에는 잡지 『신청년(新靑年)』에 「광인일기(狂人日記)」를 발표했고, 구어체로 된 최초의 소설로 중국 근대소설의 막을 열었다. 천 떠슈(陳德秀)가 창간한 『신청년』은 민주와 과학을 기치로 내세운 문학혁명의 발신지로, 루 쉰은 거기에 '논(論)'이 아니라 구체적인 작품을 들고 나타난 것이다.

청조가 멸망한 후 혼미한 상황 속에서 중국은 국민국가의 길을 모색하고 있었다. 「광인일기」의 등장은 국민국가 형성을 향한 새로운 국어의 획득이라 해도 과언이 아니다. 게다가 루 쉰은 이 소설에서 유교로 옥죄인 중국의 봉건사회를 가차없이 비판하면서 이제 눈을 뜰 때라고 강조했다. 이것은 하나의 큰 사건이었다. 그후 루 쉰은 일련의 작품과 함께 평생 끊이지 않은 논쟁, 즉 정치적 투쟁 속에 살았다. 만년에 그는 "그들이 미워하게 내버려둬라. 나 역시 어느 누구도 용서하지 않을 것이다"라고 썼다.

모든 일을 얼렁뚱땅 처리하고, 무슨 일이 일어나도 편하게 해석하면서 지내는 아Q는 루 쉰이 중국사회를 압축하여 만들어낸 인물인데, 이 짧은 소설은 금세 국경을 초월해 그의 대표작이 되었다. 아Q는 단지 중국의 문제뿐만이 아니라, 다른 나라들의 문제이기도 했기 때문이다. 루 쉰은 아Q에게 자신을 투영했으며, 작품은 인간의 깊은 곳에 물음을 던지는 문학적 보편성을 띠고 각지에 퍼져나갔다.

후지이 쇼오조오(藤井省三) 토오꾜오대학 교수는 루 쉰을 '아시아의 모던클래식'이라 부른다.

"국민국가를 먼저 형성한 일본과 한발 늦게 온 동아시아 국가들 사이를 잇는 핵심적인 역할을 한 사람이 루 쉰이다. 문학가로서 이루어야 할 상을 제시했으며, 싱가포르를 포함한 동아시아에서 매우 중요한 작가가 되었다."

일본에서는 패전으로 완전히 망가진 국가를 다시 살리는 데 루 쉰의 작품이 영향을 주었다. 전후 일본문학은 루 쉰을 빼고는 말할 수 없다는 후지이 교수는 당대의 인기작가에게도 그 영향이 컸음을 최근 저서인 『무라까미 하루끼 속의 중국』에서 자세히 설명한다.

루 쉰에게서 좀더 직접적인 사회적 영향을 받은 곳은 한국일 것이다. 일본의 식민지지배하에서 사람들은 루 쉰을 읽었고, 당대 일본에 대한 비판의식을 키워나갔다. 아Q를 자신에게 빗대어 생각했음은 쉽게 상상할 수 있다. 게다가 대부분 강요된 일본어로 번역된 책을 통해서였다.

한국에서는 1970~80년대 민주화운동 과정에서도 루 쉰이 큰 영향을 주었다. "루 쉰은 체제비판적인 지식인의 아이콘이었다"라고 서울대 전임강사 임명신(任明信)씨는 말한다. 민주화투쟁 역시 루 쉰에게 고무된 것이었다.

민주화운동에서 한몫을 했던 저명한 문예평론가 임헌영(任軒永)씨는 옥중에서 "루 쉰의 책이 버팀목이었다"라고 회상한다. 학교에서 문학론이나 창작을 강의할 때 지금도 교과서는 루 쉰이다. 한국외국어대학교 교수 박재우(朴宰雨)씨는 민주화운동을 하다가 투옥된 적이 있는데, '지식인이 짊어질 역할'을 루 쉰에게서 배웠다고 한다. 루 쉰 연구가가 되어 수업에서도 다루고 있는 까닭이다.

물론 루 쉰은 격렬한 투쟁의 거름으로서만 읽힌 것이 아니다. 그것만으로는 '동아시아의 모던클래식'이 될 수는 없었을 것이다. 임명신씨는 이렇게 말한다.

"루 쉰의 인생과 작품은 동아시아의 모순과 고뇌, 그리고 꿈의 총체입니다."

그 총체의 밑바닥에 조용히 흐르는 선율이 '허무'라는 점에 루 쉰의 이루 말할 수 없는 매력이 있다고 임씨는 말한다. 다름아닌 문학으로서 진가 덕분에 루 쉰은 앞으로도 동아시아, 나아가 세계에서 끊임없이 읽힐 것이다.

후지노 선생
중국에서 지명도 높은 은사

코이즈미 준이찌로오, 나까따 히데또시(中田英壽), 하마자끼 아유미(濱崎あゆみ) 등과 함께 당당 9위에 오른 '후지노(藤野) 선생'. 2003년 한 조사에서 중국 중학생 중 약 470명이 답한 '알고 있는 일본인 이름'이다.

'후지노 선생'은 루 쉰 작품의 제목으로, 센다이(仙台)의학전문학교의 은사 후지노 겐꾸로오(藤野嚴九郞) 교수와의 추억이 담겨 있다. 후지노는 해부학 교수로 루 쉰을 자상하게 가르쳤다. 뻬이징 루 쉰 박물관에는 후지노가 '석별(惜別)'이라고 뒷면에 적어 루 쉰에게 준 자신의 사진과 함께, 빨간펜으로 친절하게 보충해준 루 쉰의 노트가 전시되어 있다. 박물관 마당에는 최근 후지노의 흉상이 건립되어 2007년 9월 25일에 제막식이 있었다.

'후지노 선생'의 흉상.

　루 쉰을 통해 중국에서 널리 알려진 '후지노 선생'이지만, 이 작품에서
는 동시에 의사가 되려 한 루 쉰이 문학으로 자리를 옮긴 계기라는 중요한
주제가 담겨 있다. 이른바 '환등기 사건'이 그것이다. 센다이의학전문학
교 수업중 남는 시간에 러일전쟁 때의 슬라이드를 보게 되었는데, 거기서
루 쉰이 목격한 것은 스파이활동을 했다는 이유로 일본군에게 처형되는
중국인과, 그 처형장면을 멍하니 보고 있는 주위의 중국인들이었다.

　'후지노 선생' 이전의 첫번째 창작집 『눌함(吶喊)』의 「자서(自序)」에서
도 루 쉰은 이 사건을 언급하고 있다. 거기서 루 쉰은 "어리석고 나약한
국민은 아무리 체격이 건장하고, 아무리 오래 산다 하더라도 결국 무의미
한 구경거리의 대상이 되거나 그 구경꾼이 되고 마는 것이 아닌가"라고
말하면서, 우선 '정신개조'가 먼저 이루어져야 하고 이를 위해서는 문예
(文藝)가 최우선과제라고 생각했다는 것이다.

　환등기 사건은 실화가 아닌 것으로 인식되고 있지만, 경애하는 일본인
교수의 추억과 민족적 굴욕을 함께 품고 루 쉰은 중국으로 돌아간다.

(후꾸다 히로끼)

만주사변과
'만주국'

유럽 전역을 휩쓴 제1차 세계대전이 끝나
자 세계적으로 평화의 기운이 고조되었
다. 그러나 일본은 만주라 불리던 중국 동
북부에서의 권익 확보와 확대를 위해 무
력 침략전쟁을 일으켰다. 그것이 만주사
변이다. 이를 계기로 중국대륙에서 진흙
탕 싸움이 시작되었고 미국과도 대립하게
되었다. 지금의 입장에서 보면 만주사변
은 근대일본의 중대한 '갈림길'이었다.

1. 리튼 조사단을
둘러싼
'트루스'

만주사변

일본이 중국 동북부와 네이멍꾸(內蒙古) 동부를 침공한 전쟁. 기간은 1931년 9월 18일의 류탸오후(柳條湖)사건부터 짧게는 1933년 5월31일의 탕꾸(塘沽)정전협정까지이나, 길게는 중일전면전쟁이 일어난 1937년 7월 7일 루꺼우차오(盧溝橋)사건까지이다. 중국에서는 9·18사변이라 한다.

당시 일본정부는 전쟁금지를 약속한 빠리조약(켈로그 브리앙Kellogg-Briand 조약)을 위반했다는 지적을 피하기 위해 일부러 전쟁이 아니라 '사변'이라는 말을 사용하도록 내각회의에서 결정했다.

당시 일본은 러일전쟁에서 얻은 뤼순·따롄 등의 조차지나 남만주철도의 경영권을 '특수권익'이라 부르며 중시했다. 그런데 중국에서 이를 되찾자는 움직임이 커지자, 중국 동북부에 상주하던 일본 관동군이 펑톈(현재의 선양) 근교 류탸오후 만철선을 폭파하고는 "중국군이 폭파했다"라는 구실로 공격을 개시했다. 바로 류탸오후사건이다. 관동군은 만주와 네이멍꾸 동부의 영유를 노렸지만 육군 수뇌부가 허락하지 않았기 때문에, 청조 최후의 황제 푸 이(溥儀)를 부추겨 '만주국'을 세우고 정권을 조종했다.

소방차 싸이렌 같은 소리가 비 내리는 밤하늘에 울려퍼졌다. 때는 2007년 9월 18일 오후 9시 18분.

나는 중국 선양시 '9·18역사박물관' 앞에 있었다. 해마다 선양시에서 주최하는 행사가 한창 거행중이다. 76년 전 오늘밤, 일본군이 갑자기 근거리에서 무력공격을 개시해 눈 깜짝할 사이에 중국 동북부의 광대한 지역을 지배했다. 행사는 그 사건을 잊지 않기 위해, 그리고 평화를 기원하기 위해 개최되는 것이다.

공습경보를 기억하려는 뜻으로 그 소리는 3분간 계속되었다. 광장에 동원된 고등학생, 군인, 무장경찰 등은 비에 젖은 채 차려 자세로 미동도 하지 않았다.

이틀 후, 가까운 푸순시(撫順市)에서 열린 '항일전쟁'이라는 주제의 심포지엄에서 뜻밖의 사람과 만났다.

만주사변 3년 전까지 중국 동북부 군사세력의 우두머리였던 장 쭤린(張作霖)의 손자인 장 뤼스(張閭實) 씨. 심포지엄 주최측이 초대했다고 한다. 일본군에 의한 폭탄테러로 숨진 장 쭤린에게서 군사세력을 승계한 장 쉬에량(張學良)은 뤼스 씨의 백부이다. 쉬에량은 만주사변 후 동북지방으로 돌아올 수 없었고, 중일전쟁 후에는 대만으로 이주했다. 가족도 같이 움직였다. 뤼스 씨가 고향 선양에 돌아온 것은 2007년 5월이었다.

장 쭤린(좌).
장 쉬에량(우, 1901~2001). 장 쭤린의 장남. 아버지가 관동군에 살해당한 후 펑톈파(奉天派) 군벌을 계승해 국민정부에 합류했다. 1936년, 장 제스를 연금해 '항일'로 전환할 것을 강요했다. 이로 인해 국민당과 공산당이 협력하여 일본군과 싸우게 되었지만 자신은 유폐되어 제2차 세계대전 후 대만으로 간다.

"일본인이 중국인을 어떻게 생각하고 있었는지 전혀 모르겠다."

과거를 별로 말하고 싶어하지 않았던 쉬에량이었지만, 뤼스 씨 등 가족들에게는 자주 그렇게 말했다고 한다.

관동군이 만주사변을 일으킨 이듬해, 중립적인 입장에서 사변의 실태를 조사하고자 한 사람들이 있었다. 국제연맹이 사변의 원인을 조사하고 해결방법을 검토하기 위해 파견한 리튼(Lytton) 조사단이다. 그 보고서는 당시 많은 일본인이 믿었던 것과는 다른 내용을 담고 있었다. 그것이 일본의 국제연맹 탈퇴로 이어져, 일본 국내에서 배외주의와 반서구주의가 고조되는 결과를 낳았다.

공산당과의 싸움이 우선이라 일본군에 저항하지 않아

그렇다면 왜 국제연맹은 조사단을 보냈을까?

만주사변이 일어났을 때 난징을 수도로 하는 국민당정부 지도자 장 제스는 내부의 '적'인 중국 공산당 세력을 우선 소탕한다는 방침을 취하고 있었다. 일본군에는 저항하지 않고 국제연맹 차원에서 해결하기 위해 즉각 제소했다.

제1차 세계대전 이후에 탄생한 국제연맹에 최초로 맡겨진 중대한 국제분쟁이었던 셈이다. 일본은 연맹을 실질적으로 움직이는 '이사회'의 상임

관동군: 일본이 중국 동북부에 주둔시킨 상비군. 일본은 따롄·뤼순을 포함한 뤼순반도의 조차지가 만리장성의 동쪽 끝에 해당하는 '샨하이관(山海關)'의 동쪽에 있기 때문에 '관동주'라고 불렸다. 이 조차지와 일본이 경영하고 있던 남만주철도(만철)를 지키기 위해 주둔시킨 군대가 전신에 해당한다. 1919년 관동도독부의 개혁으로 군사부문이 분리되어 독립적인 관동군이 탄생했다. 병력은 만주사변까지 약 1만명 남짓이었고, 장 쭤린 폭살사건과 류탸오후사건은 모두 관동군 참모의 모략이었다. 만주사변 후에는 병력을 증강하여 항일운동의 진압이나 화북, 네이멍꾸에 대한 침략공작을 담당했다. 후에 생물학무기 개발을 위한 인체실험을 실시한 731부대도 관동군 조직이었다.

이사국이었고, 중국도 만주사변이 발발하기 4일 전에 비상임이사국에 막 선출된 때였다. 현재 유엔 국제안전보장이사회에서의 양국 입장과는 반대였던 것이다.

보고서에 의하면 조사단은 1932년 2월에 일본에 도착했다. 우스이 카쯔미(臼井勝美) 쯔꾸바(筑波)대학 명예교수의 저서에 따르면 리튼 일행은 토오꾜오에서 이누까이 쯔요시 수상 등 정부요인과 차례로 회담하며 일본의 주장을 귀담아들었다.

아라끼 사다오(荒木貞夫) 당시 육군장관은 솔직하게 다음과 같이 말하고 있다.

"일본의 좁은 국토로는 늘어나는 인구를 감당할 수 없다. 일본은 아시아대륙에서 자원을 구하지 않으면 안된다." "중국에 진정한 정부가 존재하는지 의문이 간다. 통일된 문명국으로 간주할 수 없다고 생각한다."

조사단은 중국대륙에 옮겨가 난징에서 장 제스 등 수뇌부와 회담한 후, 뻬이징에서는 장 쉬에량의 영접을 받았다. 자신들의 거점이었던 만주를 빼앗긴 장 쉬에량은 조사단을 환영하는 연회에서 이렇게 연설했다.

"동삼성(東三省, 만주)은 인종·정치·경제 어느 면에서도 중국에서 분리될 수 없다." "분규의 진정한 원인은 중국이 통일을 향해 나아가고 있다는 사실을 일본이 시기하기 때문이다. 일본은 동삼성을 빼앗으려 하고

리튼 조사단: 만주사변을 조사하기 위해 국제연맹이 파견한 조사위원회. 미국·영국·프랑스·독일·이딸리아 5개국이 위원을 한사람씩 파견하여 영국인 빅터 리튼(Victor Lytton) 경이 위원장을 맡았다. 리튼은 인도 총독의 아들로 벵갈주지사 등을 역임한 인물이다. 조사단은 1932년 2월말부터 일본과 중국을 둘러보고, 같은해 가을 보고서를 작성했다. 일본의 군사행동은 자위조치이며, 만주국은 자발적 독립운동으로 태어났다는 일본의 주장은 인정받지 못했다. 한편에서 일본의 이익도 배려하여 연맹의 주도로 일본을 중심으로 한 열강이 지도하는 자치정부의 설치를 제안했다.

있다."

중국은 통일될 수 있는가? 이 점에서 중국과 일본의 주장은 정반대로 어긋나 있었던 것이다.

일본의 방해를 뚫고 학생들이 편지로 고발

리튼 조사단이 중시하고 가장 힘을 쏟은 부분은 현지 주민들의 의견을 듣는 일이었다. 일본이나 '만주국'측이 조사단의 안전을 위한다는 명목으로 주민들과의 접촉을 방해하고 있었기 때문이다. "회견은 항상 매우 어려운 조건 속에서 비밀리에 열렸다"라고 보고서에 씌어 있다.

주민들은 어떤 방법으로 리튼 조사단과 접촉했고, 무엇을 전달하려 했을까? 9·18역사박물관의 왕 젠쉬에(王建學) 연구원에게 묻자, 당시 펑톈에 있던 꿍 톈민(鞏天民)이라는 은행가의 이름을 거론했다.

왕 젠쉬에 연구원의 설명은 이러했다.

만주사변이 일어나자 10만명 이상의 펑톈시민이 뻬이핑(北平) 등으로 피란을 갔다. 그러나 꿍 톈민은 그대로 머물러 침략자에게 저항하기 시작했다. 기독교청년들을 모아서 의용군을 지원한 것이다. 리튼 조사단에 편지를 쓰도록 학생들에게 호소하여 많은 청년들이 편지를 썼다고 한다.

보고서에는 실제로 "만주국에 반대하는 학생과 청년에게서 편지를 많

리튼 조사단의 주요 움직임.

이 받았다"라고 씌어 있다.

2005년 7월, 선양의 석간신문인 「선양만보(瀋陽晚報)」는 펑톈시민의 당시 활동을 기사로 실었다. 아들인 꿍 꿔셴(鞏國賢) 씨 인터뷰에 기초한 것이었다.

이에 따르면 꿍 등 9명의 그룹은 리튼 조사단이 온다는 사실을 접한 후, 사변은 일본이 계획적으로 일으킨 것이며 만주 신정권이 일본인에 의해 조종당하고 있음을 고발하고자 했다. 그것을 증명하기 위한 자료를 몰래 모아 『트루스』(TRUTH)라는 책자를 만들어 선양에 거주하던 영국인 목사에게 맡겼다. 그후 목사가 자택으로 리튼 등을 저녁식사에 초대한 자리에서 몰래 이 책자를 건네주었다. 목사는 우연하게도 리튼의 친척이었다고 한다.

그런데 이 이야기는 진실일까?

왕 씨에게 물어보았으나 "그런 에피소드가 전해지기는 하지만 역사적 사실이라고 확인된 바는 없다. 책자도 존재여부가 확인된 바 없다"라고 답했다. 꿍 꿔셴 씨에게도 아는 사람을 통해 취재를 신청했지만 확실한 이유도 없이 거절했다.

어찌할 바를 모르던 차에 마지막 희망을 건 곳이 국제연맹의 자료를 소장하고 있는 제네바 유엔 유럽본부도서관이었다.

리튼 조사단에 전해진 책자 TRUTH. 유엔 유럽본부 도서관에 보관돼 있다. 같은 도서관 제공.

"『트루스』는 정말로 리튼의 손에 전달된 것인가요?"라고 묻자 이틀 후에 "관련사료 중에 있었습니다"라는 답이 돌아왔다.

그것은 파란 천을 붙인 표지로 된 앨범으로, 마찬가지로 파란 천 가방 속에 들어 있었다. 가방에는 'TRUTH'라고 분홍 자수가 새겨져 있다.

75개의 자료가 정리되어 있었는데, 그 주요한 항목을 나열해보면,

▼ 1931년 9월 18일 이래 일본군 병사에 의해 총격당한 무고한 시민의 리스트

▼ 학교 교과서 내용에 대한 수정·삭제 리스트

▼ 일본군 헌병이 검열한 편지

이들 자료에 설명을 덧붙인 편지도 첨부되어 있었다. 영문 타자글로 27면이나 되는 분량으로, "증거 중 몇몇은 생명의 위험을 무릅쓰고 입수한 것"이라고 사정을 밝힌 뒤, 류탸오후사건의 계획성, 이후 주권침해, 그리고 만주국 건국과 관련한 일본군당국의 활동을 설명하고 있다. "만주철도선의 폭파는 무력공격의 구실로 날조된 것이었다" "만주국 건국은 일본인이 배후조종한 것이었다" 등의 내용이었다.

최후의 '결론'은 절절한 호소였다.

"만주 인구의 95% 이상은 중국인임을 기억해주길 바란다. 중국인은 이대로 중국인으로 남고자 하며, 영원히 그러기를 원한다."

1932년 3월 리튼 조사단(리튼은 앞줄 왼쪽에서 두번째)은 야스꾸니 신사에도 참배했다. 아사히.

책자를 만든 9명은 전원 본명과 직업을 적었다고 한다. 하지만 서명 등 작성자를 드러낼 수 있는 부분은 전부 지워져 있었다. 연맹측이 9명의 보안을 위해 일부러 그렇게 했는지도 모른다.

9·18사변으로 중국인 의식 강화돼

조사단은 만주 체재중에 1,550통의 편지를 받았다. 보고서에 의하면 "2통을 제외하면 나머지는 모두 새 '만주국정부'와 일본인에 대해 통렬한 적의를 드러내고 있었다"라고 한다. 보고서는 다음과 같이 마무리된다.

"공적·사적 회견, 편지 및 진술에 의해 제공된 증거를 신중하게 검토한 결과, '만주국정부'는 현지 중국인에게 일본측의 앞잡이로 인식되고 있으며, 중국측 일반인들의 지지는 없다는 결론에 다다랐다"라고 하면서, 일본측의 주장을 기각했다.

리튼 보고서에 자신들이 원하던 내용이 들어 있지 않다고 판단한 일본은 그것이 공표되기 직전인 1932년 9월 만주국을 승인했다. 이듬해 국제연맹이 만주국을 부정하는 권고를 가결했을 때에는 혼자서 반대하여, 상임이사국의 자격을 버리고 연맹을 탈퇴하고 말았다.

만주사변을 경험한 사람은 중국에서 점점 줄어들고 있다. 현지의 역사가에게 선양 시내에서 관련자를 만나게 해달라고 부탁하자, 양로원에서 생활하는 95세의 샨 리즈(單立志) 씨를 만날 수 있었다.

그는 최북단 헤이룽장성(黑龍江省)에서 태어나 자랐고, 류탸오후사건이 일어났을 때에는 가난한 소작농이었다. "국민당이 동북지방을 버렸다는 소문을 모두 알고 있었다"라고 말한다. 이듬해 마을에 나타난 일본군에 저항하려고 마을의 '반일회'에 참가했다. 이어 '항일'게릴라전을 수행하는 병사가 되었다고 한다.

중국사람들은 항일운동에 참가함으로써 스스로가 '중국인'이라는 의식을 높여갔다. 중국사회과학원 근대사연구소의 뿌 핑(步平) 소장은 다음과 같이 말한다.

"아편전쟁 이후 조금씩 자라나던 중국인으로서의 의식이 9·18사변과 이어진 항일전으로 갑자기 커졌다. 중국인이 단결하는 특별한 계기가 된 것이다."   (요시자와 타쯔히꼬)

만주사변 시기의 세계와 일본

1920년 국제사회에서는 '워싱턴체제'라 불린 협조적인 질서가 태동했다. 분쟁의 평화적 해결을 목표로 국제연맹이 발족하여, 해군군축조약이나 중국의 영토와 주권의 존중을 합의한 9개국 조약도 체결되었다. 1928년에는 전쟁 포기를 명기한 빠리조약도 맺어졌다. 한편 러시아혁명으로 탄생한 소련과 공산주의는 일본육군에 위협으로 느껴졌다.

이러한 가운데 1929년 세계공황이 시작되었다. 야마무로 신이찌 쿄오또대학 교수의 저작에 의하면, 1931년에는 농가에서 딸을 내다파는 일이 속출했고 결식아동도 급증했다고 한다. 도시에서는 실업자가 흘러넘쳐 노동쟁의 건수는 전쟁 전 최고에 달했다. 이듬해에는 가족동반자살이 이어졌고, 1900년 사망원인 통계조사를 처음 실시한 이래 자살사망률이 최고를 기록했다. 절망적인 사회·경제상황이 만주국 붐의 배경이 된 것이다.

2. 헛된 공상으로
끝난
오족공생

만주국

1932년 만주사변으로 점령한 토지에 일본이 세운 국가로, 일본의 괴뢰국가였다는 것이 정설이다. 괴뢰란 '꼭두각시'라는 의미인데, 일본이 그 꼭두각시로 데리고 온 이는 청조 마지막 황제 푸 이였다. 청은 만주족이 만든 왕조였기 때문에 출신지가 동일하다는 점에서 그를 원수의 자리에 앉히면 국제적인 비난은 피할 수 있다고 관동군(만주의 일본군)은 판단했다. 그러나 국제연맹은 만주국 건국을 인정하지 않았다. 만주국을 승인한 것은 일본의 동맹국이었던 독일과 이탈리아, 태평양전쟁에서 일본의 세력하에 있던 태국과 버마 등 약 20개국이었다.

만주국의 총면적은 약 130만 평방킬로미터이다. 일본의 3.4배의 넓이로, 현재 중국의 동북 3성(랴오닝·지린吉林·헤이룽장) 및 네이멍꾸자치구와 허뻬이성(河北省) 일부를 포함한다. 인구는 건국시에 3천만명, 1940년에는 4,200만명으로 불어난다. 중국인이 거의 9할을 차지했고, 조선인과 몽골인이 뒤를 이었으며, 일본인은 2% 정도였다. 일본인 중 민간인은 건국시 23만명이었던 것이 패전시에는 155만명으로 늘어나 있었지만, 패전 후 철수과정에서 20만명 이상이 목숨을 잃었다. 또 패전 직후에 군에 동원된 개척단 남성들을 포함하여 군인 등 60만명 이상이 소련에 의해 시베리아에 구류되었다가 그중 6만명 이상이 사망했다.

토오꾜오의 신오오꾸보(新大久保)는 신기한 거리이다.

한국, 중국, 몽골, 베트남, 태국, 말레이시아…… 여러 나라의 식당이 즐비하고 여러 외국어가 오간다.

오래 전 '만주국'이 있었던 중국 옌뻰(延邊) 조선족자치주 출신이 연 가게도 있다.

"제 고향 맛입니다."

나를 식사에 초대하여 이렇게 말하는 이는 만주의 조선인을 연구하고 있는 히또쯔바시(一橋)대학 객원연구원 허수동(許壽童)씨이다.

허씨의 부친은 만주국시대인 1938년 8살 나이로 가족과 함께 한국 남부에서 옌뻰으로 이주했다. 당시 한국은 일본의 식민지로, 토지를 빼앗겨 먹고살 수 없게 된 농민이 많았다. 농촌의 인구감소 현실과 만주에 일본 세력을 늘리려는 이민정책 때문에 쫓겨나듯 국경을 넘었던 것이다.

허씨와 대화를 나누면서 두 가지 생각이 들었다. 하나는 만주국과 당시 일본의 다른 식민지 사이의 관계이고, 또 하나는 신오오꾸보라는 거리가 상징하는 일본의 현재와 만주국의 관계이다. 일본에서는 현재 인구감소와 출산율 저하를 보충이라도 하듯 외국인이 늘어나고 있고, 여러 민족이 함께 사는 사회의 모습을 모색중이다. '오족협화(五族協和)'에 실패한 만주국에서도 배울 점이 있는 것은 아닐까?

푸이(1906~67). 청조 마지막 황제(선통제宣統帝). 성은 아이신자오뤄(愛新覺羅)이다. 2세에 즉위하여, 1912년 신해혁명으로 퇴위했다. 만주사변이 한창일 때 일본군에 끌려가 1932년 만주국 건국과 함께 집정한다. 1934년 황제(강덕제康德帝)가 되었다. 일본 패전 후 소련에 억류되었다. 1950년 중국에서 전범이 되었지만, 59년에 특사를 받아 일반시민으로 여생을 보냈다. 자서전에는 "관동군은 고압전원이었고, 나는 정확하고 민첩한 모터와 같은 존재"였다고 씌어 있다. 만주국을 괴뢰국가로 자각하고 있었을 것임에 틀림없다.

그런 말을 하자 허씨는 이렇게 말했다.

"오족협화는 거짓말이었죠. 그런 전제로 역사를 바라봐야 합니다."

만주국 수도였던 창춘(長春)으로 갔다.

여기 또한 신기한 곳이다.

만주국시대에는 '신꾜오(新京)'로 불렸다. 장대한 도시계획으로 세워진 건물들이 거의 그대로 남아 있을 뿐만 아니라 지금도 대학이나 병원으로 사용되고 있다. 살아있는 역사의 테마파크라고나 할까?

예를 들어 만주국정부의 중추였던 국무원(國務院)은 서양과 중국의 전통양식을 혼합한 양식으로 일본의 국회의사당과 같다.

왜 이런 곳에 일본의 성(城)이 있는 걸까? 그런 의문을 갖게 만드는 것은 거리 한가운데서 위용을 뽐내는 관동군사령부의 건물이다. 만주국 지배권을 누가 쥐고 있었는지 한눈에 명료하게 알 수 있었다. 지금은 공산당의 지린성위원회이다. 이 지역의 최고권력자가 머무는 곳은 변치 않았다는 사실, 즉 권력의 바통터치를 보는 듯해 마음이 편치 않았다.

침략자의 건물을 부수지 않고 계속 사용하는 이유는 무엇일까? 지린성 공문서관에 해당하는 기관에서 만주국시대의 헌병대 문서 등을 정리하고 있는 장 즈창(張志强, 55) 씨에게 질문을 던졌다.

만주국의 영토.

두 가지 이유가 있다고 장 씨는 말한다.

우선 일본의 패전으로 만주국이 붕괴했을 때는 몇년 쓰지 않은 새 건물이었고, 설계한 것은 일본인이라도 세운 것은 중국인이었기 때문에, "자신들의 피와 땀으로 만든 것을 그대로 사용하는 것은 당연한 일"이었던 것이다.

둘째로는 청소년 대상 '애국주의 교육'을 위한 것이라고 한다. "침략시대의 건물을 남겨두면 역사적 사실을 볼 수 있으니까요."

확실히 여기에 오면 만주국의 기억이 되살아난다. 그런데 건물에는 '위만(僞滿)' '위만주국(僞滿洲國)'의 사적이라는 철판이 붙어 있다. 눈앞에 확실히 실재하고 있는데도 가짜〔僞〕라는 것은 왜일까?

동북윤함(東北淪陷) 14년. 만주사변에서 만주국 붕괴까지를 중국에서는 그렇게 부른다. 동북지방이 점령되어 짓밟힌 굴욕적인 시대라는 의미이다. 약 20년 전부터 윤함사(淪陷史)를 서술하는 사업이 시작되었다. 편집장을 맡아온 지린성사회과학원의 쑨 지우(孫繼武) 씨를 방문했다. "위만이라는 것은 만주국을 인정하지 않겠다는 이야기입니다. 우리들의 땅을 빼앗은 일본이 만든 나라니까요."

이 시대를 산 쑨 씨는 초등학교 때부터 일본어를 배우도록 강요당했다. '타바꼬(담배)'와 '타마고(계란)'의 발음을 구별할 수 없어 선생님에게서

마치 일본의 성을 옮겨놓은 것 같은 구 관동군 사령부. 지금도 그대로 공산당 지린성 위원회로 사용되고 있다. 중국 창춘에서 아사히.

'바까(바보)'라고 불리며 매를 맞았다. 일본 학생들이 중국 학생들을 때려도 교사들은 신경쓰지 않았다. 조례도 따로따로 줄을 세워서 진행했다. "도대체 무엇이 오족협화란 말인가?" 일본에 대한 반감은 고조되어만 갔다고 한다.

쑨 씨는 '위만'시대의 일본 개척민이 이주한 지역의 농민 백여명을 대상으로 1980년대 말에서 1990년대 초반까지 탐문조사를 실시했다. 이를 통해 알게 된 것은 일본군에 땅을 빼앗긴 농민의 실제모습이었다. 산과 들로 내쫓겨 황무지를 개간하거나, 땅을 손에 넣은 일본개척민의 소작을 할 수밖에 없었던 것이다. 그 일본인도 대부분은 가난한 농민이었다.

"그들도 일본침략의 희생자죠. 중국농민과 우호적인 관계를 유지한 사람들도 있었습니다." 이렇게 말한 뒤 쑨 씨는 바로 말을 이었다. "전체적으로 보면 일본인은 굉장한 우월감을 가지고 있었습니다. 자신들은 우등민족이고 중국인은 열등민족이라고 말입니다."

그것을 상징하는 것이 쑨 씨가 학교에서 매일 해야만 했던 궁성요배(宮城遙拜)이다. 천황이 있는 토오꾜오를 향해 머리를 조아리고, 그 다음에 만주국 황제 쪽으로 머리를 숙이는 순서로 진행된 이 행사를 통해, 만주국은 일본의 괴뢰국가임을 어린아이들도 알 수 있었던 것이다.

오족협화와 왕도락토: 만주국은 건국이념으로서 이 두 가지를 안팎으로 선전했고, 특히 일본인에게 꿈을 갖게 했다. 오족(五族, 한·만주·몽골·조선·일본)이 사이좋게 살아가자며 처음 주장한 것은 민간의 재만(在滿) 일본인이 만든 만주청년연맹이었다. 간부에는 지휘자 오자와 세이지(小澤征爾) 씨의 부친 오자와 카이사꾸(小澤開作)도 있었다. 압도적 다수인 한족 사이에서 배일감정이 강해지는 와중에, 건국 당시에는 인구의 1%에 불과한 일본인이 살아 남으려면 '협화'에 호소할 수밖에 없었던 사정도 있었다.
한편 '왕도락토(王道樂土)'는 무력으로 제패하는 '패도(霸道)'를 대신해 덕으로 다스리는 '왕도'로 모두 즐겁게 생활할 수 있는 나라를 건설하자는 의미이다. 이 이념이 일본의 무력으로 생긴 만주국에서 주창되었다는 데 처음부터 모순이 있었다.

식민지정책에 떠밀려 조선에서 온 이민자 급증

자, 이제 서두에서 말한 허씨의 고향을 방문해야 한다.

옌지(延吉)공항에 내리자 냉기가 피부를 엄습해왔다. 조선의 남부지방에서 온 사람들에게 이 추위는 가혹했을 터였다. 그렇지만 조선이 일본의 식민지가 된 이후 특히 만주국이 건립된 이후에 이 지역에 조선인이 급증했다. 왜일까?

옌지에 있는 옌삐대학 민족연구원장 손춘일(孫春日)씨는 두 가지 다른 동기를 가진 사람들이 있었다고 설명해주었다.

한편으로는 일본의 식민지통치에 불만을 품고 도망친 사람들이었고, 또 한편으로는 일본이 시작한 토지조사에서 증명서가 없다는 이유로 땅을 빼앗긴 사람들이다. 양쪽 모두 일본의 식민지정책이 등을 떠민 셈이다.

조선인의 이민은 17세기부터 시작된 것이지만, 일본통치 후 만주사변까지 이주민은 백만명을 넘어섰고, 만주국시대에는 230만명에 달했다. 이렇게 지적하면서 손씨는 말한다.

"만주국을 만든 이후 일본은 조선에서도 왕도락토(王道樂土)라는 선전을 시작했습니다. 조선인은 반일감정이 강하지만, 이때는 일본에 더이상 이길 수 없다는 심리도 생겨나기 시작해, 일본인 취급을 받으면서 우월감을 갖게 된 사람도 많아졌죠. 한번 성공해보자고 작심하고 온 사람들이 늘어난 것입니다."

1936년부터 계획이민정책이 시작되었다. 20년 사이에 일본 농가 백만 호를 이주시켜 만주 인구의 10%를 차지하게 한다는 계획이었지만, 일본인만으로는 모자라 조선인도 매년 1만호를 이주시키려 한 것이다.

한편에서 일본군은 조선인의 '반만(反滿)항일운동' 때문에 골머리를 앓았다. 이 때문에 농민들을 '집단부락'으로 포위하여 외부의 항일세력과 고립시키려고 했다.

옌뻰 조선족자치주에서 차로 달리면 여기저기서 '항일전사'기념비와 마주치게 된다. 그 수가 많다는 사실은 일본의 탄압이 얼마나 강도 높은 것이었는지를 말해준다. "일본이 여기에 파출소를 세운 1907년부터 38년간의 항일의 역사가 시작된 셈이죠." 안내해준 조선족자치주박물관 연구원 김철수(金哲洙)씨가 말했다.

일본인과 동등한 신분을 위해 대만에서 온 관료와 의사

'일본의 식민지가 되었기 때문에 우리도 만주와 관계가 있다.' 이런 흐름은 대만에서도 일어나고 있었다.

타이뻬이에 있는 중앙연구원 대만사연구소의 소장 쉬 쉬에지(許雪姬)

씨는 만주에 살고 있던 대만인을 1990년대부터 계속 연구해오고 있다.

1947년 2월 28일에 국민당정권이 대만 주민을 학살한 '2·28사건'과 그 후의 탄압을 조사하던 중 희생자 중 만주에서 돌아온 사람이 있었다는 사실을 알게 된 것이 연구의 시작이었다.

"일본통치시대의 연구는 그때까지 중국 남부의 충칭(重慶)으로 가서 국민당에 참가한 사람들에 대한 것으로 편중되어 있었습니다. 만주로 간 대만인에 초점을 맞춘 연구는 없었던 셈이죠."

쉬 씨는 우선 만주에서 살았던 700명의 데이터를 모았다. 놀라운 사실은 의사가 많았다는 점이다. 만주의대 졸업생만도 백여명이었으며, 그 다음으로 많은 직업은 공무원이었다.

그 배경을 쉬 씨는 이렇게 생각한다.

"대만에는 고등교육기관이 적었을 뿐만 아니라, 취직도 쉽지 않았기 때문에 일본인과 급여차별도 있었습니다. 그래서 일본인과 동등한 대우를 받을 수 있는 만주로 간다는 흐름이 생긴 것이죠."

또 대만 출신으로 만주국 초대 외교부총장(외무부장관)을 역임한 셰 제스(謝介石)에 끌려 만주로 간 젊은이들도 많았다고 한다.

쉬 씨는 만주에서 돌아온 약 50명에게서 이야기를 들었다. 그렇지만 그들의 입은 무거웠다. 셰 제스가 전후는 '한젠(漢奸, 중국의 배신자)'으로 취급되었듯이 신변의 위험이 있었기 때문이다.

그중 한 사람으로 1938년에 개교한 만주국 최고학부 젠꿔(建國)대학을 1기생으로 졸업한 리 슈이칭(李水淸) 씨를 만날 수 있었다.

"입학했을 때는 오족협화의 이상에 불타 있었죠. 동창생은 지금도 형제처럼 사이가 좋습니다." 매끄러운 일본말이었다.

가난했던 리 씨에게 학비나 생활비가 안 들고 용돈까지 나오는 젠꿔대학은 선망의 대상이었다. 학생은 일본인, 중국인 외에 조선인, 러시아인, 몽골인 등이 있었으며, 기숙사에서 6년간 함께 생활했다. 그러나 식사를 할 때마다 일본인에게는 쌀을, 중국인에게는 수수를 주는 만주국의 차별에 분노하지 않을 수 없었다.

하지만 3기생이 입학한 1940년경부터 정국이 동요하기 시작하여 오래 지나지 않아 붕괴상태가 되었다는 것이 리 씨의 설명이다. 일본이 영국과 미국을 상대로 개전한 1941년 말에는 관동군에 의한 사상탄압 사건이 일어나 옥사한 젠꿔대학생도 있었다. 전후에는 젠꿔대학의 후배가 2·28사건으로 학살당해 이 씨도 2년 반 동안 옥중생활을 해야만 했다. 그럼에도 리 씨는 젠꿔대학에 가기를 잘했다고 생각하고 있다.

"다른 민족과 함께 있으면서 입장을 바꿔 사물을 바라보는 자세를 배웠습니다."

하지만 그것은 대학 안에서의 이야기였다. 바깥의 만주국은 모순투성이였기 때문이다. 행정의 상층부에는 중국인이 기용되었지만, 그것은 이름뿐이었고 실권은 그 밑의 일본인이 쥐고 있었다. 만주국에는 원래 국적법이 없었기 때문에 법적으로 '만주국민'은 한 사람도 없던 일이 된다. "일반합병으로 넘어갈 생각으로 그랬던 거겠죠." 리 씨는 아무렇지도 않다는 듯 이렇게 말했다. 그러니 만주국이 이미 일본의 식민지였던 조선이나 대만과 깊은 연관을 가지게 된 것도 전혀 이상하지 않았다.

여기서 소개하지 못한 사람을 포함해 당시를 산 많은 사람들에게서 들은 말이 있다. 쑨 지우 씨가 말한 일본인의 '우월감'이다. 그런 감정을 바탕으로 한 '오족협화'는 거짓으로 끝날 수밖에 없었을 터이다.

외국인과 함께 사는 사회를 어떻게 만들어나가면 될까? 그 답을 찾을 때 우선 마음속 어딘가에 이민족과 이문화를 멸시하는 마음이 없는지부터 점검해보고 싶은 생각이 들었다.

(쿠마모토 신이찌)

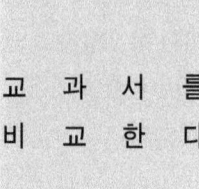

각국의 서술 분량과 특징은?	
	만주사변과 '만주국'
일본	「일본의 중국침략」 항목에서 약 1면 분량으로 설명. 사변에 이르게 된 내외의 정세는 4면으로 상세하게.
중국	1면 반을 할애해서 설명. '위만주국'이라는 표현으로 일본의 괴뢰국가였음을 강조.
한국	자국사에서는 취급하지 않고 세계사에서 3줄.
대만	1928년부터의 「내우외환」에서 1면. '위만주국'에서 '만주국'으로 표기가 변함.

일본

중국에 대한 '침략'으로 표현

『새로운 사회 : 역사』(토오꾜오서적)은 만주사변과 만주국 건국에 관해 1면을 할애한다.

만주의 일본권익을 확보하기 위해 만주를 중국에서 분리할 것을 주장하던 현지의 군부(관동군)는 1931년 9월 18일, 펑톈 교외의 류탸오후에서 만주철도의 철로를 폭파하고는, 이를 계기로 군사행동을 개시했습니다(만주사변). 만주의 주요부를 점령한 관동군은 1932년 3월, 청조 최후의 황제 푸 이를 원수로 하는 만주국을 건국하여 실질적으로 지배했습니다.

이후 국제연맹이 만주국 건국을 인정하지 않고 일본군의 철수를 요구한 데 반발하여 일본이 연맹을 탈퇴한 일이나, 파시즘국가 독일 등과 동맹을 맺었다는 사실, 수상 습격사건 등이 연이어 일어나 군부의 정치적 발언이 강화된 것 등을 설명하고 있다.

이 경과를 정리한 항목에는 「일본의 중국침략」이라는 제목이 붙어 있다. 1980년에 제기된 교과서 문제에서는 일본의 전쟁행위나 식민지지배를 '침략'이라고 표현할 것이냐의 문제가 초점이었지만, 이 출판사의 와따나베 노리오 사회편집부장은 "현재는 타국의 영토나 주권을 침범한 행위를 '침략'이라고 표현하고 있다"라고 말한다.

참고로 여러 열강들에 의한 식민지 분할에 관해서도 '구미열강의 침략'이라는 표현이 쓰이고 있다.

만주사변에 이르는 국내외 정세에 관해서는 4면을 할애한다. 세계공황이나 블록경제화, 이딸리아와 독일에서의 파시즘의 대두 등을 설명한 뒤, 일본에서도 공황이 일어나 정당정치가 막다른 골목에 다다랐다고 서술한다.

만주의 항일운동이나 일본에서 건너간 개척단은 얇아진 현행판에서는 다루지 않았다. 대신 푸 이가 일본군인들에게 둘러싸여 있는 사진을 실어 괴뢰국가의 실태를 시각적으로 전달하고 있다.

9·18사변 설명에 1면 반

인민교육출판사의 역사교과서 『중국역사 8년급』에서 만주사변을 「중화민족의 항일전쟁」이라는 단원의 서두에서 다룬다. 여기서부터 중국인민의 '항일전쟁'이 시작됐다는 입장이다.

이는 일본의 학습지도요령에 해당하는 역사과정표준에 충실히 따른 내용기술이다. 중국에서 만주사변은 '9·18사변'이라 불리며, 역사과정표준에서는 "'9·18사변'의 사실을 약술하고 그 이후 중국에서는 국부적인 항전이 시작된 것을 학습"할 수 있게 하라고 나와 있다.

교과서에서는 「잊어서는 안될 9·18사변」이라는 제목으로 1면 반이 할애되어 처음부분에 다음과 같이 적혀 있다.

> 일본침략군은 계획적으로 류탸오후사건을 일으켰으면서, 중국군이 철도를 파괴했다고 억지를 부리고 이를 구실삼아 중국 동북군(東北軍)이 주둔하던 빼이따잉(北大營)에 침공하여 선양성을 포격했다. 9·18사변이 발발한 것이다.

일본의 교과서가 만주사변에 이르는 국제정세를 친절히 설명하는 데 반해, 중국의 교과서에는 그런 기술이 전혀 없다. 중점을 두는 것은 (1) 일본측 모략에 관한 상세한 설명 (2) 장 제스가 동북군에 저항하지 말라고 명령했기 때문에 동북부가 점령된 점 등의 두 가지이다.

또 '만주국'은 중국에서 '위만주국'이라 불리고 있는데, 일본의 '만주국' 건국을 다음과 같이 설명하고 있다.

> 동북부가 함락된 후 1932년 일본은 이미 퇴위한 청조 마지막 황제 푸 이를

추대하여 창춘에서 위만주국 괴뢰정권을 세워 동북부를 중국에서 분리하려 했다. 일본침략자의 탄압 아래 동북부 3천만 동포는 굴욕적인 망국의 노예생활을 겪은 것이다.

한국

세계사에서 3줄로만 기술

만주사변이나 '만주국'은 국사에서는 다루어지지 않고, 세계사를 가르치는 『사회 2』에서 설명된다. 금성출판사 교과서를 보면 「전체주의와 제2차 세계대전」이라는 항목을 통해 역사의 큰 흐름 속에서 인식하는 것이 특징이다. 3줄 정도의 기술에서 '만주국'은 다음과 같이 등장하는데, 만주사변이라는 말은 나오지 않는다.

일본에서는 군부가 정권을 잡고 침략전쟁을 감행하는 등 군국주의체제를 강화했다. 일본은 만주를 점령하고 만주국을 세운 후, 중일전쟁을 일으켰다.

취재에 응해준 디딤돌출판사의 교과서도 일본의 침략양상을 나타낸 지도를 싣고 만주국도 기술하고 있지만, 만주사변에 대한 설명은 없었다.

김육훈 태릉고교 교사는 "교과서는 지면이 한정되어 있기 때문에 역사의 흐름을 크게 잡을 수 있는 것이 중요하다. 이 시대는 제국주의나 파시즘에 대항하여 여러 민족이 어떻게 싸웠는지에 초점을 맞추었다"라고 집필의도를 밝혔다.

좀더 상세한 고교 세계사 교과서에서는 '만주사변'도 나온다. 금성출판사의 교과서에는 다음과 같이 씌어 있다.

일본은 장 제스가 북벌에 힘을 쏟고 있을 때 세 번에 걸쳐 산둥에 출병함으로써 방해했고, 만주사변을 일으켜 중국 북동부를 점령한 후 괴뢰정권(만주국)을 건국했다.

한국의 역사에서 보자면 '만주'는 항일독립운동의 거점으로서 중요했다. 그러므로 국사 교과서에는 만주사변의 설명은 없어도 "독립전쟁은 만주와 중국본토를 근거지로 하여 일제가 패망할 때까지 끊임없이 전개되었다" "일제의 중국 침략이 거세어지면서 만주지역 독립군 활동은 크게 제약을 받게 되었다" 등으로 서술되어 있다.

대만

'위만주국'이 '만주국'으로

대만 교과서에서는 만주사변과 만주국에 관해서 중국사 및 세계사에서도 유럽전선에 호응한 일본의 중국침략의 일환이라고 인식한다.

널리 사용되는 난이서국의 『국민중학: 사회』는 「10년 건설기의 내우외환」의 항목에서 1면을 할애한다. '10년 건설'이란 1928년 장 제스에 의한 북벌·통일의 완성에서 항일전쟁이 일어난 37년까지를 가리키는 것으로, 교과서에서는 '10년 건국' '황금의 10년'이라고도 불린다. 그간의 '내우'란 공산당의 세력확대이며, '외환'이 9·18사변(대만에서의 만주사변에 대한 호칭)인 셈이다. 주된 기술은 다음과 같다.

일본이 선양성을 포격한 것이 9·18사변이다. 이듬해 일본은 동북지방 전역을 점령하여 퇴위한 청의 황제 푸 이를 옹립하여 만주국을 만들어, 괴뢰정권을 이용해 중화로 중화를 제압하는 정책을 폈다.

또 세계사에서는 「제2차 세계대전」의 '조사학습' 항목에서 "일본은

1931~37년 사이에 어떻게 중국침략을 자행했는지 생각해보자"라는 과제를 제시한다.

예전 대만 교과서나 현재 중국 교과서와 비교해봤을 때 두드러진 변화는 '만주국'의 표기이다. 1983년 역사과정표준에 기초한 교과서에서는 '위만주국'이라고 표기되었으나 현재는 '위'가 사라졌다.

난이서국 교과서 편집지도위원인 저우 후이민 정치대학 역사학부 교수는 "9·18사변은 일본의 중국침략 시작으로서 중요한 사건이지만, 국민당은 만주국을 인정하지 않았기 때문에 교과서의 기술은 적었다"라고 설명한다.

현재의 교과서에는 푸 이가 일본군인이나 고급관료에게 둘러싸인 기념사진에도 '만주국'이라는 제목이 붙어 실려 있다. 저우 교수는 "1933년에는 많은 대만인이 만주국에 돈을 벌러갔다"라고 말하면서, 대만역사에서 봐도 만주국의 존재가 중요하다고 지적한다.

구 만주 땅에 남겨진 '잔류고아'를 둘러싸고 일본에서는 국가 책임 문제가 대두되었다. 한편 중국사람들의 눈에는 다른 상황으로 받아들여진다.

기   억   을
만 드 는   것

중국에서 본 잔류고아*

'민족의 관용'을 보여주는 역사

1981년 4월, 중국 공산당 기관지 『인민일보(人民日報)』에 한 기고문이 실렸다.

중일우호협회 고문인 자오 안뽀(趙安博) 씨가 쓴 「전후, 중국에 남은 일본고아를 생각한다」라는 글로, 이것이 중국 주요 미디어가 처음으로 일본인 잔류고아 문제를 해설한 기사이다.

---

* 잔류고아 : 패전시 중국 동북부(구 만주)에 살고 있던 약 155만명의 일본인 중 구소련군 침공 등의 혼란 속에서 친족과 사별하거나 중국인에게 구조되어 중국에 남겨진 어린이들을 말한다. 후생노동성은 패전시 대략 13세 미만이었던 사람을 '잔류고아'로, 13세 이상이었던 여성을 '잔류부인'으로 규정하고 있다. 1972년 중일국교정상화 이후 귀국한 잔류고아는 약 2,500명이다. 귀국 후 고아들은 일본어 습득의 문제 등으로 경제적인 자립이 어려웠고, 생활보호 대상자가 된 사람도 많다. 국가가 귀국과 자립에 대한 신속한 지원을 방기했다는 이유로 2002년부터 전국 각지에서 국가배상청구소송이 일어났다. 2007년 7월 고아들과 여당 자민당(自民黨)이 새로운 자립지원책을 실시하는 것에 합의하여, 2007년 11월 28일 개정 중국잔류방인(邦人)지원법이 만들어졌다.

기사는 그해에 시작된 일본인 잔류고아의 친지 찾기 방일조사 소식을 전하며 이렇게 결론을 맺는다. "나는 많은 중일의 친구들이 이해해주고 있다고 생각한다. 고통스러운 전쟁의 시대에 중국인민이 일본인민에게 보여준 깊은 정은 중일우호의 좀더 진전된 발전에 지극한 의의가 있음을 말이다."

이후 중국에서 이 문제는 중일우호의 중요함을 호소하는 것으로 반복·강조되어왔다.

패전시 구 만주에 있던 약 155만명의 일본인 중 20만명 이상이 배고픔과 추위로 사망했다. 일본이 비참히 철수한 기억은 중국에서 잔류고아에 대한 '민족의 관용'을 표하는 역사와 표리를 이룬다.

"전후 2,808명의 일본어린이들이 중국에 남겨져 고아가 되었다. 전쟁에 의한 상처를 간직한 중국인이 그들의 목숨을 구했다." 2007년 4월, 일본을 방문한 원 자빠오 수상은 중국 국내에 생중계된 국회연설에서 이렇게 말했다.

중국 헤이룽장성 하얼삔의 잔류고아 관련 연락조직인 '중국 하얼삔시 일본 유화(留華)고아 양부모 연의회(聯誼會)'의 이사장 천 잉제(陳英潔) 씨는 누나가 잔류고아였다. 천 씨는 이렇게 강조한다.

"당시 왜 중국인은 일본아이들을 양자로 삼았는가? 나도 많은 사람들한테 물어봤다. 아이들에게는 죄가 없다. 정말 불쌍하게 생각해서 그랬던 것이다."

이러한 중국 당국의 자세나 관계자의 생각에도 불구하고, 중국인 잔류고아 문제에 대한 관심은 결코 높지 않다. 중국에서 이 문제에 대한 보도는 활발하다고 할 수 없으며, 특히 고아들이 육친과 재회하는 장면이 중국 텔레비전에서 방영되는 일은 이례적이라 할 수 있다.

잔류고아 문제를 다룬 뻬이징 여우뗸(郵電)대학의 왕 환(王歡) 교수(사회

일본에 귀국한 잔류고아가 중국 양부모에게 감사의 뜻을 담아 1995년에 중국 하얼삔시 교외 팡정현(方正縣)에 세운 '중국 양부모 공묘'. 이 현에서 종전 직후, 많은 일본의 개척단 관계자가 죽은 것으로 알려진다. 아사히.

심리학)는 자신의 저작에서 그 이유를 "중국인 입장에서 보자면, 그것은 자존심을 건드리는 문제일 수도 있기 때문"이라고 설명한다.

귀국한 잔류고아는 눈물을 흘리면서 기쁨을 표현한다. 일본인에게는 감동적인 장면이지만 많은 중국인의 심정은 복잡하다는 것이다. "그럼 중국은 지옥이었는가? 우리 중국인은 그렇게도 당신들에게 나쁘게 대했는가? 당연히 민족감정이 표출돼 거부감이 든다."

적지 않은 고아들이 귀국 후에는 중국과의 연락이 소원해졌다고 한다. "고아들의 일본 생활은 쉽지 않다. 자존심도 있고 연락하는 것이 쉽지만은 않을 것이다. 그렇지만 중국에서는 '풍요로운 곳에 가니 우리를 잊었구나' 하고 느끼는 사람이 있다."

중국에서 잔류고아 문제에 대한 연구가 본격화한 것은 1990년대 후반에 들어서라고 한다.

2005년 랴오닝사회과학원 역사연구소의 장 즈쿤(張志坤) 연구원과 꽌야신(關亞新) 부연구원이 정리한 『일본 잔류고아 조사연구』(사회과학 문헌출판사)는 중국에서 학적인 시점으로 이 문제를 정리한 최초의 본격적인 연구서라 평가받는다. 중국 정부계열의 싱크탱크인 중국사회과학원이 정부의 위탁을 받아 시작한 역사연구 프로젝트의 일환이다.

"일본인 잔류고아의 역사는 세계사에서 드문 현상이 아닌가? 이 정도

중일 국교정상화 35주년을 기념해 9월 21일 『인민일보』가 게재한 잔류고아 특집 기사. '그 은혜는 산과 같이 무겁고, 그 정은 바다와 같이 깊다'라는 표제이다. 아사히.

수의 패전국 어린이들을 악감정 없이 양자로 삼는다는 것이 쉬운 일이 아니다"라고 장 씨는 말한다.

주된 연구대상으로 고른 것은 귀국하지 않고 양부모와 중국에 남은 잔류고아들이었다. 중국에서 이 문제가 다뤄질 때 양부모에 대한 시선이 항상 근저에 깔려 있다.

"중국의 양부모가 다들 생활이 어려워서 빈곤하게 사는 것은 아니다. 더 큰 문제는 정신적인 고독이다. 늙은 그들은 아이가 자주 자신들을 만나러 올 것을 기대하고 있다. 어떤 식으로든 지원이 필요하다."

이 연구서에는 일본인에게서 직접 아이를 맡았을 때 돈을 받았다는 양부의 증언이나, '아이가 생기지 않아서' 고아를 맡은 양모의 이야기도 나온다.

중국에서는 노후에 아들딸에게 부양받는 것을 행복이라 여기는 전통적인 가치관이 강하다. 중국측 지원 관계자는 "중국인은 일본으로 떠난 고아들보다, 고아들을 떠나보낸 양부모들의 생활을 더 동정하고 있다"라고 말한다.

꽝뚱성의 지방지 『난팡도시보(南方都市報)』는 2005년 3월 「양부모는 고독 속에서 죽어간다」라는 기사를 실었다. 이 속에서 창춘에 사는 81세의 양모는 "나는 일본군에게 배를 차여 유산했다. 죽을 때까지 잊지 못한다. 그래도 고아가 된 어린 여자아이를 봤을 때, 증오심은 머리에서 사라졌다. 내가 돌보지 않으면 이 아이는 죽는다고 생각했다"라고 말한다. 1990년 일본에 간 딸은 매년 '귀향'하고 있지만, 한번에 머무를 수 있는 기간은 길지 않다. 양모는 '쓸쓸하게 생활하고 있다'라고 기사는 전했다.

원 자빠오 수상은 일본에서의 연설에서 고아들이 양부모에게 감사하고 있다는 사실도 언급하면서 다음과 같이 고아들의 말을 읽었다. "우리는 양부모의 인도정신과 자비에 마음속 깊이 감사하며 이 은혜를 영원히 잊지 않는다."

(선양, 후루야 코오이찌古谷浩一)

중일**전쟁**

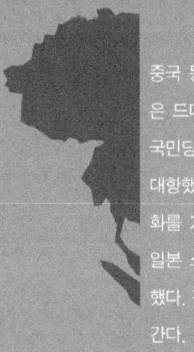

중국 동북부에 '만주국'을 건설한 일본
은 드디어 중국과 전면충돌을 시작한다.
국민당정부와 중국 공산당은 손을 잡고
대항했다. 일본의 침략전쟁은 중국에 참
화를 가져왔지만, 임기응변식의 진군은
일본 스스로 파국으로 향하는 길이기도
했다. 전선은 결국 중국을 넘어서 확대돼
간다.

1. 중국과 세계의
   변화를 오인한
   전쟁

중일전쟁

1937년 7월부터 거의 8년간에 걸친 일본의 중국침략전쟁. 현재의 뻬이징 교외에서 일어난 루꺼우차오사건을 계기로 전면전 양상을 띠다가 1941년에는 아시아·태평양전쟁으로 확대된 후 1945년 일본의 포츠담선언 수락과 무조건 항복으로 끝이 났다.

그 사이 일본은 중국에 최대 100만명의 병력을 파견했다. 양국의 사망자수는 정확히 알 수 없으나, 일본군 사망자의 누계는 약 45만명 정도이다. 중국측은 1931년의 만주사변부터 1945년까지를 항일전쟁으로 규정하고, 중국의 군인과 민간인 사망자가 '3,500만명 남짓'이라는 정부의 공식견해를 밝히고 있다.

'만주국'을 세운 일본은 남부의 화북5성에서도 장 제스가 이끄는 국민당의 영향을 제거하려고 분단공작을 펼쳤다. 한편 중국측은 국민당과 공산당이 '일치항일(一致抗日)'을 목표로 내전을 멈춘 상태였다. 루꺼우차오사건이 일어나자 당초 확대불가 방침을 세운 제1차 코노에(近衛)내각은 군부 먼저 파견을 늘리기로 결정했고, 중국측은 철저한 항전에 돌입했다. 일본은 처음에는 '북지사변(北支事變)', 나중에는 '지나사변(支那事變)'으로 부르며 선전포고를 하지 않았다. 이는 미국의 중립법 적용을 초래해 군사물자의 수입이 끊기는 것을 두려워했기 때문이다.

8월에는 상하이에서 전투가 벌어졌는데, 이를 제압한 일본군은 직전 수도 난징으로 진격하여 12월 13일에 점령하기에 이른다. 이를 전후하여 병사든 민간인이든 관계없이 학살을 자행한 '난징대학살'이 일어났다. 이뿐만 아니라 일본군은 독가스나 세균 사용, 인체실험, 성폭력 등 비인도적인 행위를 거듭했으며 무차별 폭격도 자행했다.

국민당정부는 난징에서 충칭으로 수도를 옮겨 항전을 계속했고, 공산당의 팔로군(八路軍)도 게릴라전으로 일본군과 싸웠다. 전쟁금지를 결정한 빠리조약이나 9개국조약에 아랑곳하지 않는 일본의 전쟁은 국제사회의 비난을 받았지만, 일본은 1941년에 대(對)영미 개전으로 전선을 확대해갔다.

아주 젊은 부관장이라고 생각해서 나이를 물었더니 37세라고 한다. 뻬이징 교외, 중국 인민항일전쟁기념관의 어느 방에서 대면한 리 쫑위안(李宗遠) 씨이다. 관장도 올해(2007년)로 47세, 필자와 같은 나이임을 알고 좀 놀랐다. 인민항일전쟁, 일본에서 말하는 '일중전쟁'의 기록과 기억을 계승하여 대외적으로도 설명하는 중요직책을 이제 30, 40대가 차지하고 있는 것이다.

종전한 지 62년이나 지났으니 당연한 일이기는 하지만, 더 연배가 있는 사람을 상상했다. 하기야 직전의 중국공산당대회에서 50대의 두 사람이 최고지도부에 들어간 것을 상기해보면, 여기저기서 세대교체가 이루어지고 있음을 알 수 있다.

항일전쟁은 오랜 일본의 침략에서 민족을 지키기 위한 투쟁이었으며, 세계적 관점에서 보자면 평화를 실현하는 싸움이었다. 물론 리 씨는 그러한 중국의 이른바 공식견해도 반복했지만, 필자의 질문에 그러한 상투적 대답만 한 것은 아니었다.

항일전쟁에 동원된 중국민중을 실증적으로 추적하는 것도 필요한 일이 아닌가? 최근 일본의 연구서를 예로 들면서 내가 질문하자, 리 씨는 그 필요성을 인정하면서 "중국에서는 그런 연구가 있을지 모르겠다. 일본에서 책이 나왔다면 꼭 읽어보고 싶다"라고 말한다. 무조건 일본이 나쁘다

중일전쟁 당시의 동아시아.

고 일축하는 것도 아니고 비꼬는 말투도 아니었다.

내가 염두에 둔 것은 사사까와 유우지(笹川裕史) 사이따마(埼玉)대학 교수 등이 쓴 『후방의 중국사회(銃後の中國社會)』였다. 지금까지 별로 주목받지 못했던, 중일전쟁하의 중국측 총동원체제를 추적한 책이다. 다소 성급하게 정리하자면, 일본의 침략이라는 사실을 전제로 역사적 사실로서의 중일전쟁이라는 전체상을 틀 짓는 작업이라 할 수 있다.

이 기념관에서는 전시가 2005년부터 조금 바뀌었다. 대체로 공산당의 투쟁으로 묘사되어온 전쟁이었지만, 여기에 장 제스가 이끄는 국민당정부군의 설명이 조금이나마 더해진 것이다. 리 씨는 초등학교 시절 국민당정부군은 항일전쟁에 소극적이라고 배웠다면서 "그것은 올바른 것이 아니었다. 그 역할은 적극적이었다고 지금은 평가되고 있다"라고 했다.

세대교체중인 중국, 새롭게 단장한 기념관

미묘한 변화는 난징에서 확장공사가 진행중인 난징대학살기념관에서도 감지되었다. '대학살기념관'이 아니라 '평화기념관'이라고 개칭하는 안이 내부에서 제기되었다고 여러 관계자들이 말했다. 하지만 학살이 있었다는 사실 자체를 부정하는 목소리가 일본에 존재하는 한은 어림도 없는 일이며, 시기상조라는 의견에 따라 보류되었다고 한다.

새롭게 단장한 난징대학살기념관은 사건이 있은 지 70년이 지난 2007년 12월에 개관했다. 난징사범대학에서 만난 장 롄홍(張連紅) 교수는 "서로 부정적인 유산을 제대로 바라보고 미래를 향해 평화로운 관계를 구축하는 일이 중요한데, 그렇게 되는 순간 이 기념관의 명칭도 변화할 것"이라고 말한다. 참고로 이 대학의 난징대학살연구쎈터의 주임을 맡고 있는 장 씨도 막 40대에 접어든 사람이다.

'세대교체'는 중국의 도시들에서도 진행중이다. 2008년 올림픽을 위해 땀을 흘리고 있는 뻬이징은 말할 것도 없고, 이제 7백만의 도시가 된 난징에서도 곳곳에 고층빌딩 건설이 한창이다. 원래 물과 녹색이 아름다운 고도(古都)지만, 시의 중심부는 분진 때문인지 마스크가 필요할 정도였다. 일본기업도 속속 진출하여 난징시 세수의 30%를 외국계 자본이 점하고 있다.

국제도시의 전투를 통해 '일본의 횡포'에 주목을

생각해보면 무척이나 무모한 전쟁이었다.

발단은 1937년 7월 7일 루꺼우차오 부근에서 일어난 중일 양군의 작은 충돌이었다. 지금은 뻬이징 중심부에서 차로 40분 정도 떨어진 곳에 위치한 인민항일전쟁기념관은 다리를 건너 바로였다. 다리를 따라 뻬이징올

장 제스. 중국 저장성(浙江省) 태생. 이름은 '중정(中正)'으로, 제스(介石)는 성년이 된 후의 이름이다. 일본에 유학한 후, 쑨 원의 신해혁명에 참가했다. 1928년 난징 국민당정부의 최고지도자가 되었다. 외국과 싸우려면 우선 국내의 안정이 필요하다는 '안내양외(安內攘外)'를 내걸어, 중국 공산당과의 내전을 우선시했다. 그러나 1936년 12월, 항일을 위해 내전중지를 요구하는 장 쉐에량 등에 의해 시안에 감금되었다(시안사건). 공산당에서 파견한 저우 언라이 등의 설득으로 요구를 받아들이고 난징에 무사히 귀환했다. 국민당정부군을 인솔하여 공산당과 함께 일본군과 싸웠다. 일본이 패전한 후, 1949년 공산당과의 내전에서 지자, 대만으로 피해 사망할 때까지 초대 중화민국 총통을 맡았다.

림픽 마스코트 그림으로 벽을 장식한 작은 가게들이 있었는데, 과거와 미래의 기묘한 동거를 그리고 있는 듯했다.

누가 먼저 발포했는지에 대해서는 지금도 여러가지 설이 있다. 틀림없는 사실은 그곳이 중국이었으며, 일본군이 야간훈련을 끝냈을 때 일어났다는 것이다. 일본은 1900년 의화단사건에 열강으로 개입한 이래 '지나주둔군'을 두고 있었다.

근대화에서 앞선 일본은 어느 모로 보나 국가의 틀을 세우지 못한 중국 따위는 일격으로 무릎꿇게 할 수 있다고 생각 하고는 전선을 확대해갔다. 결국 파국으로 향한 것이다. 통수권을 무기로 삼은 군부의 독주, 그 군 내부에서조차도 분열된 의견, 눈앞의 일에만 매달린 '점과 선'의 진군. 이유는 여러가지 있지만 가장 큰 원인은 중국에서 높아져가던 내셔널리즘과, 국제사회의 움직임을 모두 오인한 데 있다.

청일·러일전쟁에서 승리한 이후 '대중국 21개조 요구'부터 만주사변, 그리고 '만주국' 건설에 이르기까지 일본은 멋대로 설쳐댔다. '만주국'뿐만 아니라 주변 5성을 지배하려고 획책하기도 했다. 일본 국내에서도 청일전쟁 이래 중국인 멸시가 극에 달한 시기이기도 했다.

누구나 참는 데 한도가 있다. 당시의 일본은 이렇게 생각하지 않았던 것 같다. 그러나 뒤처진 사람들이라며 일본이 깔본 중국은 사실 그렇지 않

중일전쟁의 계기가 된 사건이 일어난 루거우차오. 뻬이징 교외에서 아사히.

았다. 각지에 흩어진 지방군벌의 지배를 지탱해주던 화폐제도 하나를 보더라도 중국은 영국의 도움으로 통일하여 근대화의 길을 걷던 중이었다.

격렬하게 싸우던 장 제스의 국민당정부군과 공산당이 거짓말이라도 '항일'로 보조를 맞추게 된 시안(西安)사건은 중일전쟁이 발발하기 한해 전에 일어났다.

루꺼우차오에서 발발한 전쟁은 샹하이까지 번졌으나, 중국측은 국제도시에서의 전투로 '일본의 횡포'에 세계의 이목을 집중시키려는 의도가 있었다. 이미 전쟁금지를 결정한 빠리조약도, 중국의 주권을 존중하는 9개국조약도 있었다. 제1차 세계대전의 가공할 만한 참상을 겪으며 세계는 어떻게든 전쟁을 피하자는 흐름을 따르고 있었다. 그렇지만 늦게 찾아온 제국주의로 인해 일본은 두 조약 모두에 조인했으면서도 시대착오적인 제국주의로 돌진했다.

개전 때의 수상은 코노에 후미마로(近衛文麿)였다. 국민적 인기를 업고 그 자리에 막 오른 시기였다. 하지만 코노에는 확대불가 방침을 주장하면서도 아무것도 할 수 없었으며, 결국은 군부를 추인하면서 시대의 흐름에 역주행하고 말았다. 훗날 그는 수기에 이렇게 적고 있다.

"당시 그런 사건이 일어난 사실은 정부측 인사뿐만 아니라 누구도 전혀 알 수 없었다. 육군성도 전혀 몰랐고 모두 현지의 책략에 의한 것이었

9개국조약: 1922년 2월 미국의 발의로 열린 워싱턴회의에서 미국, 영국, 프랑스, 이딸리아, 네덜란드, 벨기에, 포르투갈, 그리고 중일 양국 등 총 9개국이 중국의 영토보전과 정치적 독립의 존중, 문호개방, 기회균등 등을 확인하고 체결한 조약. 무력에 의해 중국에서 새로운 권익을 확보하는 일은 하지 않겠다는 약속으로, 일본의 진출을 견제하려는 목적과 더불어, 구미제국주의의 변화를 나타내는 것이었다.

다."

"힘이 모자랐음에도 중국 전체가 전장이 되었고, 그 결과 국민 또한 까닭없는 출사(出師)로 고통받았다."

'출사'란 '출병(出兵)'을 말한다. '까닭없는' 출병. 하지만 샹하이에서 난징, 나아가 한커우(漢口)로 이어진 전선에서 제대로 된 보급품도 없이 '현지조달'로 충당해야만 했기에 일본군이 가는 곳곳마다 주민들은 비참한 꼴을 당할 수밖에 없었다. 필자는 중국전선에 투입된 옛 일본군 병사와 난징대학살에서 살아남은 노인을 만났는데, 들으면 들을수록 지옥이 따로 없었다. 그렇지만 신문은 황군(皇軍)의 진격을 나날이 선동했고, 국민은 전쟁의 결과에 취해버렸다.

전쟁 초기에는 진흙탕 싸움으로 번지는 것을 피하려는 움직임이 일본에서도 없지 않았다. 하지만 주중국 독일대사 트라우트만(Trautmann)을 통한 화평공작 등의 시도는 눈앞의 전쟁결과와 뿌리깊은 낙관으로 인해 좌절되었다. "국민당정부를 상대하지 않는다"라고 성명으로 발표할 지경이니, 계획성도 무엇도 없었던 것이다.

미국과 중국의 접촉에 초조해진 일본

중일전쟁의 진행을 따라가다보면 무궤도로 진군한 일본이 입을 다물

코노에 후미마로(1891~1945). 중일전쟁에서 1945년 패전에 이르기까지 3번 수상을 역임했다. 공작 코노에 아쯔마로(近衛篤麿)의 장남으로 태어나, 귀족원 의장 등을 거쳐서 1937년 6월 제1차 코노에 내각을 발족시켰다. 직후부터 시작된 중일전쟁에서 전선을 확대해, 난징을 공략한 다음 달인 1938년 1월 "이후 국민당 정부를 상대하지 않는다"라는 성명을 내고 평화의 길을 닫아버렸다. 같은해, 국가 총동원법을 수립해 전시 통제경제를 추진하고, '동아 신질서'를 주창한 제2차 코노에 성명을 발표했다. 1940년 제2차 내각에서는 대정익찬회(大政翼贊會)를 결성하는 한편, 독일·이탈리아와 삼국동맹을 맺었다. 제3차 내각에서 미일 평화교섭에 실패하여 총사직한다. 전후, A급 전범 용의로 출두를 명령받아 음독자살했다.

지 못할 정도로 한심한 생각이 들지만, 일본에서는 그 전쟁을 정당화하는 주장이 끊이지 않았다. 특히 정계에서 그러한 주장은 지금까지 중일간 갈등의 불씨가 되어왔다. 양국간 역사문제의 핵심인 셈이다.

이를 걱정하는 사람 중 하나인 자민당 노다 타께시(野田毅) 중원의원(衆院議員)은 특히 아시아, 더더욱 중국에 대해 "적어도 대중국 21개조 요구부터 명백히 일본의 침략적 행위가 전면에 나타났다"라고 말한다. 일본측이 그렇게 주장한 이유가 있었다 하더라도, 그것은 학문의 장에서 검증해야 하는 문제이지, 정치의 장에서 주장할 문제는 아니라는 것이다.

코이즈미 준이찌로오 수상의 야스꾸니신사 참배로 재연된 중일, 그리고 한국을 포함한 역사문제는 일본군의 위안부 문제를 둘러싸고 미국의 비판까지 받은 아베 신조오 정권을 지나 후꾸다 야스오(福田康夫) 정권이 되어서야 겨우 진정되는 것처럼 보인다.

앞으로는 어떻게 될까?

두 자릿수 성장률로 급속히 두각을 나타내고 있는 중국은 공산당대회에서 향후 5년의 신체제를 정리했다. 미국에서는 2008년 대통령선거에서 향후 4년의 신체제가 결정된다. 유력후보였던 민주당의 힐러리 클린턴(Hilary Clinton) 상원의원은 "미국과 중국은 21세기에 가장 중요한 양국관계를 구축할 것"이라고까지 단언했다. 정치의 혼미함이 계속되는 일본은 "초조함에 가까운 내셔널리즘"(노다 의원)을 더욱 고조시킬 위험도 있다.

베이징이나 난징에서 내가 느낀 중국측의 여유로운 자세는, 단순히 세대교체에 의한 것은 아니었다. 중일전쟁을 둘러싼 인식은 중국에서 흔들리지 않는 것으로 남을 터이지만, 그렇다고 특별히 강조되지도 않을 것이다. 급격한 경제성장으로 내부에 균열을 안고 있는 와중에 쓸데없는 자극은 피하고 싶은 마음도 클 테니 말이다. 무엇보다도 자신감이 뒷받침되고 있어서 두렵다.

'가치관 외교'라는 말이 자민당에서 나왔다. 하지만 가치관이 다른 나라와 어떻게 사귀어나갈 것인지를 모색하는 것이 외교이다. 내셔널리즘을 전면에 내세워 변화해가는 중국과 세계를 일본이 다시 오인하는 일이 벌어진다면, 저 전쟁의 교훈은 도대체 무엇이었는가 하는 질문이 제기될 수밖에 없다.   (후꾸다 히로끼)

2. 작은 마을
작은 다리의
큰 역할

원장루트

장 제스가 이끄는 국민당정부에 미국·영국·소련 등이 군수품이나 석유 등의 지원물자를 보낸 루트. 미국은 당초 중립이었으나, 장 제스의 요청을 받아들여 차관을 제공했고, 일본군이 프랑스령 인도차이나에 진군하면서 전선을 넓혀감에 따라 중국에 대한 군사지원을 확대했다.

일본의 대영미 개전 후 구미열강의 식민지는 차례차례 일본군에 의해 점령되었나. 프랑스와 네덜란드는 이미 유럽전선에서 독일에 항복했고, 미국과 영국으로서는 중국의 저항을 유지시키는 것이 매우 중요한 일이 되었다. 이 때문에 물자제공과 작전협력의 양면으로 중국을 지지했다. 원장(援蔣)루트는 중국의 생명선이었기 때문에, 미국과 영국은 이 수송로를 지키기 위해 중국군과 합세하여 싸웠다. 그 최대의 공방이 윈난성(雲南省)과 버마에서 펼쳐졌다.

1942년, 장 제스는 미국 로우즈벨트 대통령의 제안으로 연합군의 중국전구(戰區)사령관으로 선출되었고, 전구참모장으로서 스틸웰(Stilwell) 장군이 미국에서 파견되었다. 일본과 중국의 전쟁은 이렇게 일본 대 중국·미국·영국이라는 구도로 확대되어간 것이다.

소련 또한 일소중립조약이 체결될 때까지 독자적으로 신장(新疆)지역 등에서부터 중국에 지원물자를 보냈다. 유럽에서 독일전에 전념하기 위해 일본군을 중국에 묶어두고 싶어했기 때문이라고 한다.

중국은 8년간에 걸친 일본군의 공격을 견뎌냈다. 어떻게 가능했을까? 그 수수께끼를 푸는 열쇠 중 하나는 뻬이징이나 난징에서 멀리 떨어진 윈난성의 작은 마을 작은 다리에 있다. 나는 그 다리에 가보았다.

"지금은 건기이지만 어제는 비가 왔습니다."

소수민족인 나시(納西)족 운전수가 핸들을 돌리면서 말한다.

도로 옆에는 종려나무, 고무나무, 바나나나무 잎이 흔들리고 있다. 도로를 따라 흐르는 작은 개천 저편은 버마다. 지금은 군이 정권을 잡고 있고, 국가명은 미얀마로 바뀌었다.

윈난성 서쪽 끝 루이리시(瑞麗市). 완띵(畹町)은 그 속에 있는 인구 약 1만명의 마을이다. 시가지에 완띵교가 있었다. 그 다리를 건너면 미얀마. 낡은 다리와 새로운 다리가 나란히 있다. 나무판으로 된 낡고 작은 다리는 통행금지였다. 전쟁중 이 다리를 통해 미국, 영국 등에서부터 대량의 물자가 중국으로 운송되어왔다. 장 제스가 이끄는 국민당정부를 지원하는 '원장루트'였다.

운명을 쥔 물자루트, 인도에서 공수하기도

전쟁의 불똥이 북방에서부터 샹하이로 번져 장 제스는 수도를 임시로

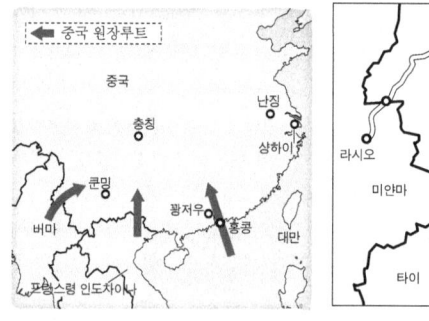

원장루트(좌).
몐몐도로(우).

난징에서 충칭으로 옮겼다. 오지를 거점삼아 지구전으로 가져가려 한 것이다. 여기에 좀더 안쪽에 위치한 윈난성 성도 쿤밍(昆明) 주변에는 병기공장 등이 있는 후방기지가 형성되어, 이들 지역에 지원물자를 운송하는 것이 장 제스 정권의 존속이 걸린 중요문제가 되었다.

국민당정부는 1937년 12월, 영국의 식민지였던 미얀마와 쿤밍을 잇는 몐몐(滇緬, '몐'이란 미얀마를 지칭한다)도로의 속성 공사를 시작했다. 쿤밍에서 완딩까지 약 960킬로미터였다. 그중 완딩에서부터 약 550킬로미터는 완전히 새로 도로를 닦는 것이었다. 높은 산을 넘고 넓은 강을 건너야만 했다. 주민 등 약 20만명을 동원하는 인해전술로, 3천명 이상이 목숨을 잃었다고 한다. 이듬해 8월에 완성되어 완딩교를 통해 미얀마 도로로 연결되었다. 거기에서 약 190킬로미터 떨어진 라시오(Lashio)부터는 철도가 다닌다. 즉 인도양에서부터 양곤(Yangon)을 경유하여 철도와 도로로 쿤밍, 충칭까지 운송할 수 있는 대동맥이 건설된 것이다.

원장루트는 여러개가 있었으나 일본군은 태평양에서부터 오는 길을 하나하나 끊어갔다. 1938년 10월 꽝저우를 점령하여 홍콩루트를 차단했고, 40년에는 프랑스령 인도차이나(현재의 베트남 등)의 북부로 진군하여 중국으로 이어지는 철로를 막았다. 그 결과 몐몐도로가 중국의 운명을 쥐게 되었다. 군수품이나 휘발유 등 한달에 수천통에서 1만통 이상의 물자가

프랑스령 인도차이나: 현재의 베트남 · 캄보디아 · 라오스 일대에 형성된 프랑스령 인도차이나연방을 말한다. 프랑스는 19세기 중엽부터 인도차이나에 출병하여 베트남 남부의 코치시나(Cochichina)를 영유했고, 베트남 북부의 통킹, 중부의 안남, 캄보디아를 보호령 · 보호국으로 만들었다. 베트남의 종주국이었던 청조와 전쟁이 일어났지만(청불전쟁), 그 결과 청조는 프랑스의 베트남 지배를 승인하게 된다. 프랑스는 1887년에 이들 영토에 보호령 · 보호국을 포함하여 인도차이나연방을 세우고, 이후 라오스까지를 편입시켰다. 프랑스 대통령이 임명하는 총독의 통치하에서 쌀이나 고무를 대규모로 재배하여 수출하는 플랜테이션이나 석탄생산에 힘을 쏟는 한편, 중국으로 이어지는 철도도 건설했다.

운송되었다고 한다.

태평양전쟁이 발발한 지 얼마 지나지 않은 1942년 1월 일본군은 버마에 진군했다. 국민정부군도 버마로 원정군을 파견하여 영국군과 함께 일본군을 맞이했다.

완띵에 사는 스 밍쿤(石明坤) 씨는 버마로 향하는 원정군의 광경을 기억하고 있다. 지나가는 트럭에 회색군복을 입은 남성병사들이 앉아 있었다. 배웅하는 마을사람들은 담배를 병사들에게 던져주었다. 많은 여성병사들을 태운 트럭이 오자 따뜻한 커피를 대접했다. 소녀였던 스 씨는 뚫어져라 처다보고 있었다.

"사람들이 커피를 주니까 여성병사들이 좋아했나요?" 하고 묻자, 스 씨는 고개를 크게 내저었다.

"아뇨, 아뇨. 기뻐하는 사람들도 있었지만 슬퍼하는 사람도 있었습니다. 지금부터 전쟁에 나가는 거니까요."

원정군은 패했다. 파견된 10만명 중 반수 이상이 사상했다고 한다. 버마의 각지를 점령한 일본군은 윈난성을 공격해 들어왔다. 스 씨는 회상한다. "산속 소수민족의 마을로 도망갔습니다. 그때부터 야생의 음식을 먹고 지냈죠." 4년 가까이 중국을 지탱한 몐몐도로도 결국 끊어졌다.

그러나 미중연합군은 새로운 전술로 나왔다. 물자를 인도에서 비행기

몐몐도로의 중국 쪽과 버마(지금의 미얀마) 쪽을 잇는 완띵교. 돌다리였는데, 나중에 철제다리가 되었다. 다리 중앙에는 쇠사슬이 걸려 있어, "중국과 미얀마의 국경을 넘어서는 안된다"라고 쓴 게시판이 있다. 다리의 저편으로 미얀마의 국기가 보인다. 중국 윈난성에서 아사히.

로 운송하기로 한 것이다. 히말라야산맥의 봉우리와 봉우리 사이를 지나, 대량의 군사물자를 운송했다. 조종이 어려운데다 악천후와 일본군 전투기에 의한 공격으로 약 600기를 잃었다고 한다.

1944년 봄, 중국·미국·영국은 인도와 윈난성 쪽에서부터 각각 일본군을 포위하는 식으로 반격에 나섰다. 그러면서 인도 동부의 레도(Ledo)와 완명을 잇는 도로를 건설하여 다시 새로운 원장루트가 생겼다. 중국으로의 보급은 계속되었으나 반대로 일본군은 충분한 보급을 얻을 수 없게 되어, 윈난성에서도 죽음이 잇따르는 비참한 결말을 맞이했다.

뻬이징의 루꺼우차오사건이 일어난 지 8년, 일본군은 결국 원장루트를 차단할 수 없었다.

완명 중심부에서 당시의 저우 언라이(周恩來) 수상과 버마 수상이 박수를 치면서 걷는 모습을 그린 큰 간판을 보았다. 중일전쟁의 종결로부터 11년이 지난 1956년 12월, 중국에서 열린 양국 변경주민 교류회에 참석하기 위해 누 정상이 완명을 방문했을 때의 광경이다. 양국의 우호를 노래한 시도 크게 적혀 있다. 조금 떨어진 곳에는 양국의 우호기념관도 있다.

이런 풍경을 보면서 최근 중국에서의 보도가 떠올랐다. 미얀마의 항구 도시에서 윈난성에 이르는 가스와 석유의 파이프라인을 건설한다는 내용이었다. 중동이나 아프리카에서 들여오는 석유를 미얀마 경유로 윈난성,

나아가 충칭으로 보내는 것이다. 그렇게 하면 어느 나라가 말라카해협을 봉쇄해도 중국은 석유를 확보할 수 있다. 중요한 전략적 의의가 있다는 보도였다.

원장루트는 아직 살아있다. 그런 느낌으로 완띵을 떠났다.

국민당 전투를 평가하는 조짐

쿤밍. 해발 189미터 고지에 위치한 인구 약 600만명의 도시이다.

중일전쟁을 연구하는 윈난대학의 쉬 캉밍(徐康明) 교수를 방문했다.

"(루꺼우차오사건이 있은 지 얼마 지나지 않은) 1937년 8월의 군사회의에서 윈난성 주석인 룽 윈(龍雲)이 뎬몐도로와 뎬몐철도 건설을 제안했습니다. 장 제스가 이에 찬성하여 (정부에) 윈난성과 의논하라고 명했습니다."

철도는 실현되지 않았지만, 도로가 오랫동안 나라를 지탱했다. 쉬 교수는 윈난성의 공헌을 이렇게 설명했다.

신기한 것이 완띵도 윈난전투도 중국에 별로 알려져 있지 않다. 왜일까?

"(국공)내전 때문일 겁니다"라고 쉬 교수는 말했다.

국민당이 이끄는 국민정부와 공산당은 내전을 멈추고 힘을 합쳐 일본과 싸울 것을 약속했다. 그러나 그 사이에도 국지적인 전투는 계속되었고, 항일전쟁 후에 자웅을 겨루게 된다. 공산당에 국민당은 적이었다. 역사적 사실이라 하더라도 그들의 활약을 가르치고 전승하는 데는 소극적이었다. 그러다보니 국민당이 주도한 윈난전투나 버마전투의 기억은 희미해져간 것이다.

하지만 변화의 조짐이 생겼다.

2005년, 후 진타오 국가주석이 전후 60주년 연설에서 국민당의 공헌을 언급한 것이다. "국민당과 공산당이 지도하는 항일군은 각각 '정면전장(正面戰場)'과 '적후방전장(敵後方戰場)'에서 작전임무를 맡았고, 함께 저항·반격하는 전략적인 태세를 취했다"라고 한 것이다.

이 발언에는 배경이 있다. 내전으로 패한 국민당은 대만으로 옮겨가 정권을 잡고 있었지만, 2005년 당시엔 야당이 되어 여당인 민진당(民進黨)이 주장하는 대만독립을 저지하고 있었다. 이 점에서 공산당과 생각과 의도가 일치하여 양당이 가까워지기 시작한 것이다.

윈난전투와 버마전투가 좀더 크게 주목받는 날이 머지않아 올지도 모른다.

쿤밍에는 전쟁중 많은 공장이나 대학이 이사해왔다. "동부에서 몇십개의 공장이 옮겨온 덕분에 쿤밍의 공업이 발전하는 기회가 되기도 했습니다." 윈난성 중국근대사연구회의 우 빠오장(吳寶璋) 회장은 말한다.

기계와 제철 공장도 생겼다. 비행기도 조립했다고 한다. 윈난성은 지원물자의 운송로였지만, 후방기지의 역할도 컸던 것이다.

쿤밍 출신 작곡가의 영화주제가가 국가로

시가지에 접해 있는 호수 몐츠(滇池). 그것을 굽어보는 서산에 네 얼(聶耳)의 묘가 있었다. 그는 이곳 출신의 음악가로 '의용군행진곡'의 작곡가로 알려져 있다.

이 곡은 30년대 항일영화 「풍운아녀(風雲兒女)」의 주제가였는데, 항일전쟁중에 사람들 사이에서 널리 불렸다. "(…) 중화민족은 가장 위험한 때에 이르렀다. (…) 일어서, 일어서, 일어서, 우리는 모두 마음을 하나로 하여 적의 포화를 뚫고 전진하자 (…)"(톈 한田漢 작사)라는 내용이다.

이 노래는 중화인민공화국의 국가로 채택되었다. "이제 가장 위험한 시기는 지나지 않았느냐"라는 의견도 있었지만, 당시의 저우 언라이 수상은 "평화로운 때라도 위험에 대비하는 것이 중요하다"라고 말했다 한다. 문화대혁명 때는 톈 한이 비판 대상이 되어 한동안 곡만 연주되는 우여곡절도 겪었지만, 지금도 이 가사로 불려지고 있다.

항일전쟁은 공산당정권 존립기반의 하나이고, 국가의 토대라고도 할

네 얼(1912~1935). 윈난성 출신의 음악가. 18세 경에 상하이에 나와 가극단에서 바이올린을 연주했다. 곧, 공산당에 들어가 많은 혁명과 항일운동 곡들을 만들었다. 쿤밍의 네 얼 묘지에 있는 전시실 자료에 의하면, 1935년 4월 1일, 반동파가 네 얼을 체포한다는 정보가 흘러, 당조직은 그가 일본, 유럽, 소련으로 건너가 배우도록 허가했다. 네 얼은 4월 15일 상하이에서 일본으로 건너갔다. 3개월 후인 7월 17일, 후지사와시(藤澤市)의 쿠게누마(鵠沼)해안에서 익사했다. 후지사와시에는 네 얼의 기념비가 있다. 또, 후지사와시와 쿤밍시는 우호도시로, 교류가 계속 이어지고 있다.

수 있다. 항일전쟁 속에서 만들어진 국가는 그것을 상징하는 듯이 보였다.

네 얼은 1935년 일본을 경유하여 유럽과 소련으로 유학을 떠나려고 했다. 출발 직전에 작곡한 의용군행진곡의 악보를 일본에서 고쳐 완성했다고 중국의 한 신문은 전한다. 그렇다면 중국의 국가는 일본에서 완성된 셈이다. 수개월 후 네 얼은 상난(湘南) 바다에서 헤엄치다가 죽었다고 한다. 23세의 나이였다. 그러나 그의 멜로디는 살아남았다. 2008년 뻬이징 올림픽 경기장에서도 몇번이고 연주될 것이다.

노래를 부를 때마다 모두 항일전쟁을 기억하는 것은 아니겠지만 그 체험을 '녹슬게 하지는 않겠다'라는 의지를 느낄 수 있다.

(이라가와 토모요시)

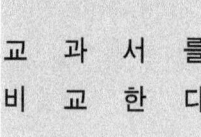

교 과 서 를
비 교 한 다

	각국의 서술 분량과 특징은?
	중일전쟁
일본	전시체제 포함하여 2면. '중일전쟁의 확대'라는 제목의 지도도 게재.
중국	발발부터 일본의 패전까지 12면. 그중 '난징대학살'은 2면에 걸쳐 많은 사진과 함께 설명.
한국	세계사의 세 군데에서 총 7줄로. 자국사에서는 독립운동과 중국측의 협력을 중시.
대만	중국사, 대만사, 세계사 모두 다룸. 중국사에서는 2면, 대만사에서는 1면, 세계사에서는 2면 가량.

일본

'난징대학살'의 명칭 개정

토오꾜오서적의 『새로운 사회: 역사』는 중일전쟁과 전시일본의 사회 체제를 2면으로 다룬다.

중일전쟁의 시작에 대해서는 "뻬이징 교외의 루꺼우차오에서 일어난 중일 양국군의 무력충돌(루꺼우차오사건)에 의해 중일전쟁이 시작되었습니다"라고 간단하게 서술한다. 한편 「진흙탕이 된 전쟁」이라는 제목으로 다음과 같이 설명한다.

일본은 국민당정부를 대신할 친일정권의 출현을 기대했고, 그 정부와 평화교섭을 하고자 한다는 성명을 발표했습니다. 그러나 중국민중의 항일의식은 더욱 고조되었고, 일본의 단기결전 예측은 빗나가, 중일 양국이 총력으로 싸우게 된 전면전쟁으로 발전해갔습니다.

낙타로 물자를 운반하는 일본군 병사의 사진을 게재하면서 "일본군에는 장기화하는 전쟁에 필요한 축적된 물자도 보급수단도 부족했습니다"라는 설명을 붙이고 있다. 보급수단을 확보하지 않은 채 전쟁을 계속했다는 것을 이해시키려는 목적에서다.

일본군은 (…) 수도 난징을 점령했습니다. 그 과정에서 여성이나 어린아이를 포함한 중국인을 대량으로 살해했습니다(난징사건). ― 본문

이 사건은 난징대학살로서 국제적으로 비난받았지만, 국민에게는 알려지지 않았습니다. ― 각주

같은 출판사에서 나온 10년 전 교과서에서는 사망자수가 "약 20만 명이라고도 한다"라고 본문에 적으면서, 사건의 명칭도 '난징대학살'이라 했다. 그후 이러한 가해행위의 기술은 '자학적'이라는 비판이 일본 국내에 일어 수정되었다.

와따나베 사회편집부장은 "희생자수는 학설상 차이가 난다는 점을 고려했다. 명칭에 대해서는 국제적으로 '대학살'로 인식된다는 점을 각주로 밝혔다"라고 말한다.

12면에 걸쳐 많은 사진으로 생생하게

인민교육출판사 『중국역사 8년급』의 「중화민족의 항일전쟁」이라는 단원에서 전면전쟁의 발발에서 일본의 패배까지 12면에 걸쳐 설명한다.

전쟁의 발단에 대해서는 이렇게 기술되어 있다.

1937년 7월 7일 밤, 일본군은 루꺼우차오 부근에서 군사훈련을 행했다. 일본군은 병사 1명이 실종된 것을 구실로, 완핑센성(宛平縣城)의 조사를 무리하게 요구했으나 중국 수비군은 이를 거절했다. 전쟁도발의 의도를 갖고 있던 일본군은 중국 수비군을 침공하여 완핑센성을 포격하는 횡포를 부렸다. (…) 이로써 전국적 규모의 항일전쟁이 시작되었다. 루꺼우차오사건은 7·7사변이라고도 불린다.

학습지도요령에 해당하는 중국의 역사과정표준에서는 중일전쟁에 대해, (1) '7·7사변'의 역사적 사실을 약술하고 중국의 전민족적 항전이 시작된 것을 학습한다 (2) 난징대학살 등을 예로 하여 일본 군국주의의 흉폭하고 잔인한 침략의 본질을 인식한다 (3) '타이얼장(台兒莊)격전'이나 '백단(百團)대전' 등의 역사적 사실을 서술하고 용맹과감함이나 희생을 돌보지 않는 정신을 실감한다 등의 세 가지 지침을 제시하고 있다.

교과서는 이 방침을 충실히 다룬 내용으로 채워져 있으며, 주요전투를 생생하게 기술하는 것이 일본의 교과서와 크게 다른 점이다. 또 중국 공산당의 역할에 대해 "근거지의 군민을 지도하여 완강하게 항전했고, 일본의 침략에 맞선 저항에서 기둥 역할을 했다"라고 자리매김한다.

'난징대학살'에 대해서는 2면 정도로 설명하는데, 사진을 4장 게재하면서, '1백명 목 베기'를 경쟁하는 장교를 보도한 신문기사도 소개한다. 피해자수의 기술을 그대로 인용하면 다음과 같다.

전후 극동국제군사재판의 통계에 의하면 일본군이 난징을 점령한 6주 동안 학살된 비무장 주민과 장병은 30만명이 넘었다.

한국

'항일'의 시점에서 7줄만

'일중전쟁'이라는 일본의 명칭과는 달리 한국에서는 '중일전쟁'이라 불린다. 중학교에서는 세계사를 다루는 『사회 2』에서 언급된다.

디딤돌출판사의 교과서에서는 제2차 세계대전이나 중국의 국민당과 공산당의 관계 등 세 군데에서 총 7줄 정도로 다음과 같이 기술한다.

전체주의 국가들은 적극적으로 침략정책을 추진했다. 일본은 중국을 침략했다(중일전쟁).

중일전쟁이 시작되자 일본은 순식간에 중국 주요도시를 점령했다. 그러나 중국인들의 끈질긴 항쟁으로 일본군은 중국대륙에서 발이 묶여버렸다.

일본이 본격적으로 중국을 침략하자 국민당과 공산당은 다시 협력관계를 이루어 함께 항일전쟁을 전개했다(제2차 국공합작).

집필자인 김육훈 태릉고교 교사는 "미국이 일본을 이기고 2차대전이 끝났다고 생각하는 한국인이 많지만, 중국민중의 저항도 일본의 패배에 큰 역할을 했다는 사실을 알아야 한다"라고 말한다.

『국사』에서는 일본의 중국침략이 본격화하는 가운데 한국인의 독립운동과 중국측 간의 협력을 중시하고 있다. 1932년 샹하이에서 폭탄을 던져 일본군인 등을 살해한 윤봉길의 '의거'를 다루면서 다음과 같이 쓰고 있다.

일본의 침략을 경계하고 있던 중국인들에게 커다란 감동을 주었으며, 중국 정부와 중국인들이 한국인의 항일 독립투쟁에 적극적으로 협력하는 중요한 계기가 되기도 했다.

난징사건은 고등학교 『세계사』에서 가르친다. 금성출판사 교과서에서는 이렇게 기술되어 있다.

(일본은) 화북에 진출하여 전면적인 침략전쟁을 시작했다. 이 과정에서 난징에서는 수십만명의 양민학살을 자행하기도 했다(난징대학살).

대만

황민화운동 강화에 초점

중일전쟁은 중국사·대만사·세계사에서 모두 다룬다. 널리 사용되는 난이서국의 『국민중학: 사회』의 중국사 부분에서는 「중일전쟁과 중공정권의 발전」 단원에서 2면을 할애한다.

민족의 활력은 중국 공산당의 발전과 일본의 침략에 의해 최대의 시련을 맞았다. 중국인은 8년에 걸친 고난의 항전을 겪고도 여전히 전쟁의 악몽에서 벗어날 수 없었다.

개별전투에 대한 언급은 없었지만, 난징사건을 두고 "일본군은 난징에 진군하여 죄없는 민중 30만명을 참살한 난징대학살이라는 참사를 일으켰다"라고 말하면서, '1백명 목 베기'의 양상을 전한 일본 신문의 사진도 게재한다.

대만사에서는 「식민통치의 강화」라는 단원에서 1면 정도를 할애해 특히 전시체제하의 황민화운동에 초점을 맞췄다.

1936년 총독부는 '황민화·공업화·남진기지화'를 선언했다. 대만은 전시체제에 돌입했고, 황민화운동이 강력하게 전개되었다.

대만 출신 군인·군무원이 대량으로 징용되었고, 그중에는 전선에 투입되어 위안부가 된 여성도 있었다.

또 세계사 부분에서도 2차대전을 다룬 글에서 2줄 정도로 설명한다.

국민당정권 시대인 1983년 역사과정표준에 기초한 교과서에서는 장제스를 높이 평가했다. 이전에는 항일통일전선을 편 공산당에 대해 "항전을 위장하여 지반을 확장했다"라고 비판했지만, 현재 교과서에는 이런 기술이 보이지 않는다.

난이서국 교과서 편집지도위원 저우 후이민 정치대학 역사학부 교수는 "공산당 세력의 확대로 이어진 36년 시안사건이 없었다면 중일전쟁의 발생은 더 늦춰졌을지도 모른다. 전투나 장 제스에 대한 소개보다도 시안사건과 중일전쟁의 밀접한 관계를 설명했다"라고 편집방침을 밝혔다.

'일본귀신(日本鬼子)'
항일전쟁 때 중국민중 사이에서 통용되던 일본인 병사에 대한 경멸적 호칭이다. 중국영화에서는 빼놓을 수 없는 악역의 대표 격인데, 그 묘사방식은 예전과 같지 않다.

기 억 을
만 드 는 것

중국영화의 '악역'

항일전쟁은 영원한 소재

어두운 지하터널을 빠져나오자 그곳엔 농가의 부뚜막이 있던 터였다.

베이징 중심부에서 북동쪽으로 약 90킬로미터 떨어진 자오장후촌(焦莊戶村). 보리와 옥수수 밭이 광활하게 펼쳐지고 양떼가 도로를 가로지른다. 하지만 평화로운 이 평원 아래에는 항일전쟁 때 만들어진 총 11.6킬로미터의 지하도가 아직도 남아 있다. 민중이 일본군에게 들키지 않게 몸을 숨기고 반격하기 위해 집이나 우물, 마구간이나 전망대를 연결하여 그물망처럼 파놓은 것이다. 그중 약 800미터가 20년 전 '지도전유적기념관'의 개설에 맞춰 복원되어 견학할 수 있다.

이 지하도에서 촬영된 것이 영화 「지도전(地道戰, 1965)」이다. 중국에서는 남녀노소에 관계없이 이 제목을 모르는 사람은 없을 정도로 항일영화의 대표작이다. 총 관객수는 12억명(중국영화자료관 통계)이라고 한다. 여성도 어린아이도 힘을 합해 '귀신(鬼子)'을 물리치는 이야기는 항일전쟁 때 화뻬이(華北)평원에서 전개된 게릴라전이 모델이다.

중화인민공화국 성립(1949) 이후인 1950~70년대, 항일전쟁을 소재로 한

「지도전」의 포스터. 중국영화자료관 제공.

영화가 속속 제작되었다. 중국사회과학원의 류 즈밍 미디어조사쎈터장은 "소련과의 관계악화 등 국제상황이 긴박해지는 가운데, 위급상황에 대비해 민병에게 전투방법을 가르치려는 목적도 있었다"라고 한다.

일본과 중국 영화 전문가 류 원뺑(劉文兵) 와세다대학 비상근강사에 의하면 일련의 작품에 등장하는 일본군은 "잔인하지만 어리석고 우스운 모습"이 공통점이라고 한다.

집락촌을 태워버리거나 어린아이든 노인이든 가차없이 죽이는 등, 하는 일은 잔혹하지만 강인함은 없다. 예를 들어 「지도전」에 등장하는 일본군 대장은 얌체수염에 동그란 안경을 쓰고 있다. 농촌을 급습하지만 저격을 당하는데 총을 맞는 곳은 엉덩이다. 「지도전」 이전의 「지뢰전(地雷戰, 1962)」에서도 일본군은 지뢰를 철거하려다가 어린아이가 묻은 '분뇨탄'을 손으로 건드리고는 비명을 지른다.

중국 항저우시(杭州市) 출신으로 영화·영상론 연구자인 잉 슝(應雄) 홋까이도오대학 대학원 준교수는 "당국의 의도와 생각과는 관계없이 나는 어릴 때 오락영화로 봤고, 친구와 함께 일본군 흉내를 내곤 했다"라고 회상한다.

중국과 외국의 영화를 약 3만편 소장한 중국영화자료관(뻬이징)의 푸 홍싱(傅紅星) 관장에 의하면, 항일 소재 영화는 1931년 만주사변을 계기로 만들어지기 시작했다. 사변 후에는 항일전 참가를 호소하는 작품도 등장한다. 주제가가 나중에 신중국의 국가가 된 「풍운아녀(風雲兒女, 1935)」가

「풍운아녀」의 포스터. 중국영화자료관 제공.

그 대표적 예다.

중화인민공화국 성립 후에는 항일전쟁에 참가한 세대의 손으로 승전의 영웅을 찬양하는 영화가 만들어졌다. 문화대혁명(1966~76)을 거쳐, 1980년대의 개혁·개방시대에 이르면 수많은 외국영화를 접한 젊은이들에 의해 전쟁 자체의 의미를 되묻는 영화가 등장했다. 이때부터 일본군도 '인간'으로 그려지기 시작했다.

푸 관장은 "사람들의 기억에 새겨진 항일전쟁은 중국영화의 영원한 소재다. 관객은 침략한 일본군과 지금의 일본인이 다르다는 사실도 인지하고 있다"라고 말한다.

지금은 코미디가 되기도
일본인 배우가 활약

샨시성(山西省) 진중시(晉中市). 2007년 11월 중순, 옛 모습이 남아 있는 거리 한편에서 중국 CCTV에 이듬해 방송 예정인 드라마 「대국의(大國醫)」가 촬영중이었다.

중화민국시대부터 신중국 성립까지를 배경으로 실존 한의사 일가의 인생부침을 그려내는 드라마다. 등장하는 일본군 사령관이 중국문화에

「만종」의 포스터. 중국영화자료관 제공.

깊은 관심을 갖는다는 설정으로, 한방치료중에 중국측 포로가 되어 군인에서 '보통사람'으로 되돌아간다는 이야기이다.

제작지휘는 영화감독 우 쯔뉴(吳子牛) 씨가 맡았다. 중국영화계에서는 '제5세대'로 불리며, 항일전쟁을 소재로 한 영화 등을 만들어왔다. 베를린국제영화제에서 은곰상을 받은 「만종(晩鍾, 1988)」에서는 포로인 일본군 병사가 망향의 그리움이나 삶에 대한 집착을 보이는 모습을 묘사했다. "전쟁 그 자체가 아니라 전쟁이라는 극한상황을 배경으로 인간과 생명의 존엄을 그려내고 싶었다."

그는 예민한 소년기를 문화대혁명이 한창일 때 겪었다. 노선대립이 폭력으로 발전하여 사람이 죽는 것도 눈앞에서 봤다. 우 감독은 "전쟁과 마찬가지 고통을 맛보았다. 전쟁은 싫다. 증오로 벌겋게 물든 눈으로 보는 한 전쟁의 본질은 보이지 않는다"라고 말했다.

중국영화계에서는 참신한 작품이 이어지고 있다. 일본배우 카가와 테루유끼(香川照之) 씨가 일본군 병사 역을 연기한 장 원(姜文) 감독의 「귀신이 왔다(鬼子來了)」는 2000년 깐느영화제 그랑프리를 받았다. 개혁·개방으로 영화제작에 민간참여가 활발해진 것도 다양화에 일조를 했다.

한편 TV에서도 예전 명작을 리메이크한 드라마가 계속 제작되고 있다. 중국에서 활약하는 오오사까 출신의 일본배우 야노 코오지(矢野浩二)

드라마 「양 청우」 촬영현장에서 일본군 병사를 연기하는 야노 코오지(좌)와 연기 표현법을 상의하는 장 위중(張玉中) 감독(우). 북경금색지당영시문화유한공사(北京金色池塘影視文化有限公司) 제공.

씨는 항일전의 영웅을 다룬 드라마 「양 청우(楊成武)」에서 일본군 역을 연기한다. 이것으로 여덟번째 작품이다. 조국과 고향에 남기고 온 부인을 그리워하는 역할을 맡은 야노 씨는 "이제야 나다운 표현을 할 수 있었다"라고 말한다.

지금까지의 작품에서도 '그도 또한 인간'이라는 마음으로 연기를 했다. 촬영 전에는 중국어와 일본어 인터넷싸이트나 책을 통해 역사를 조사해 감독 등과 연기방식을 의논한다. "중국에서도 정보가 늘어나 전형적인 작품은 인기가 없다. 일본군 병사의 나쁜 모습만을 그리는 것이 아니라, 보통사람이 왜 그렇게 되었는지를 그려낼 수 있으면 중국사람들에게도 받아들여질 수 있다고 생각한다."

중국 영화나 드라마에서는 일본군 병사 역할을 일본인이 연기한다. 잡지 『인민중국(人民中國)』의 왕 중이(王衆一) 편집장은 "이것도 개혁·개방 정책의 성과 중 하나이다. 예전에는 일본인이 중국 미디어에서 활약하는 일 따위는 상상도 못했다"라고 말한다.

항일전쟁은 이제 코미디 드라마가 될 정도로 다양하게 다루어진다. 이러한 작품에 영웅은 등장하지 않고, 일본군 병사뿐만 아니라 그들에게 아부하는 중국인도 웃음의 대상이다. 왕 편집장은 "항일전쟁은 어떤 의미에서 '시대극'의 한 장르라고 해도 될 정도로 정착되었다. 중국 민중에게는 더이상 증오의 대상만이 아니라 엔터테인먼트의 대상이기도 하다"라고 해설한다.

(나까노 아끼라)

아시아·태평양**전쟁과**
국공내전

중국대륙의 전투는 거의 아시아 전역과
태평양지역까지 확대되었다. 무모하고 어
리석은 전쟁을 왜 멈출 수 없었는가? 그리
고 전쟁은 진정 1945년 8월 15일로 끝난
것인가?

1. 전사자에게
   면목없다는
   주술적 속박

아시아 · 태평양전쟁

1941년 12월 8일부터 1945년 8월 15일까지 일본과 미국 · 영국 · 중국 등 연합국 간에 벌어진 전쟁. 국제적으로 보면 제2차 세계대전의 일부이다. 일본 입장에서는 1937년부터 계속된 중국침략 전쟁의 결과도 관계되어 있었다.

전쟁의 시작은 일본시간 12월 8일(하와이에서는 7일 아침), 하와이 진주만기지 공격으로 알려져 있지만, 한시간 정도 빨리 영국령 말레이반도 코타바루(Kota Bharu) 상륙으로 시작되었다. 여기서 알 수 있듯이 전쟁의 목적은 '자급자족체제'를 확립하기 위해 영국이나 네덜란드의 식민지를 무력제압하고, 석유 등 다양한 자원을 확보하는 일이었다. 영국령 등을 공격하면 미국과의 전쟁은 피할 수 없다고 생각해 태평양의 거점을 공격한 것이다.

전쟁은 1945년 8월 히로시마(廣島)와 나가사끼에 원폭이 투하되고 소련이 참전하자 포츠담선언으로 불리는 연합국의 항복권고를 일본이 받아들임으로써 종결되었다. 일본역사상 최대의 참상을 가져왔으며, 아시아 · 태평양지역에서 수많은 희생을 낳았다. 군인이나 일반국민을 포함한 일본측 사망자는 약 310만명으로 집계되고 있으나, 외지에서의 행방불명자, 원폭을 포함한 폭격에 의한 사망자가 밝혀지지 않아 사망자수는 더 많을 것으로 여겨진다.

"걱정되는 것은 테러와의 전쟁과 (지구온난화를 유발하는) 탄소가스입니다."

나와 마주앉아 있던 노인은 혼잣말을 하듯 그렇게 말했다.

한세기 가까운 시간을 살아온 그는 지금 지구사회의 미래를 걱정하고 있다. 나는 그 말에 귀를 기울이면서, '네' 하며 고개를 끄덕일 수밖에 없었다.

노인은 전 해군중령 키야마 마사요시(木山正義) 씨이다.

대미(對美)전쟁을 시작하게 된 과정을 그려보려고 여러가지 자료를 읽어가면서, 전쟁을 결정하고 지도하는 쪽에 있던 사람의 '육성'을 꼭 들어보고 싶어졌다. 그렇지만 개전 후 67년이나 지난 지금, 당시 요인들은 세상을 뜬 지 오래고, '국책'으로 불린 국가의 중요정책을 기안한 육해군의 참모들도 눈을 감았다. 다이혼에이(大本營) 육군부에서 가장 젊은 참모였던 세지마 류우조오(瀨島龍三) 씨는 2007년 9월, 95세의 나이로 숨을 거뒀다.

하지만 무리인 줄 알면서도 해보는 것이 신문기자라는 직업이다. 사방으로 수소문하던 중 알게 된 친절한 분을 통해 키야마 씨를 소개받았다.

쿠마모또현(熊本縣) 출신의 키야마 씨는 해군기관학교를 나온 엘리트였다. 개전 때는 군부 핵심에는 없었으나, 1944년 1월부터 해군성 군수국

전쟁의 명칭: 전쟁이 시작되고 이틀 후 정부는 다이혼에이정부 연락회의에서 이번 전쟁의 호칭을 '대동아전쟁(大東亞戰爭)'으로 결정했다. 그때까지 '지나사변'이라 불린 중일전쟁도 포함시켰다.

이 명칭은 점령 후에 연합군 총사령부의 지령으로 공문서에서 사용이 금지되어 미국측이 사용하던 '태평양전쟁'이라는 호칭이 정착했다. 이 책에서는 중일전쟁과 중첩되는 이 전쟁의 성격을 알기 쉽게 전달하기 위해 '아시아·태평양전쟁'이라 부르기로 한다.

직원으로서 연료정책의 책임자가 되었다. 전시의 군부 핵심 분위기를 직접 겪은 몇 안되는 사람 중 하나이다. 전후에는 해외에서 철수하는 사람들을 위해 연료회사 등을 운영했다.

─개전 무렵 미국과 전쟁하는 것을 어떻게 생각하고 계셨나요?

"나는 어리석음의 극치라고 생각했습니다. 미국과 전쟁을 해서 이길 가능성은 없었으니까요. 아무래도 군인들의 '자만심중후군'이 아니었을까요?"

'어리석음의 극치.' 해군에서는 당시 그렇게 생각하던 사람이 키야마 씨만이 아니라 수뇌진 중에서도 적지 않았다. 미일 개전의 결정과정을 연구하는 모리야마 아쯔시(森山優) 시즈오까(靜岡)현립대학 강사는 말한다. "일본은 미국과 국가의 존폐를 걸면서까지 싸워야 할 이해관계가 없었다. 미국도 여론은 압도적으로 친중(親中)이었지만, 그렇다고 중국을 위해 스스로 나서서 피를 흘리려 했다고는 생각하기 힘들다. 결과로 보자면 정말 기묘한 전쟁이었다."

석유수출금지 조치를 계기로 시작한 기묘한 전쟁

그렇다면 이 기묘한 전쟁은 왜 일어났을까? 그 답을 찾기 위해 1937년 7월 중일전쟁 발발 이후의 경과를 '지난회 줄거리'처럼 훑고 지나가자.

일본은 수도 난징을 함락하면 중국이 항복할 것이라 생각했으나, 장 제스가 이끄는 국민당정부는 오지의 충칭을 임시수도로 삼아 항전을 계속했다. 영국과 미국도 지원했다. ▼ 중일전쟁은 진흙탕 싸움이 되어 일본군은 대영미 개전까지 실로 18만 8천명의 전사자를 냈다. 한편 히틀러가 이끄는 독일이 유럽에서 전쟁을 시작하여 프랑스와 네덜란드를 항복시켰다. ▼ 일본은 독일·이딸리아와 삼국 군사동맹을 맺어 미국과 영국에 압력을 가하려 했다. ▼ 그렇지만 이것이 오히려 독이 되어 미국의 강경자세를 초래했는데, 당시 일본이 석유수입의 대부분을 의존하고 있었던 미국은 1941년 8월 전면적인 수출금지를 결정한다.

일본은 미국의 석유수출금지 조치로 그때까지와 전혀 다른 국면에 몰려 중대한 판단을 하지 않으면 안되는 상황에 놓였다. 선택은 간단하게 말하자면 두 가지였다.

석유 등의 중요물자를 얻기 위해 네덜란드령 인도네시아나 영국령 말레이시아 등을 무력으로 제압한다. 즉 장 제스 정권을 타도하기 위해서도 영국·미국과의 전면전에 나선다.

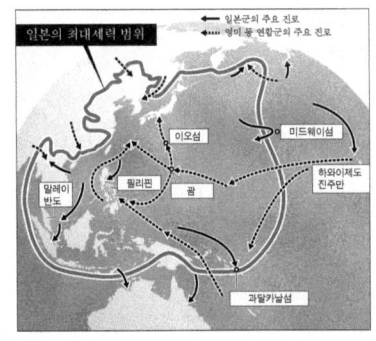

일본의 최대세력권.

혹은 중국에서의 철군 등 미국의 요구를 받아들인다.

쇼오와(昭和)천황도 당시의 코노에 후미마로 수상도 전쟁은 피하고 싶었다. 미국은 지금과 같은 정도의 군사대국은 아니더라도, 자동차 생산량만 보아도 일본의 백배였고 공업력에서도 압도적인 차이가 있었다.

그런데 육군은 중국에서의 철수라는 요구를 고집스럽게 받아들이지 않았다.

그 주장을 잘 알 수 있는 것이 1941년 10월 14일의 내각회의이다. 토오조오 히데끼(東條英機) 육군장관의 발언을 들어보자.

"철수 문제는 심장과 같다. 미국의 주장에 그대로 굴복하면 지나사변의 성과를 무너뜨리게 된다. 만주국도 위험해진다. 게다가 조선통치도 위험해진다. 지나사변은 수십만명의 전사자, 여기에 몇갑절이 되는 유가족, 수십만의 부상자, 수백만의 군대와 일억 국민이 전장이나 내지에서 고통을 감내하고 있는 싸움이다."

"군대의 주둔은 심장입니다. (…) 양보, 양보, 양보를 계속하는 것도 모자라 이 기본을 이루는 심장까지 양보할 필요가 있습니까? 이것까지 양보하면, 그렇다면 외교는 어떻게 되겠습니까? 바로 항복입니다."

육군은 식민지통치에 대한 영향뿐만 아니라, 힘없이 군대를 철수시키는 것은 메이지 이래 육군 주도로 이뤄져온 대륙정책의 부정이며, 자신들

토오조오 히데끼. 아사히.

의 위신을 실추시키는 일로 받아들이고 있었다.

게다가 개전에 앞서 일본에서는 '전사자에게 면목없어서 무엇무엇을 할 수 없다'는 논법이 널리 통용되고 있었던 것 같다. 예를 들어 러일전쟁 후에 원로의 야마가따 아리또모(山縣有朋)는 대정부 의견서에서 관동주(關東州) 반환 문제에 관해 "20억의 자재와 20여만의 사상으로 획득한 전리품을 반환할 수 없다"라고 그 취지를 말했다. 이 '전사자에게 면목없어서'라는 주술적 속박과 같은 논리·논법이 전쟁을 지속시켰으며, 본토 결전 직전으로까지 상황을 내몬 하나의 요인이 된 것은 아니었을까?

그런데 정부·군부 내에서는 미국과 전쟁을 하는 당사자가 넓은 태평양에서 함대끼리 부딪치는 해군이라 인식하고 있었다. 해군이 '전쟁은 절대로 할 수 없다'라는 자세를 관철했다면 대미전쟁은 불가능했을 것이다. 그렇지만 '가상 적국은 미국'이라는 이유로 전비예산을 얻어온 해군으로서는 '지니까 할 수 없다'라고 인정하는 것이 바로 스스로의 존재 의의를 부정하는 것과 똑같은 뜻이었다. 해군에도 문제가 있었던 것이다.

사정에 어두운 신임 해군장관은 개전을 결의

코노에는 토오조오의 '군대의 주둔은 심장' 발언 이틀 후 사직한다. 쇼오와천황은 후임으로 토오조오를 선택했다. 그러면 육군을 제어할 수 있다고 기대하여 다시 한번 국책을 백지에서 생각해보라고 지시한 것이다.

그러나 군 수뇌부인 육군장관·해군장관·참모총장·군령부장 네명 중 신내각에서 바뀐 것은 해군장관뿐이었다. 사람이 바뀌지 않으면 발상의 전환이 어려운 것은 어느 조직이나 마찬가지이다. 게다가 토오조오는 해군이 추천한 전쟁회피파의 해군장관 후보를 거부했다. 갑작스럽게 해군장관이 된 시마다 시게따로오(嶋田繁太郎)는 군부 중앙의 사정에는 어두운 사람이었다.

시마다는 10월 30일 오후 전쟁회피파인 사와모또 요리오(澤本賴雄) 해군차관 등을 불러 개전을 결의했음을 다음과 같이 알렸다.

"아직 중앙의 사정도 잘 모르지만, 요 며칠 사이의 분위기를 종합해서 생각해보면 대세는 쉽게 되돌릴 수 없다."

사와모또의 일기에 따르면, 그는 즉시 시마다와 다시 만나서 뜻을 바꿀 것을 설득한다.

사와모또: 육군에 (미일)교섭 조건의 완화를 재고하도록 요구해야 합니다.

시마다: 그런 짓을 하다가는 육군 20만명의 혼령께 면목이 없다. 지나사변의 성과를 내팽개치는 일이 된다는 그들의 생각을 바꿀 수는 없다.

사와모또: 그런 생각을 바꿀 수 있느냐 없느냐가 문제인 겁니다. (생각을) 바꾸지 말아야 한다는 게 육군의 아집이므로, 이를 시정할 필요가 있습니다.

사와모또가 마지막까지 끈질기게 버텼음에도 '면목이 없다'라는 논법 앞에서는 통하지 않았다.

해군도 개전을 결의했지만 토오고오 시게노리(東鄕茂德) 외무장관은 여전히 즉시 개전에는 반대했다. 여기서부터는 마지막 순간에 토오고오가 취한 비책을 소개한다. 최후결론이 내려진 1941년 11월 1일의 다이혼에이 정부 연락회의는 다음날 새벽까지 17시간 동안 이어졌는데, 월말까지 외교적으로 결론이 나지 않으면 12월 초에 개전할 것을 결정했다.

문제는 미국과 교섭할 때 어디까지 양보하느냐였다. 이미 정부·군부의 조정으로 일본측 최종안(갑안)은 결정되어 있었지만, 토오고오 외무장관은 이 자리에서 전혀 새로운 안(을안)을 제시한다. 일본군은 프랑스령 인도차이나 남부에 진군하여 미국의 석유수출금지를 초래했으니, 북부로 철수하는 대신 미국은 일정량의 석유수출을 인정하라는 내용이었다. 갑안으로는 교섭이 결렬될 것이라 예상한 토오고오가 중국에서의 철수 문제는 놔둔 채 개전을 피하기 위해 내놓은 '비책'이었다.

토오고오 시게노리.

최근 호소야 치히로(細谷千博) 히또쯔바시대학 명예교수와 사또오 모또에이(佐藤元英) 추우오오대학 교수가 미일교섭에 관한 문서를 발견함으로써 을안을 둘러싼 새로운 사실이 알려졌다. 문서는 「미일교섭 경위, 하권」이라는 제목으로, 개전 이듬해에 카세 토시까즈(加瀬俊一) 미주국 1과장이 정리한 것이다.

비책의 양보내용, 외교전보에서 삭제

을안에 대해서 그 문서에는 이렇게 씌어 있다.

"특별한 고려에 따라 을안에서 '프랑스령 인도차이나 남부에 주둔중인 일본군은 북부로 이주할 용의가 있다'를 삭제하고 을안을 타전했다."

즉 을안 중에서 가장 중요하다고 생각되는 양보내용을 워싱턴 일본대사관에 보낸 외교전보에는 일부러 포함시키지 않았다는 것이다. 그 부분을 포함한 안은 최종교섭을 위해 갑자기 파견한 쿠루스 사부로오(來栖三郞) 대사에게 지참시켰다는 새로운 사실이 이 문서에서 밝혀진 것이다.

토오고오는 외교전보의 암호를 미국측이 해독할 위험에 대비해 '비책'의 내용을 뺀 것이리라. 암호해독으로 미국측이 사전에 알게 되면 '비책'의 효과가 약해질 것이기 때문이었다. 참고로 당시 일본도 미국도 외교전보를 감청하여 암호를 해독하고 있었다.

미국측은 을안이 11월 20일에 제시된 후 그 대안을 정리했다. 일본이 프랑스령 인도차이나 북부의 병력을 2만 5천명 이하로 감소하면 일본에 대한 민간수요용 석유는 수출한다는 3개월 유효의 잠정협정안이었다. 전쟁준비에 더 많은 시간을 들이고 싶었기 때문이다.

헐(Hull) 국무장관은 25일에는 잠정협정안을 일본측에 제시할 생각이었으나, 결국 다음날인 26일 저녁에 일본측에 제시된 것은 프랑스령 인도차이나와 중국에서 전면철수를 요구하는 등의 강경한 기초협정안(이른바 '헐 노트')이었다. 왜 하룻밤 사이에 미국측의 생각이 바뀌었는지는 여전히 밝혀지지 않았다.

만약 이 잠정협정안이 제시되었다면 12월 개전은 없었을 터이고, 전쟁 자체도 피할 수 있을 가능성이 있었다고 한다. 미일 개전을 반세기 이상 연구해온 호소야 씨는 이렇게 말한다.

"3개월 후였다면 일본이 기대하던 독일의 전황은 달라졌을 것이고, 미국은 군비를 이미 갖추었을 것입니다. 개전결정은 일본에 매우 어려운 일이었을 것입니다. 나는 전쟁이 초래한 참상, 특히 인적 희생을 생각하면 전쟁을 하지 않고 와신상담하는 선택도 어쩔 수 없었다고 생각합니다."

(사또오 카즈오)

* 키야마 마사요시 씨는 2008년 6월, 99세로 별세했다.

'진주만의 화해'는 다음 세대로

진주만 공격이 있었던 12월 7일, 하와이에서는 예년처럼 추도식이 열렸다. 폭격기의 중대장으로서 진주만 공격에 참가했고, 최근 수십 년간 계속 추도식에 참석해온 아베 젠지(阿部善次) 씨의 모습은 2007년에는 보이지 않았다. 그해 4월에 90세로 별세했기 때문이다.

아베 씨는 미일 전사자들을 추도하기 위해 나팔수이자 전 해병대원 리처드 피스크(Richard Fiske) 씨에게 부탁하여 매달 장미 두 송이를 진주만과 태평양국립기념묘지에 헌화했다. 피스크 씨는 진주만에서 공격을 받은 쪽이었지만, 군인들의 화해를 호소하던 아베 씨의 뜻에 공감하여 헌화와 함께 진혼의 나팔을 불었다. 하와이에서 이 이야기는 잘 알려져 그림책으로 만들어지기도 했다. 피스크 씨도 3년 전에 세상을 떠났다.

2007년 추도식에는 아베 씨 대신에 딸인 신 나오미(進直美) 씨와 남편 쿄오지(享治) 씨의 모습이 보였다. 쿄오지 씨는 "장인어른은 생전에 전쟁이 일어난 것은 서로 상대를 잘 이해하지 못했기 때문이라고 항상 말씀하셨습니다"라고 했다. 고인의 뜻에 따라 체력이 허락하는 한 추도식에 참가하겠다고 한다.

아베 젠지(좌)와 미병사들의 교류는 하와이 지역신문에 크게 보도되었다.

2. 국공 양군에
잔류 일본인이
있었다

국공내전

중화민국정부를 이끄는 국민당군과 공산당군 사이에서 벌어진 내전. 1937년부터 시작된 중일전쟁은 일본을 공동의 적으로 삼은 것이었으나, 일본의 패전 후에는 다시 대립이 일어나 1946년 6월에 본격적인 전투로 돌입했다.

초기에는 국민당이 유리했다. 공산당군 120만명에 비하여 국민당군은 430만명이었고, 이후의 냉전시대와 달리 소련도 1945년 8월 중소우호동맹조약을 통해 국민당정부를 지지했기 때문이다. 1947년 6월에는 공산당의 거점인 옌안(延安)이 함락되기도 했다.

그러나 공산당은 동북부(구 만주)에서 공세로 전환하여, 1948년 이후 벌어진 3대전투를 승리로 이끌었다. 랴오선(遼瀋)전투(랴오닝성과 선양을 중심으로 한 동북부의 결전), 화이하이(淮海)전투(쉬저우徐州를 중심으로 한 중위안中原의 결전), 핑진(平津)전투(당시는 베이핑北平으로 불린 베이징과 톈진의 결전)에서 전부 승리한 것이다. 1949년 1월에는 베이징에 공산당이 무혈입성하여, 국민당 장 제스 총통이 하야한다. 수도 난징도 함락되어 10월에는 마오 쩌둥이 베이징에서 중화인민공화국 수립을 선언했다. 대만으로 피신한 장 제스는 1950년 3월 총통으로 부활하여 중화민국을 존속시켰지만 대륙의 지배권은 잃었다.

국민당은 왜 패배했는가? 양 쿠이쑹(楊奎松) 베이징대학 교수는 '장 제스의 전략적 과실'을 그 이유로 든다. "국제사회는 국민당정부를 중앙정부로 인정하고 있었으므로, 그것을 평화적으로 이용하면 대륙을 잃지 않았을 것"이라는 의미이다. 전쟁으로 가면 쉽게 이길 수 있다고 생각했지만, 8년간의 중일전쟁으로 장병들은 지칠 대로 지쳐 있었고, 서민은 국민당정부의 부패와 인플레이션에 분노하고 있었으며, 농민 사이에서는 토지를 해방하는 공산당에 대한 지지가 확대되고 있었다. 일본군이 남긴 무기를 소련이 비밀리에 공산당군에 건네준 사실도 크게 작용했다.

1945년 8월 15일 일본은 전쟁에 패배하고 평화로운 '전후'가 시작되었다. 지금 대부분의 일본인이 그렇게 생각하고 있다.

하지만 일본이 아시아를 침략했기 때문에 패전 후에도 거기에 남겨져 '전후'의 전쟁을 이국의 병사로서 싸운 이들도 있었다.

"설마 우리 할아버지가 그런 경험을 하셨으리라곤……"

그렇게 말하는 한 학생을 만났다.

토오꾜오도 마찌다시(町田市)에 있는 오오비린(櫻美林)대학 2학년 아베 타꾸미(阿部拓眞) 씨. 1945년 3월에 소집되어 중국에 투입된 할아버지 요시오(善夫) 씨는 일본이 패전한 뒤 9년이나 지난 1954년에 귀국하여 초등학교 교사로 일하다가 1963년 38세로 병사했다. 타꾸미 씨가 태어난 것은 22년 후로, 할아버지의 일에 대해서는 아무것도 모르고 자랐다.

후꾸시마(福島)에 사는 할머니 테루꼬(照子) 씨도 중국에서 무슨 일이 있었는지 요시오 씨에게서 들은 적이 없었다. "혹시 만에 하나……" 남편의 침묵이 무엇을 의미했는지 느낌이 온 것은 2007년 2월 영화 한 편을 봤을 때라고 한다. 전후에 중국 국민당군으로서 공산당군과 싸운 일본군 병사들을 추적한 다큐멘터리영화 「개미병사(蟻の兵隊, 이께야 카오루池谷薰 감독)」이었다.

2007년 9월, 토오꾜오에서 열린 상영회에 타꾸미 씨는 할아버지의 사진을 가지고 가서 강연차 왔던 영화의 주인공 오꾸무라 와이찌(奧村和一) 씨에게 보여주자, "젠뿌(요시오善夫를 음차로 읽었을 때의 발음 — 옮긴이)잖아!" 이름을 음차로 부르던 그 시절, 훈련소 초년병 때부터 중국내전까지 함께 했고, 일본으로도 같이 돌아왔다. 그런 전우의 손자와 이런 식으로 만나게 될 줄이야. 오꾸무라 씨에게도 감격의 대면이었다.

오꾸무라 씨 등은 왜 전후에도 싸워야 했는가? 아베 요시오 씨는 왜 침묵한 채 세상을 떴는가? 나는 예전 전장에 가보기로 했다.

중국 샨시성(山西省) 성도 타이위안(太原). 여기에 전쟁중 일본의 '지나파견군 북지나방면군 제1군'의 사령부가 있었다. 소집된 오꾸무라 씨는 1944년 말, 타이위안 북쪽의 닝우(寧武)에 도착했다. 영하 20도, 니이가따 출신의 오꾸무라 씨라 하더라도 덜덜 떨 수밖에 없는 추위였다고 한다.

확실히 지금도 춥다. 1948년, 국민당군으로서 격투를 되풀이했고, 백명을 넘는 일본군 병사가 죽은 타이위안 교외의 뉴퉈자이(牛駝寨) 포대유적을 보고 싶었으나, 눈이 많이 쌓여 가까이 갈 수 없었다.

장병 2,600명, '상관의 명령으로' 잔류

일본은 1945년 8월, 포츠담선언을 수락하고 항복했다. 장병은 무장해

오꾸무라 와이찌.

제한 후 귀국할 예정이었으나, 제1군의 5만 9천명 중 2,600명이 잔류하여 공산당군과의 전투로 55명이 죽고 오꾸무라 씨 등 700명 이상이 포로가 되었다.

"물론 일본에 돌아가고 싶었지요"라고 오꾸무라 씨는 말한다. "하지만 상관이 남으라면 따를 수밖에 없었어요. 군대에서는 상관의 명령은 천황의 명령이니까. 항명이나 반항은 못했습니다."

왜 조직적으로 잔류시켰던 것일까? 전사한 벗의 원혼에 끌려다니듯, 오꾸무라 씨는 일본과 중국에서 실마리를 찾아헤맸다. 지금은 그렇게 생각하고 있다.

당시의 산시성은 국민당계열의 군벌리더 옌 시샨(閻錫山)이 지배하고 있었다. 그렇지만 공산당이 힘을 증대하여 일본군 철수 후의 내전에서 옌 시샨 군의 열세는 불 보듯 뻔한 일이었다. 한편 일본의 제1군 사령관 스미따 라이시로오(澄田賴四郎) 중장 등은 전범용의자였다. 그래서 전범으로 처벌받지 않는 대신 옌 시샨을 위해 일본군 일부를 잔류시키는 거래가 있었다는 것이다.

그러나 귀국한 오꾸무라 씨 등은 자신들의 의사로 남은 것으로 간주되어, 일본정부에서 구 일본군으로서의 보상도 받지 못했다. 재판에서도 패소했다.

옌 시샨(1883~1960). 중화민국의 군벌 리더. 일본에 유학, 육군사관학교를 졸업했다. 일본 체류시 쑨 원의 중국 동맹회에 들어가 신해혁명에서 청조와 싸웠다. 1912년 중화민국이 탄생하면서 산시성의 장이 되었고 오랫동안 권력을 유지하여 '산시왕'이라 불렸다. 1937년 중일전쟁이 일어나자, 제2전쟁 지구사령관이 되었지만, 타이위안을 일본군에 빼앗기고 산악지대로 후퇴해 일본군과 국지적인 정전협정을 체결했다고 전해진다. 전후에는 잔류 일본군까지 동원해 공산당군과 싸웠지만, 1949년 타이위안이 함락돼 남방으로 도망갔고 결국 대만으로 건너갔다. 국민정부의 행정 원장(수상)과 국방부장을 역임했다. 만년에는 저술활동에 전념했으며, 타이뻬이에서 사망했다.

1948년 7월에 오꾸무라 씨가 중상을 입고 포로가 된 난쫭촌(南莊村, 타이위안 남쪽)을 방문하자 벽돌담 이쪽저쪽에 총탄의 흔적이 남아 있었다. 이 작은 마을에서 국민당군은 공산당군에게 포위되었다. 당시 14살이었던 농민 뤼 옌쳰(呂彦琛) 씨의 집에는 20명 정도의 일본군 병사가 숨어서 이틀 동안 지냈다고 한다. 뤼 씨는 뒷마당 지하에 숨어서 전투가 끝나기만을 기다렸다.

"일본군 병사도 많이 죽어서 시체를 방에 쌓아놓고 있었습니다. 전투가 끝난 후에 청소했지만 시체의 기름이 마루에 스며들어 난리도 아니었죠."

오꾸무라 씨를 포위한 공산당의 기관총부대 반장으로, 지금은 은퇴해서 타이위안에 사는 후 핀(胡蘋) 씨도 만날 수 있었다.

"일본군 병사에게서 무사도 정신을 느꼈습니다. 옌 시샨의 군대와 달리 좀처럼 항복하지 않는 겁니다. 무기를 버리는 척하면서 또 쏘고 말이죠. 아무튼 왜 일본인이 옌 시샨을 위해 목숨을 걸고 싸우는지 신기하고 궁금했습니다."

타이위안은 1949년 4월 공산당 수중에서 놓여나 잔류 일본군 병사들의 전쟁도 끝난다. 그전에 포로가 된 오꾸무라 씨는 1948년 12월 뻬이징으로 이송되어 얼마 되지 않아 톈진의 포로수용소에 수감되었다. 톈진은 1949

"우리 집에 일본 병사 20명 정도가 도망쳐와 숨었다. 정말 무서웠다"라고 말하는 뤼 옌천 씨. 문 지붕은 1948년 당시의 전투로 부서진 채라고 한다. 중국 산시성 난쫭촌(南莊村)에서. 아사히.

년 1월 공산당이 함락해 뻬이징 무혈입성으로 이어졌다. 그 군대 중에도 실은 일본인이 있었다.

까닭도 모른 채 공산당군에서 부상병 호송부대로

나는 타이위안을 떠나 톈진으로 향했다.

톈진 함락 전투에서 죽은 사람들을 추모하는 '열사기념비'에 전우의 이름이 새겨져 있다. 토오꾜오에 사는 효오도오 요시끼요(兵頭義淸) 씨에게서 그렇게 들었기 때문이다.

일본은 1932년 중국 동북부에 괴뢰국가 '만주국'을 세우고, 개척민을 다수 이주시켰다. 그중에 만몽개척 청소년의용대로 불린 소년들이 있었다. 효오도오 씨는 1943년, 그 간부양성학교에 입학하기 위해 에히메(愛媛)를 떠나서 하얼삔으로 왔다. 1년 늦게 오오사까에서 온 이가 사까구찌 코오조오(坂口光造) 씨였다.

두 사람은 그후의 운명을 함께하게 된다.

전후인 1946년 9월, 들것을 운반하는 훈련이 시작되었다. 관동군의 부상병을 귀국열차에 태우기 위한 것인 줄로만 알았더니, 도착한 사람들은 국공내전의 격전지로 공산당군의 부상병 호송부대였다. 왜일까? 당시에는 전혀 까닭을 몰랐다. "지금은 짚이는 구석도 있지만 관계자에게 폐를

해외의 일본인: 일본이 전쟁에 패했을 때, 해외의 일본인은 688만명이었다고 한다. 그중 군인이 367만명(육군 330만, 해군 37만), 민간인과 거류민이 321만명이었다. 패전 4년 후인 1949년 말까지 624만명이 일본으로 돌아왔다. 90% 이상이 귀국한 셈이다. 남은 64만명 중 도중에 사망한 사람을 뺀 인원수가 장기잔류자이다.

유명한 잔류자 집단은, 중국 동북부(구 만주)에서의 잔류고아·부인이나 시베리아 억류자

끼치게 되니까." 효오도오 씨의 입은 무거웠다.

총탄이 날아다니는 전투의 최전선에서 부상당한 병사를 옮기는 부상병 호송부대원은 목숨을 내놓아야 한다. 체력이 약한 효오도오 씨는 결국 상처를 치료하는 위생병이 되었지만, 체격이 좋은 사까구찌 씨는 계속 들것을 운반했다.

그리고 1949년 1월 15일, 효오도오 씨가 소속한 부대가 국민당군의 사령관을 구속하여 톈진이 해방의 기쁨으로 들뜬 와중에 사까구찌 씨의 비보가 도착했다. 박격포를 맞아 내장이 튀어나왔다는 것이다.

그후 효오도오 씨는 중국 각지를 떠돌았고, 내전이 끝난 후에는 약제사가 되어 1958년에 귀국했다. 오오사까에서 사까구찌 씨의 유족을 열심히 찾았지만 끝내 찾지 못했다.

지금 톈진에 그 이름은 있는 것일까? 확실히 '기념비'는 있었지만, 도시개발로 부지는 작아졌고, 전사자명부도 다른 곳으로 옮겨져 있었다. 그곳을 방문하자 직원이 안쪽에서 명부를 가져다주었다. 2,025명의 이름을 순서대로 따라갔다. 마지막에 '사까구찌 코오끼(光熙)'가 있었다. 사까구찌 씨의 이름을 잘못 적었음에 틀림없다.

톈진 시내에는 당시 전투의 기록을 전시한 톈진전투기념관도 있다. 그 내부의 전사자명을 한사람씩 새긴 코너에도 사까구찌 씨의 이름은 없었

등을 제외하면, 인도네시아 독립전쟁에 몸을 던진 전 일본군 병사일 것이다. 그 수는 1천명을 웃돈다고 추정되고 있다. 중국에는 120만명의 일본군이 남아 있었다. 1946년 5월까지 민간인을 포함하여 166만명, 즉 80%가 넘게 일본으로 돌아왔다. 산시성에 남겨진 일본군의 경우는 매우 이례적이라고 할 수밖에 없다. 카또오 요오꼬(加藤陽子)『전쟁의 논리』외 참조.

다. "일본인이 있었다니 몰랐다. 중일우호에 힘을 쏟고 싶으니 혹시 유품이 있으면 꼭 전시하고 싶다." 류 꽝신(劉光欣) 부관장은 미안한 기색으로 말했다.

의사, 기술자 등 현지에 남아 착취당한 수만명

국민당과 공산당 양측에 일본인이 있었고 희생자도 적지 않았다. 그 사실이 현지에서도 잊혀질 무렵, 실증적인 연구를 시작한 사람이 있었다.

사이따마현에 있는 다이또오분까(大東文化)대학의 루 시쥔(鹿錫俊) 교수는 전후 중국이 재편되는 과정에 관계된 일본인의 역할을 밝혀냄으로써 중일관계의 다면성이 나타나지 않을까 생각하고 있다.

"중국 당국의 요청이나 명령, 혹은 강제로 중국에 남아서 일한, 즉 유용(留用)당한 일본인이 국민당과 공산당 모두 합해서 2, 3만명은 되었습니다."

눈에 띄는 것은 의사나 간호사, 기술자다. 예를 들어 중국 동북부의 공산당 간부의 1948년 1월 보고에는, 군의원 소속 의사·간호사의 8할이 일본인으로, 공산당은 겨우 원장 한명을 보냈을 뿐이라고 되어 있다. 샨시성에서 부상당해 공산당군의 포로가 된 오꾸무라 씨를 치료한 군의도 일본인이었다.

또 전 관동군 비행대장 히야시 야이찌로오(林彌一郎, 고인) 씨가 부하를 이끌고 공군이 없던 공산당군의 조종사 양성이나 기술훈련을 담당했던 사실은 중국에서는 잘 알려져 있다.

즉 죽느냐 사느냐의 내전 속에서 국민당군도 공산당군도 모자란 부분을 일본인으로 충당했다는 것이다.

효오도오 씨나 사까구찌 씨는 군사훈련으로 다져진 젊은이들이라 눈에 띈 것일까?

"귀국시키려 해도 어차피 도중에 국민당군 세력 지역에서 잡혀 또 일하게 될 거라면 그냥 계속 공산당군에서 써먹자고 생각한 것이겠죠." 그렇게 회상하는 효오도오 씨는 착잡하게 말한다.

"만주국을 건국하기 위해 청춘을 불사르고자 한 소년이 실제로 한 것은 신중국의 건설이었던 셈이죠. 지금은 계속해서 일본과 중국의 공생공영을 빌 뿐입니다."

국민당군과 공산당군으로 나뉘어 싸운 사람들은 귀국하자 똑같은 입장에 서게 되었다. 오꾸무라 씨의 회상을 들어보자.

"귀국한 다음날부터 공안형사가 찾아왔습니다. 중공(중화인민공화국)에서 돌아온 사람이 사회에 있으면 어떻게 될지 모른다고 하더니, 결국 취직도 못했습니다."

아베 요시오 씨도 비슷한 일을 당했을 것이다. 아내에게도 말하지 못했던 침묵 속에 깊은 절망이 있었는지도 모를 일이다.

손자인 타꾸미 씨는 그런 할아버지의 한을 풀자고 마음먹었다. 2007년 12월 14일에 스스로 오오비린대학에서 「개미군단」 상영회를 개최했다. 영화를 상영한 후에 오꾸무라 씨는 이께야 감독과 대담을 나눴다고 한다. 다시 한번 재판을 하겠다는 오꾸무라 씨의 결의를 받아 이께야 씨가 "타꾸미도 원고 자격이 있어"라고 하자, 타꾸미 씨는 "그렇죠"라고 답했다.

젊은 힘을 얻었으니 오꾸무라 씨의 싸움은 계속될 듯하다.

(쿠마모또 신이찌)

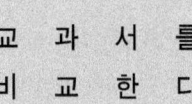

교 과 서 를
비 교 한 다

	각국의 서술 분량과 특징은?
	아시아 · 태평양전쟁
일본	「제2차 세계대전과 아시아」에서 6면. 전시 국민동원이나 아시아 여러 나라의 피해는 총 1면으로 간략하게.
중국	세계사 교과서에서 「제2차 세계대전」은 14면. 그중 일본에 관계된 부분은 총 2면 반. 반파시즘 전쟁을 강조.
한국	세계사 교과서에서 2면. 한국사 교과서에서는 독립전쟁을 중심으로 2면.
대만	중국사에서는 1면. 세계사에서는 「제2차 세계대전」에 대해서 2면. 그중에서 진주만 공격 등을 설명.

일본

국민 · 아시아의 희생을 간략하게

『새로운 사회: 역사』는 「제2차 세계대전과 아시아」에 6면을 할애하는
데, 유럽 전투에 대한 설명한 다음 「아시아 · 태평양에서의 전투」 「전쟁의
종결」이 2면씩이다.

「아시아 · 태평양에서의 전투」에서는 학도(學徒) 동원이나 공습, 피난
등을 다룸과 동시에, 아시아 여러 나라의 피해도 언급하고 있지만 합해서

1면으로 간략한 내용이다.

> 일본이 침략한 동아시아나 동남아시아에서는 전장에서 죽거나 노동력으로 동원되거나 하여, 여성이나 어린아이를 포함한 일반인 중에서도 많은 희생자를 냈습니다. 한편 일본으로 끌려와 자기 의사에 반하여 노동을 강요당한 조선인, 중국인 등도 있었는데, 그 노동조건은 가혹했고 임금도 쌌으며 매우 처참한 생활을 해야만 했습니다.

이 출판사의 10년 전 교과서에서는 공습으로 고통받는 일본국민의 전시하 생활에 약 2면을, 강제노동이나 강제연행, 종군위안부 등 아시아에서의 가해행위에 약 3면을 각각 할애하여 구체적으로 설명했지만, 현재 그런 상세한 기술은 찾아볼 수 없다.

또 오끼나와전투에 대해서도 10년 전 교과서에는 "스파이 혐의가 있다는 이유로 일본군에 의해 살해되었다" "집단 자결했다" 등 주민피해를 구체적으로 기술했지만, 현재는 "많은 희생자를 냈다" 등의 표현을 쓰고 있다.

와따나베 사회편집부장은 "학습지도요령이 바뀌어 수업시간이 줄어드는 바람에 내용을 엄선하여 2면당 1시간으로 구성했기 때문이다. 단 시대적인 배경이 있었다는 사실도 부정할 수는 없다"라고 말한다.

1997년에 개정된 7개사의 교과서가 전부 '위안부' 문제를 다룬 것을 계기로, 이를 삭제할 것을 요구하는 '새로운 역사 교과서를 만드는 모임'이 발족했다. 이 모임에서는 '너무나 자학적'이라는 비판이 제기되곤 했다.

중국

파시즘국가와의 싸움 강조

인민교육출판사 중학생용 교과서는 일본의 대영미전쟁을 『세계사』교과서「제2차 세계대전」단원에서 다룬다. 이 단원은「제2차 세계대전 발발」과「세계 반파시즘 전쟁의 승리」라는 두개의 테마로 구성되어 14면이 할애된다.

그중에서 진주만 공격 등 일본에 관한 부분은 총 2면 반인데 다음과 같이 시작한다.

1941년 12월 7일 날이 밝기 전 일본군은 대량의 전투기를 출동시켜 선전포고 없이 미국해군 태평양함대를 공격했다. 다음날 미국은 일본에 선전포고를 했다. 이로써 제2차 세계대전의 규모가 더욱 확대되어 세계 대부분의 지역과 사람들은 사상 초유의 잔혹한 피해를 입게 되었다.

일본의 교과서와 비교했을 때 두드러지는 특징은 제2차 세계개전을 파시즘(전체주의) 국가진영과 반파시즘 국가진영의 싸움이라 자리매김하고 상세한 설명을 하고 있는 점이다.

파시즘국가의 야만적인 침략은 세계인민의 큰 분노를 일으켰다. 미국·영국·소련 등이 공동의 적인 파시즘에 저항하기 위해 손을 잡게 되었다.

아시아와 태평양의 전장에서 일본은 항복을 거부했다. 중국 등 아시아 여러 나라의 인민은 일본침략자들에게 맹렬한 반격을 감행했다.

똰 루이충 케이오오대학 준교수는 "중국정부는 항일전쟁이 반파시즘 전쟁의 승리에 공헌했다는 견해를 갖고 있다. 국제사회에서의 지위향상으로 이어졌다는 인식이 있기 때문이다"라고 말한다.

또 교과서는 다음과 같은 질문을 제시하여 학생들로 하여금 생각해볼 거리를 제공한다.

세계에서 유일한 피폭국인 일본에서는 자신들이 '제2차 세계대전의 피해자'라는 견해가 있다. 어떻게 생각하는가?

광복군의 전투양상을 2면으로

아시아 · 태평양전쟁은 세계사 분야 『사회 2』와 한국사를 다루는 국정교과서 『국사』 양쪽에서 가르친다.

금성출판사의 『사회 2』는 제2차 세계대전의 경과를 독일의 폴란드 침공부터 원폭투하까지 2면으로 그림, 사진과 함께 설명하고 있다. 「일본군, 인도차이나 침공」「일본의 진주만 기습」등의 항목으로 사실관계를 나타낸다.

디딤돌출판사의 『사회 2』는 히로시마 피폭 중학생의 수기를 소개한다. 김육훈 태릉고교 교사는 "핵무기가 얼마나 무서운지 한국 사람들은 모른다. 침략한 나라에서도 침략당한 나라에서도 전쟁이 민중에게 큰 고통을 주었다는 사실을 가르치고 있다"라고 집필의도를 밝힌다.

국사 교과서는 중국에 있었던 대한민국 임시정부 휘하의 한국 광복군의 전투양상을 2면으로 설명한다.

일제가 태평양전쟁을 일으키자, 대한민국 임시정부는 일본에 선전포고를 하고, 연합군과 함께 독립전쟁을 전개했다. 이때 한국 광복군은 중국 각지에서 중국군과 협력하여 일본군과 싸웠으며, 멀리 인도와 미얀마 전선에까지 나아가 영국군과 함께 대일전투에 참여했다.

또한 "우리 민족의 적극적인 독립전쟁은 여러 나라에 알려져 세계열강은 한국의 독립문제에 관심을 가지게 되었다" "연합국 수뇌들이 모인 카이로회담과 포츠담선언에서 한국의 독립을 약속하는 밑거름이 되었다"라고 하면서, 광복군의 전투가 독립에 기여한 것을 강조하고 있다.

국사편찬위원회의 허영란 박사는 "대일 선전포고가 전쟁상황에 얼마나 영향을 주었는지는 차치하더라도, 식민지였던 조선이 승전국이 되었다는 사실을 강조했다"라고 말한다. "일본의 우익이 일본은 미국에 진 것이지 식민지 조선에 진 것은 아니라는 논리를 전개하고 있어 그것을 비판하는 의미도 있다"라고 덧붙였다.

대만

얄타회담의 중요성 지적

대만 교과서에서는 아시아·태평양전쟁을 중국사와 세계사에서 다루고 있다. 난이서국의 『국민중학: 사회』의 중국사 부분에서는 「중일전쟁」 항목의 1면을 할애하여 진주만 공격에서 원폭투하까지를 설명하면서, "(중일전쟁의) 제2단계에서는 (중국이) 연합군과 함께 싸웠다"라고 인식한다.

중국에 큰 의미를 갖는 카이로회담과 얄타회담을 사진으로 다뤘다.

> 미국은 중국이 참가하지 않아 사정을 모르던 사이에 소련과 얄타비밀협정을 체결하여 중국의 권익을 팔아넘기고 중국에 큰 손해를 입혔다.

세계사에서는 「제2차 세계대전」의 항목에서 2면으로 진주만 기습이 "유럽과 아시아의 2대 전쟁을 합류시켰다"라고 하면서 세계지도에 미드웨이(Midway)해전 등을 주된 사건으로 게재하면서 대전의 확대를 나타냈다. 여기서도 "얄타회담은 전후정세에 영향을 주는 중요한 열쇠가 되었다"라고 지적했다. 대전을 총괄하면서 "규모의 크기는 전례가 없었고, 전세계가 영향을 받았다. 수천만명이 죽었을 뿐 아니라 경제적인 손실은 이루 말할 수 없었다"라고 결론을 맺는다.

국민당정권하의 역사과정표준에 기초한 교과서에서는 세계사에서 제2차 세계대전에 11면을 할애했다. 일본 관련으로는 진주만 기습, 히로시마 원폭투하, 항복조인식 등 3장의 사진을 게재하여 상세하게 설명하기도 했다. 또 중국사에서는 "태평양전쟁 발발 후, 중국의 전장은 일본의 백만 병력을 끌어들여, 일본이 전력으로 대미국 작전을 실행할 수 없게 했다. 이런 공헌은 연합국이 최종적으로 승리할 수 있었던 중요한 요인이 되었다"라며 항일전쟁의 의의를 강조했다.

난이서국의 교과서 편집지도위원인 저우 후이민 정치대학 역사학부 교수는 "수업시간과도 관계가 있어 전쟁에 관한 기술은 매우 적다. 많은 학생들이 대만에 포로수용소가 있었고, 호주에 포로가 있었다는 사실 등을 모른다"라면서 현재의 상황을 언급했다.

과거의 사건을 어떻게 기억에 담아둘 수 있을까? 박물관이라는
장치가 짊어진 영원한 과제는 전시주제가 전쟁일 경우 더욱더
어려워진다.

기　　억　　을
만　드　는　　것

전쟁박물관

아직 '공적 기억'이 없는 일본

염주처럼 줄줄이 이어지는 것은 아니라 할지라도, 1945년 패전에 이르
기까지 근대일본은 쉼없이 전쟁을 치렀다. 1931년의 만주사변부터 계산
해 '15년전쟁'이라고 부르는 사람도 있다.

그 전쟁을 통사로 전시하는 국립박물관은 일본에 없다.

유일한 국립역사박물관은 찌바현(千葉縣) 사꾸라시(佐倉市)에 있는 국
립역사민속박물관(이하 '역사박물관')이지만, 전시는 고대부터 1920년대까
지로, 이후의 역사를 어떻게 그려낼지는 1983년 개관 이래의 현안이다. 이
는 일본의 정치가 이웃 나라들과의 역사문제로 흔들려왔다는 사실과 무
관하지 않다.

사실 이 박물관 개관 시기에도 일본은 역사 교과서 문제로 중국·한국
과 심각한 상황에 있었다. 그후에도 아시아·태평양전쟁의 의미를 둘러싸
고 국내 정계에서도, 또 대외적으로도 마찰이 끊이지 않았으니 눈치만 보
고 있던 역사박물관을 이해 못할 바는 아니다. '국립'박물관이라서 일본
입장에서는 전시내용이 '정사(正史)'라고 받아들일 수밖에 없기 때문이다.

전쟁박물관: 전쟁이나 군사적인 사건에 관해 전시하는 박물관 일반을 지칭하지만, 군사박물관·전쟁자료관·평화박물관 등 호칭은 여러가지다. 영국의 제국전쟁박물관, 폴란드의 아우슈비츠박물관, 호주의 전쟁기념관 등 많은 나라에 국립 전시시설이 있다. 미국에서는 히로시마에 원폭을 투하한 폭격기 에놀라 게이(Enola Gay)의 전시로 세계적인 논란이 된 국립스미쏘니언(Smithsonian)항공우주박물관 등이 유명하다. 일본은 오끼나와현 평화기원자료관이나 히메유리(ひめゆり)평화기원자료관, 히로시마 평화기념자료관, 토오꾜오 대공습·전쟁피해자료쎈터 외에 전국 지자체마다 크고 작은 전시·연구 시설이 있어 각지의 피해기록이나 전쟁체험을 전달하면서 전쟁과 평화를 생각하는 이벤트를 기획하고 있다.

특별전시를 시도한 적은 있다. 2006년, '사꾸라연대(佐倉聯隊)를 통해 본 전쟁의 시대'라는 전시가 그것이다. 현지에 있던 부대의 이야기인 탓에 많은 사람들이 직접 방문하여 이야기해주거나 새로운 사료를 제공하기도 했다. 그러나 연대(聯隊)의 역사라는 설정은 전쟁의 전반적인 모습을 그려내는 데 한계가 있었다. 이 연대가 출군한 청일·러일 양 전쟁에서부터 태평양전쟁 말기의 필리핀 레이테(Leyte)전투까지, 그렇다면 '왜' 전장에 나가게 되었는가 하는, 좀더 넓은 시야에서의 질문이 남을 수밖에 없기 때문이다.

또다른 국립시설로는 토오꾜오 쿠단(九段)에 위치한 쇼오와관(昭和館)이 있다. "전중·전후 국민생활의 고난을 후세대에 전달한다"라는 취지로 당시의 생활을 전하는 사료가 다수 전시되어 있다. 물론 흥미로운 전시품이 많기는 하다. 하지만 그런 고통스러운 생활을 초래한 원인, 즉 전쟁 자체에 대해서는 거의 아무것도 다루고 있지 않다.

역사박물관도 쇼오와관도 전쟁에 관해 일본은 아직도 '공적(公的) 기억'이라 불릴 만한 것이 없다는 사실을 여실히 드러낸다. 지자체나 민간의 역사 관련 시설에서는 여러가지 시도가 있었지만, '국립'이라는 이름이 붙으면 누구도 이의를 제기하지 않을 만한 '후방에서의 고난스러운 삶'을 전시하는 데 그치는 것이다.

야스꾸니신사에는 유우슈우관이 있는데, 겉보기에는 훌륭한 전쟁박물관이다. 하지만 전쟁이 일본의 자존자위를 위한 것이라는 주장이 이곳을 관통한다. 지금은 종교법인 부속시설임에도 일본의 전쟁관을 대표하듯이 해외에 비치기도 하지만, 이를 대체할 만한 국가시설이 아직 일본에는 없다.

중국과 한국은 일본과 대조적으로, 특히 일본과 엮인 전쟁에 관해서는 더할 나위 없이 확실한 관점을 가지고 있다. 잘못은 전면적으로 일본에 있고, 그 불합리한 침략과 식민지지배에 맞선 정의의 싸움이었다고 전쟁을 묘사하는 데 전혀 흔들림이 없다. 뻬이징 교외의 중국 인민항일전쟁기념관이 대표적이라 할 수 있는데, 일본의 폭거에 대항하는 공산당의 싸움을 찬양하는 데 전력을 쏟고 있다.

한국의 독립기념관은 일제지배의 가혹함을 실사모형으로 재현하여 상설전시하고 있으며, 개관 20주년인 2007년에는 「일제침략기 고문체험전」이라는 특별전도 야외에서 개최되었다. 등신대의 인형을 사용한 생생한 전시였는데, 김삼웅(金三雄) 관장은 "역사적 사실이며, 과장도 축소도 하지 않았다"라고 강조했다.

"일본국민은 대부분 평화롭고 신사적이라고 생각하지만 정치가는 어떤가. 야스꾸니참배 문제나 독도 문제만 하더라도." 김관장은 불신감을 감추지 않았다. 그 불신감을 구체화한 듯한 전시가 박물관의 정치성을 적나라하게 드러내고 있다.

한국에서는 전쟁이라고 하면 무엇보다도 먼저 한국전쟁을 떠올린다. 이 전쟁에 많은 부분을 할애하고 있는 것이 전쟁기념관이다. 권영효(權永孝) 관장은 "전쟁은 일어날 수도 있는 것이므로 한시도 눈을 떼서는 안된다. 하지만 그 비극성도 전달해야만 하기 때문에 균형을 고려해서 전시한다"라고 말한다. 국방의식을 고무하는 한편 전쟁의 비참함을 강조하는 것이기에 매우 어려운 과제임에 틀림없다.

병사들 동상이 입구에 서 있는 한국의 전쟁기념관. 서울에서 아사히.

역사기념시설에 대해 책을 쓴 정호기(鄭鎬基) 성공회대 교수는 한국에서도 "전쟁을 어떻게 기억할 것인지의 문제를 놓고 사회적 합의가 불충분하다"라고 말한다. 독립까지의 싸움이야 그렇다 치더라도, 한국전쟁이나 베트남전쟁에 대해서는 국내에서도 논란이 있다는 것이다.

"한국전쟁의 민간인 희생자는 오랫동안 조명을 받지 못했다. 베트남전쟁에서는 공산화를 막는 중요한 역할을 했다는 생각이 지배적이었지만 과연 그럴까? 참전한 이들의 고통과 그 댓가는 무엇이었는가? 그런 문제들이 다시 제기되고 있다."

국립기념관은 군사정권하에서 고안된 것이라고 비판하는 정교수는 전쟁에 대한 기억을 다른 식으로 담아내는 '평화박물관' 건립을 대학 관계자, 시민단체와 함께 구상하고 있다.

역사박물관으로 다시 가보자.

아시아·태평양전쟁을 포함한 쇼오와시기의 상설전시에 대한 검토가 시작되었다. 만주사변부터 70년대의 고도성장기까지를 상정하여 2년 후 봄에 공개하는 것을 목표로 진행중이다.

"아시아·태평양전쟁이 무엇이었는가 하는 질문을 포함해서, 일본 일국사에 국한되지 않고 현대란 무엇인가를 생각하는 자리가 되었으면 한다. 나아가 20세기란 무엇이었는가를 묻는 자리가 되길 바란다." 역사박물관의 야스다 쯔네오(安田常雄) 교수는, 그런 의미에서 전쟁에 관한 전시라기보다는 '현대에 관한 전시'가 될 것이라고 한다.

야스다 씨는 2007년 3월 베를린에서 열린 각국 역사박물관 관계자들의 심포지엄에 참가했다. 어느 나라나 "'미술관으로서의 박물관'에서 벗어나 어떻게 역사와 마주할 것인가"를 열심히 탐색하고 있는 모습이 인상 깊었다고 한다. 캐나다와 호주의 박물관은 키워드로 '다문화'를 들었고, 프랑스는 '이민'이었으며, 폴란드는 '자유'라고 답했다는 이야기를 듣고는 박물관의 가능성을 떠올릴 수 있었다.

물론 주제가 전쟁이라면 서구에서도 깨끗하게 정리될 수는 없을 것이다. 미국은 베트남전쟁과 관련하여 자국내의 평가가 분분하고, 원폭투하와 관련된 전시에서는 일본과 격렬하게 마찰을 빚고 있다.

그럼에도 홀로코스트에 대한 평가가 고른 유럽과 비교해보면—그리고 착실하게 진전되고 있는 유럽통합의 움직임을 보면—동아시아의 현재를 다시 생각하지 않을 수 없다. 베를린의 유대박물관처럼 고도로 추상화된 표현이 가능한 것도 홀로코스트를 둘러싼 독일의 정치적 해결이 있었기 때문일 것이다.

미래의 전시에 관해 야스다 씨는 다음과 같이 말한다.

"해석의 유동성과 다양성을 중시하고 싶다. 해답이 아니라 물음을 제시하고 싶은 것이다."

정치적인 논란에서 벗어나려는 술수라고 치부하면 그만일지 모른다. 하지만 전쟁, 나아가 역사에 관한 전시는 관람객도 지력과 체력이 필요하다. 상호작용 속에서 어떤 공적 기억에 도달하려 하는가? 정치에 맡기는 것만이 '정사'는 아닐 것이다. (후꾸다 히로끼)

한국**전쟁**과
베트남전쟁

아시아 · 태평양전쟁에서 일본이 패하자
동아시아지역은 동서 양진영이 첨예하게
대립하는 무대로 바뀌었다. 미국, 소련 등
초강대국에 중국도 가세하여 냉전 속에서
두 개의 전쟁이 빌발했다.

1. 두 개의 선이
한 마을의
운명을 바꾸다

한국전쟁

1950년 6월 25일에 시작되어 1953년 7월 27일에 휴전협정이 성립한 후 현재도 '휴전'상태이다.

한국에서는 개전일을 따서 '6 · 25전쟁' 또는 '한국전쟁'이라 하고, 북한에서는 '조국해방전쟁'이라고 부른다. 참전한 중국은 미국의 침략에 저항하고 조선을 지원했다는 의미에서 '항미원조(抗美援朝)전쟁'이라 부른다.

1948년에 성립한 한국(대한민국)과 북한(조선민주주의인민공화국)은 모두 한반도 전체를 자신의 영토로 규정하고 상대방을 '비합법'으로 규정했다. 한국전쟁은 당초 정권의 정통성을 둘러싼 내전의 성격이 강했으나, 미국 주도의 연합군과 중국군의 참전으로 국제전쟁으로 확대되었다. 소련도 공군조종사를 북한 편으로 참전시켰다. 일본도 미국측의 요청으로 비밀리에 소해정(掃海艇)을 파견했으며, 1명이 사망했다.

두 개의 선이 한 마을과 그 주민의 운명을 바꾸어놓았다.

하나는 일본 패전 후인 1945년 9월 미국과 소련이 점령지역을 나누기 위해 그은 38선이고, 다른 하나는 한국전쟁에서 격렬한 공방전 끝에 1953년 7월에 그어진 군사경계선이다. 마을은 처음에는 북측, 다음에는 남측의 일부가 되었다. 분단으로 운명이 크게 흔들린 마을은 지금 어떻게 되어 있을까? 나는 한국으로 향했다.

그 마을의 이름은 철원이다. 한반도의 '배꼽'이라 해도 좋을 정도로 한 가운데에 있다. 광대하고 풍요로운 평야의 중심에 위치하여 예로부터 교통의 요지였다. 일본의 식민지지배하인 1914년에는 현재의 서울과, 동한 만에 위치한 원산을 잇는 경원선이 철원을 통과하고 있었다. 경승지인 금강산까지 이어지는 다른 철로의 출발지이기도 했다. 철원역 앞에는 은행이나 상점이 즐비했고, 마을에는 병원과 극장까지 있었으며, 상수도도 정비되었다. 약 2만명이 생활하는 내륙의 중심으로 번성했던 것이다.

번화했을 그 장소를 향토사연구가 김영규(金榮圭)씨와 둘러보았다. 38선에서 북으로 약 30킬로미터, 눈이 쌓인 농지와 작은 나무들, 누런 풀밭이 펼쳐져 있었고, 백로나 두루미가 날개를 쉬고 있었다. 한가로운 풍경이지만 한국군 병사가 서 있는 검문소와 '지뢰'라는 빨간 간판이 걸린 철조

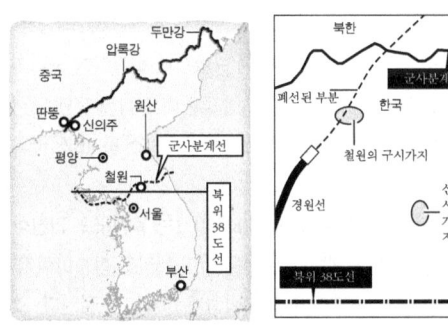

두 개의 선(좌)과 철원(우).

망이 군사경계선과 가깝다는 사실을 알려주고 있었다. 시야에 들어오는 수 킬로미터 앞의 산들은 북한땅이다.

예전 역전거리에는 벽이 까맣게 타고 무수한 탄흔으로 구멍이 뚫려 폐허가 된 건물이 쓸쓸히 서 있었다. "한국전쟁으로 인한 격렬한 시가전과 폭격으로 마을이 없어졌습니다. 지금도 민간인이 자유롭게 드나들 수 없는 구역이기 때문에 전쟁의 상흔이 그대로 남아 있는 것이죠"라고 김영규 씨가 설명해주었다.

일본 통치하에 태어나서 한국전쟁까지 역전 번화가에서 생활한 김송일(金松一)씨가 말하는 반평생은 두 개의 선 때문에 사람들이 겪은 운명의 비극을 생생하게 들려주었다.

1945년 해방으로 일본군 병사가 사라졌다고 생각한 것도 잠깐이었다. 마을에는 소련군 병사가 나타났다. 반도의 중심부에 있었던 마을은 주민들이 모르는 사이에 대국이 그은 선으로 북측에 편입되어 양진영이 서로 총을 겨누는 최전선의 마을이 되고 말았다.

이듬해 주민을 동원하여 북한 노동당 청사가 세워졌고, 마을 여기저기에 김일성의 초상화가 걸렸다. 38선은 북한 인민군이 경비하게 되면서 남측과의 자유로운 왕래도 불가능해졌다. "일본어를 배우도록 강요당했는데, 그 다음은 공산사상이더군요. 우리는 따를 수밖에 없었어요."

전쟁의 경과: 1950년 6월 25일 북한군이 북위 38도선을 넘어 남쪽으로 침공하여 3일 후에 서울을 점령했다. 미국은 '침략행위'로 비난했고, 1950년 7월 소련이 결석한 유엔 안전보장이사회에서 '유엔군' 파견결의가 채택되어 미군을 주도로 영국, 프랑스 등 16개 국가가 전투부대를 파견했다.
북한은 부산 인근의 낙동강까지 공격했지만, 매카서(McArther)가 이끄는 유엔군의 인천상륙을 계기로 9월 한국측이 서울을 탈환한다. 10월에는 38도선을 넘어 평양도 점령하여 일부는 중국 국경까지 나아갔다. 같은달 중국이 인민지원군을 파병하자 전세는 역전된다. 그

1950년 6월 38선으로 향하는 병사와 전차의 모습이 날마다 늘어간다 싶더니만, 얼마 안 지나 전쟁이 시작되었다. 다니던 고등중학교의 상급생과 동급생이 징병으로 끌려갔다. 김씨는 숨어 있었지만 아버지가 감금되었다는 소식을 듣고 자수했다. 그리하여 인민군 병사가 되어 전차부대 소속으로 남쪽으로 진군하게 되었다. 서울의 한강을 넘었으나 미군의 반격으로 후퇴한 후, 약 백일 만에 철원으로 돌아왔다. 그때 산을 넘어 탈영했고 이듬해 피난한 곳에서 미군기지의 바텐더로 일할 수 있었다.

하루는 손님인 장교가 자랑스럽게 전과를 말하고 있었다. 폭격한 장소를 듣고는 귀를 의심했다. "트라이앵글." 격렬한 공방전이 이어진 철원평야는 당시 '철의 삼각지'라고 불렸다. "내 직장이 있는 부대가 내 고향을 폭격하고 있다니, 인생은 왜 이렇게 무상한 것인가 싶더군요."

미국과 소련을 각각 등에 업고 1948년 한반도에 남북 두 개의 정권이 탄생했다. 대한민국의 이승만(李承晩) 대통령도, 조선민주주의인민공화국의 김일성 주석도 상대방에 대한 공격을 계획하고 있었다. 38선을 두고 쌍방의 군대가 대치하여 때때로 무력충돌도 일어났다. "언제가 될지는 몰라도 전쟁은 피할 수 없었다." 철원에서 만난 전쟁체험자는 이구동성으로 당시의 분위기를 전해주었다.

후 전선은 38도선 부근에서 일진일퇴를 반복했다.
같은해 7월에 정전교섭이 시작되었으나, 경계선의 위치나 포로 문제로 난항을 거듭한다. 교섭을 유리하게 하기 위한 격렬한 공방이 이어졌다. 1953년 3월 소련의 스탈린(Stalin)이 사망하자 이를 계기로 교섭이 본격화된다. 7월에 유엔군·북한군·중국군이 휴전협정에 서명했지만, 한국은 참가하지 않았다.
휴전협정으로 한국과 북한을 나누는 새로운 군사경계선이 그어져, 이 선에서부터 남북 2킬로미터까지가 비무장지대(DMZ)로 지정되었다.

'북에 협력'했다고 연행, 농민 등 153명 총살

처음엔 같은 민족끼리 전쟁이었지만, 미국의 매카서가 이끄는 유엔군과 중국군의 참전으로 대규모 국제전쟁이 되었다. 전선은 남북 사이를 오갔고, 민중은 그때마다 옷을 갈아입지도 못하고 피난했으며, 살아남기 위해 점령자를 따를 수밖에 없었다.

서울 교외의 고양시. 철도변의 작은 언덕에 오르자 우물처럼 어둡고 깊은 구덩이가 뚫려 있었다. 1995년, 여기서 153명의 유골이 발견되었다.

한국전쟁이 시작된 지 며칠 만에 이 일대는 북한의 지배하에 들어갔으나, 3개월이 채 되지 못해 다시 한국이 탈환했다. '적에게 협력'했다는 이유로 농민 등이 우익단체나 경찰에게 연행되어 구덩이 앞에서 차례로 총살당했다. 희생자 중에는 어린아이들도 있었다. 유족들의 호소로 조사를 시작한 독립기구 '진실·화해를위한과거사정리위원회'(이하 진실화해위원회)는 2007년 "경찰에 의한 불법적인 집단총살사건이었다"라고 인정하여 국가에 공식사과를 권고했다.

냉전하의 전쟁은 이데올로기 대립을 배경으로 수많은 참극을 초래했다. 미군에 의한 학살사건도 일어났다. 시민단체는 한국전쟁 전후 민간인 학살로 인한 희생자가 백만명에 이른다고 보지만, 1990년대 초반까지 이어진 군인 출신 대통령 밑에서 유족은 침묵을 강요당할 수밖에 없었다.

철원에 남아 있는 노동당 청사. 천정은 헐고 벽에는 무수한 탄흔이 있다. 김송일씨가 당시 마을의 그림을 보여주었다. 철원에서 아사히.

진실화해위원회의 상임위원으로 집단학살의 해명에 힘써온 김동춘(金東椿) 성공회대 교수는 민중에게는 학살이야말로 전쟁이었다고 지적했다.

"학살에 가담한 경찰이나 우익단체에는 일본의 식민지지배에 협력한 자들이 많았다. 미국과 소련이 38도선을 그은 것도 일본군의 무장해제를 위해서였다. 분단과 전쟁의 비극은 식민지지배의 유산이기도 한 것이다."

'자신의 땅을 지킨다'면서 중국지원병도 전장으로

한국전쟁에서는 남북 쌍방을 지원한 20만명이 넘는 외국인 병사가 목숨을 잃었는데, 그중에서도 중국의 사망자와 행방불명자는 18만명에 이른다. 왜 그렇게 많은 병사를 한반도로 파병했는가?

뻬이징에서 평양행 야간열차로 14시간, 중국 국경과 가까운 랴오닝성 딴뚱(丹東)역에 도착하여 거기서 다시 차를 타고 약 5분 정도 더 가서 압록강에 이르자 반대편 북한이 가까이 보였다. 강 한가운데가 국경선이다. 강을 가로지르는 '중조우의교(中朝友誼橋)'를 트럭이 차례로 지나가고 있다. 중조무역의 약 7할이 딴뚱을 경유한다고 한다. 다리는 원래 중국 동북부 만주국 시절인 1943년에 일본이 만든 것이다. 그 옆에 나란히 강 위에서 끊긴 다리가 있다. 한국전쟁의 폭격으로 북한쪽 부분이 부러지듯 무너져 '압록강 단교(斷橋)'라고 불린다. 이 다리도 일본이 대한제국을 합병하

이듬해 한반도를 남북으로 관통하는 철도와 대륙의 철도를 잇기 위해 세운 것이다. 예전에 안둥(安東)이라 불린 변경의 마을 딴둥은 일본군의 대륙침략 거점이었다.

시가지를 굽어보는 언덕에 세워진 항미원조기념관을 방문했다. 한국전쟁의 양상을 전시하는 곳이다. 관내에는 녹슨 총이나 수류탄, 진군나팔, 격추된 미군기의 파편이 전시되어 있다. 김일성이 "조선을 미제의 식민지로 만들 수는 없다"라며 마오 쩌둥에게 지원을 호소한 편지나, 마오의 장남 마오 안잉(毛岸英) 등 한국전쟁에서 사망한 '영웅'의 흉상도 있었다.

자오 예쥔(趙業君) 관장은 "딴둥은 조선의 전장에 가까울 뿐만 아니라 마을도 끊임없이 폭격을 받아 희생자가 속출했다. 전쟁은 중국을, 딴둥을 지키기 위한 싸움이었다"라고 했다. 한국군과 유엔군이 38도선을 넘어 북진한 1950년 10월 중국의 '인민지원군'이 압록강을 건너와, 딴둥은 출격과 군수보급의 거점이 되었다. 박물관이 세워진 언덕에는 사령시설이 있었다고 한다.

참전했던 병사를 만났다. 84세인 쑨 징쿤(孫景坤) 씨는 딴둥 태생이다. 일본의 패전으로 관동군이 철수한 후 중국 공산당의 토지개혁으로 소작농이었던 쑨 씨도 토지를 얻었다.

압록강을 건너 전장으로 향할 때의 심정을 묻자 쑨 씨는 이렇게 말했다.

김일성(1912~94). 조선민주주의 인민공화국(북한) 건국 당시의 최고자이다. 1972년 신설된 국가주석에 올라, 1994년 사망할 때까지 계속 최고지도자의 자리에 있었다. 중국 동북부 등지에서 항일 유격대 운동을 전개했으며, 일본이 패전한 후 소련군과 함께 평양으로 들어갔다. 한국전쟁에서는 인민군 최고사령관이었다. 그 후 중소대립을 배경으로, 독자적인 주체사상을 내걸고 독재체제를 굳혔다. 1994년, 첫 남북정상회담이 예정되어 있었는데, 직전에 급서했다.

"아내와 계속 만나지 못한 것이 힘들었다. 하지만 미군이 언제 공격해 와도 이상할 게 없었으니 겨우 얻은 땅을 지키기 위해서도 필사적으로 싸우자고 다짐했다." 전장에서는 미군과 백병전을 반복했고 21명을 죽였다고 한다. 같은 부대 120명 중에 살아남은 이는 5명뿐이었다. 쑨 씨는 허리에 폭탄 파편이 박히고 어깨에도 총탄을 맞았지만, 그래도 아내와 재회할 수 있었다.

신중국(新中國)은 참전 전년에 성립되었다. 지배지역도 전국을 포괄하지 못했고 국민당과의 내전으로 황폐해진 국토의 재건도 과제였다. 무엇이 참전의 결정적 계기가 되었는가? 냉전기 중국외교를 연구하는 뉴 쥔(牛軍) 베이징대학 교수는 이렇게 설명했다.

"중국은 1950년 가을 대만에 군대를 파견할 준비를 하고 있었는데, 한국전쟁 때문에 미군이 제7함대로 대만해협을 봉쇄하여 긴장이 고조되었다. 또 김일성이 전쟁에 지면 동북부에 망명정권을 받아들이도록 암암리에 소련의 요청을 받고 있던 터였다. 그렇게 되면 압록강을 끼고 미군과 직접 대치하는 상황이 되는 것이었다."

대륙에서 '미중전면전쟁'의 위험성을 피해야 한다는 생각은 미국도 같았다. 원폭투하와 대만 국민당군의 파병을 주장한 매카서를 트루먼(Truman) 대통령이 해임한 것이다. 3개월 후인 1951년 7월에 휴전교섭이

이승만(1875~1965). 대한민국(한국)의 초대 대통령이다. 독립운동으로 투옥된 후, 미국으로 건너갔다. 상하이 임시정부의 수반도 맡았지만, 해방까지 미국을 거점으로 활동했다. 1945년 10월에 귀국하여 우파의 지지를 모았다. 1948년, 남한에서의 단독선거를 거쳐 수립된 정부의 대통령이 되었다. 한국전쟁 후에는 독재 의도를 드러내 1960년 선거에서 4선을 했지만, 정권부패와 부정선거를 규탄하는 학생들의 데모 '4·19혁명'으로 사임하고 하와이로 망명했다.

시작되었다. 한국전쟁에서 중국은 북한에 대한 영향력을, 미국은 한국에 대한 영향력을 높였다. 대국의 전략을 빼고 생각할 수 없는 반도의 운명은 지금도 변하지 않았다.

마지막으로 다시 철원 이야기로 돌아가보자.

폐허가 된 구시가지를 대신하여 휴전 후 10킬로미터 남쪽에 철원군의 새로운 중심가가 생겨났다. 그곳에 생활터전을 마련한 이들 중에는 북한에 고향이 있는 '실향민'이나 생이별을 할 수밖에 없었던 이산가족이 적지 않다. 경원선 개통 90주년인 2004년, 그 주민들이 철원역터에 모여 한국전쟁으로 분단된 철로의 복원과 평화통일을 기원했다.

최근 기쁜 소식이 주민들에게 전해졌다. 이웃 군까지만 이어졌던 철로를 철원군 내까지 일부 복원하는 공사가 2008년 3월에 시작된다는 것이다. 군청에서 만난 정호조(鄭鎬祚) 군수가 꿈을 말해주었다. "철원은 남과 북이 만나는 마을입니다. 통일이 실현된다면 여기가 새로운 수도가 될 가능성도 있습니다. 언제가 될지는 모르지만요."

(나까노 아끼라)

248

전후 일본의 진로를 바꾸다

한국전쟁은 일본에 무엇을 가져왔을까?

전쟁의 '특수'는 전후 부흥의 기폭제가 되었다.

경찰예비대(자위대)의 창설, 강화와 미일안보조약의 체결 등도 그 결과이다. 전쟁중 일련의 사건은 일본을 공산권에 맞선 '방파제'로 자리매김하는 계기가 되었다. 미국측 전략의 반영이었다.

방파제의 중요한 거점이 된 것은 오끼나와였다. 한국전쟁 때 카데나(嘉手納)기지에 원폭이 반입되었고, 시험을 위해 모의 원폭을 하거나 거대폭탄을 투하할 폭격기가 북한을 향해 몇번이나 이륙했다는 미국인 연구자의 지적도 있다.

당시 기지에 가까운 온나촌(恩納村)에 살던 오오시로 야스히데(大城保英) 씨는 매일 저녁 동중국해를 넘어 북방에서 돌아오는 프로펠러 폭격기를 목격했다. 휴전교섭이 계속된 1953년 4월, 미군은 토지징용령을 내려 저항하는 민중을 쫓아내고 불도저로 집과 전답을 부수어 새로운 기지를 늘려나갔다.

히야네 테루오(比屋根照夫) 류우뀨우대학 명예교수는 "한국전쟁을 통해 미국은 군사거점으로서 오끼나와의 중요성을 재인식"했다고 지적했다. 이후 베트남전쟁에서 오끼나와는 최대규모의 폭격거점이 된다.

2. 한국의
   베트남
   참전

베트남전쟁

2차대전 후, 예전 종주국 프랑스는 다시 베트남의 식민지화를 목표로 군을 파견했지만 1954년 디엔비엔푸(Dien Bien Phu)전투에서 패하여 철수한다. 제네바협정에 의해 북위17도가 잠정 군사경계선으로 정해졌다. 북부는 호찌민(Ho Chi Minh) 주석의 주도로 사회주의를 표명한 베트남민주공화국(북베트남)이, 남부에서는 자본주의의 베트남공화국(남베트남)이 지배하여 서로 대립했다. 남부에서는 1960년 남베트남해방민족전선이 결성되어 북베트남의 지원을 받아 게릴라활동을 전개하여 미군·남베트남군과 전투를 벌였다.

미국은 미소의 냉전하에서 북베트남 세력이 확장되면 세계적으로 공산주의가 확장된다는 '도미노이론'을 근거로, 1962년 남베트남을 지원하기 위해 군사원조사령부를 현지에 두고 공공연하게 개입하기 시작했다.

1964년 미국 함정이 공해상에서 북베트남에 공격당했다고 미국측이 주장하는 통킹(Tongking)만 사건이 발생한다. 존슨(Johnson) 미국 대통령은 1965년에 북베트남을 전면공격하면서 해병대도 상륙시켰다. 그러나 부패한 독재 베트남정권은 민중의 지지를 잃어 해방전선의 공격조차 막지 못했다. 전비확대, 인명피해, 세계적인 반전운동 등에 직면한 미국은 철수를 결정하고, 1973년 1월 남북 베트남과 미국, 남베트남 임시혁명정부 등 4자가 빠리평화협정을 체결한다. 그러나 북베트남과 해방전선은 공격을 강화했다. 1975년 4월 30일 사이공(Saigon, 현 호찌민시)이 함락, 남베트남정권이 붕괴하며 전쟁이 끝났다. 이듬해 남북통일선거로 베트남사회주의공화국이 태어났다. 미국은 전사자 5만 8천명, 부상자 30만명이었고, 베트남은 전사자 1백수십만명 또는 2백만명 이상이라 추정된다.

한국에 최근 베트남음식점이 급격하게 증가했다. 쌀국수에 숙주나물을 듬뿍 넣은 포(pho)가 인기다. 한국정부에 의하면 2006년 한국남성과 베트남여성 간의 결혼은 중국여성 다음으로 많은 1만1백쌍 남짓이다. 전년 대비 7할 이상이나 늘었다. 특히 심각한 배우자 부족에 직면한 농어촌에 많다.

한편 베트남 호찌민시의 공항은 한국인 관광객이 넘쳐나고 있었다. 2007년에 이 나라를 방문한 한국인은 약 43만명으로 중국인 다음의 큰 고객이다. 한국과 베트남은 모두 유교의 영향을 받아 어른을 공경하고 가족 간의 결속이 강하다. 하지만 한국인과 베트남을 연결시키는 것은 그것만이 아니다.

베트남전쟁이 있다.

한국은 남베트남을 지원하기 위해 파병했다. 1964년에서 1973년까지 베트남 중부를 중심으로 총 32만명을 보냈다. 의료부대로 시작하여, 맹호·백마·청룡 등 용맹스러운 이름의 정예부대가 차례로 파견되었는데, 규모로는 전쟁 주역인 미국 다음이었다. 병사 외에도 군과 관련하여 베트남에 가서 일한 덕분에 고향에 으리으리한 집을 지은 사람도 적지 않다고 한다.

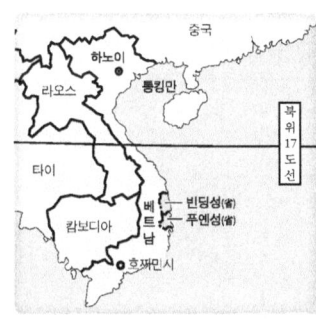

베트남 빈딩성과 푸옌성.

서울의 전쟁기념관은 군복을 입은 군인들로 북적대고 있었다. 거기서는 베트남파병에 대해 "공산 침략자와 싸운 자유베트남에 대한 지원은 집단안보를 위한 국토방위책의 일환이었다"라고 설명되어 있다. 동굴에 숨은 '베트콩'(남베트남해방민족전선)을 얼마나 소탕했는지 그림으로 자랑스럽게 보여주고 있었다.

"베트콩은 미군과 싸웠지만 한국군을 보면 무서워서 도망갔다." 고등학생을 인솔한 교사의 목소리가 들렸다.

명분은 미국에 은혜 갚기, 실리는 전쟁특수

도대체 왜 멀리 떨어진, 자국의 안전보장과 얼핏 보기에 무관하게 보이는 전쟁에 32만명이나 되는 병사를 파견했을까?

베트남참전이 한국경제에 미친 영향을 연구하는 시즈오까대학 박근호 (朴根好) 교수는 미국의 외교문서를 상세히 조사하여 "한국의 파병은 대의명분과 실리가 맞아떨어진 결과"라고 결론짓는다. '대의명분'이란 한국전쟁에서 미국이 한국측과 함께 싸워준 데 대한 보은이라고 한다.

그렇다면 '실리'란 무엇일까?

당시 브라운(Brown) 주한 미국대사는 험프리(Humphrey) 부통령에게 한국의 파병이 '일석삼조에 플러스알파'의 효과를 가져다줄 것이라 보고

했다. '삼조'란 한국의 경제발전, 한미관계 강화, 한국군의 전투력 향상이었다.

1961년 5월 쿠데타로 권력을 잡은 박정희(朴正熙) 국가재건최고회의 의장(훗날의 대통령)은 11월에 미국을 방문하여 케네디(Kennedy) 대통령에게 베트남파병을 언급했다. 미국의 환심을 사서 군사정권의 정통성을 인정받는 일이 중요했기 때문이다. 실제 파병은 존슨 대통령으로 바뀐 다음이었지만, 우선 1964년 9월 베트남에 의료부대와 태권도 교관을 파견했다.

"박대통령 등 정부 수뇌부는 일본이 한국전쟁의 특수로 전후 부흥에 성공한 것을 잘 알고 있었다. 한국도 베트남전쟁에 적극적으로 참여하여 특수에 의한 경제발전을 이룩하고자 했던 것"이라고 박교수는 설명했다.

당시 한국은 미국에서 들어오는 원조도 줄어들어 외화부족이 심각한 상황이었다. 빈곤에서 탈출하기 위한 수단이란 베트남참전으로 미국 관련 특수를 누리거나 원조를 받는 것, 그리고 1965년 일본과 국교정상화의 댓가로 경제협력자금을 받는 것이었다.

박교수에 의하면 한국은 1965년부터 1972년까지 미국발 베트남 특수로 윤택해졌고, 그 총액은 10억 2천만 달러에 달한다고 한다. 그중 72퍼센트가 노동자·군인의 송금, 도로건설, 준설공사, 수송 등 무역 외에서 벌어들인 것이었다. "한국은 팔 것이 없어서 노동력을 제공할 수밖에 없었다"

박정희(1917~79). 한국군인 출신 대통령. 만주 군관학교, 일본 육군사관학교에서 배우고 관동군에 배속되었다. 한국정부 수립 후에는 한국육군 소장이 되었다. 1961년 5월 16일, 쿠데타를 주도하여 국가권력을 잡았다. 국가재건최고회의 의장, 대통령 권한대행을 거쳐 1963년 대통령 선거에 당선했다. 재임중에 급속한 경제발전을 이루었지만, 재벌과 유착하고 부패를 낳았다. 3선금지 헌법을 개정하는 등, 독재체제를 강화하고 정치적 적들과 민주화운동을 탄압했다. 1979년 10월 26일, 연회 자리에서 측근 김재규 중앙정보부(KCIA) 부장에 의해서 시해되었다.

라는 것이 박교수의 설명이다. 현대·한진·대우·삼성 등 훗날의 대재벌
은 베트남 특수로 발전의 기초를 마련했다. "베트남행 버스를 놓치지 말
라"라는 구호를 외치며 병사도 노동자도 기업도 전장으로 향했다.

베트남전쟁은 1975년 '사이공 함락'으로 끝난다. 박대통령은 4년 후에
암살되었지만, 이후에도 전두환(全斗煥), 노태우(盧泰愚) 등 군인 출신 대
통령이 계속 등장한다. 게다가 두 사람 모두 베트남에서 지휘관으로 활약
했다. 전쟁에 따른 손실을 공공연하게 입에 담는 것은 그 시대에는 감옥행
을 각오해야만 하는 일이었다.

한국군에 의한 학살, 민주화로 만천하에 드러나

1999년, 한국의 베트남전쟁관을 뒤흔든 일이 일어났다.

주요 주간지인 『한겨레21』이 "한국군이 베트남에서 노인이나 어린이,
여성을 많이 죽였다"라는 기사를 실은 것이다.

기사를 쓴 것은 베트남에 유학중이던 역사 전공 대학원생 구수정(具秀
姃)씨였다. 한국이 1992년에 베트남과 국교를 정상화하자 구씨는 이듬해
유학을 떠났다. 1997년 말에는 긴 세월 군사정권에 의해 탄압당했던 김대
중(金大中)이 대통령에 당선되었다. 이러한 상황 속에서 판도라의 상자가
열렸다.

케네디 대통령.

호찌민시에서 지금도 사건의 조사를 계속하고 있는 구씨를 만났다. 계기는 한국군에 의한 민간인 학살을 조사한 베트남 당국의 내부문서를 입수한 것이었다고 한다.

"임산부나 아이들을 죽였다는 내용에 놀랐다. 살아남은 사람들에게서 이야기를 듣고 문서내용이 틀림없다는 사실을 확인했다." 구씨는 자신의 구술조사를 바탕으로 학살의 피해가 적어도 9천명에 달한다고 본다.

예전에 한국군이 주둔하고 있던 빈딩(Binh Dinh)성 타이빙(Thai Binh)촌에서는 오리나 닭 들이 길을 지나다니고 논에서는 물소가 놀고 있었다.

"이 상처를 봐요." 56세 응우옌통롱 씨는 갑자기 바지를 내리고 다리의 상처를 보여주었다. 수류탄 파편이 몸 안에 남아 있다고 한다. 고통을 견딜 수 없을 때는 술을 마신다. 이 날도 얼굴이 빨갰다.

사건은 1966년 2월에 일어났다. 아침 9시가 지나 한국군이 마을에 들어와 마을사람 68명을 한곳에 모아서는 모두 엎드리라고 했다. 사람들을 향해 일제히 총을 쏘더니 수류탄을 던졌다. 12살이었던 여동생 퐁 씨는 머리에 총을 맞았고, 어머니는 두 다리를 한 순간에 잃었다. 롱 씨는 눈이 새빨개지면서 울음을 터뜨렸다. "어머니는 죽기 직전 살려달라고 소리쳤다. 나도 다리를 다쳐서 움직일 수 없었다. 어머니께 아무것도 해드리지 못해 죄송하다." 마을에서 살아남은 사람은 롱 씨를 포함하여 세명뿐이었다.

어머니와 여동생이 살해당한 현장에 서 있는 롱 씨의 모습. 그 뒤에 위령비가 있다. 베트남 빈딘성 타이빙 마을에서 아사히.

희생자의 이름을 새긴 위령비 옆에 벽화가 있다. 호랑이마크를 단 맹호부대의 병사가 수류탄을 손에 들고 마을사람들을 뒤쫓고 있다. 집이 불타고 절규하는 주민들. 롱 씨는 벽화를 가리키면서 "박정희군(軍)은 정말 무서웠다"라고 말했다.

베트남에서는 학살사건이 벌어진 성의 박물관장이 실태조사를 진행하고 있다. "생후 몇개월 된 아기와 노인들도 살해당했습니다. 아기와 노인이 무기를 갖고 있습니까? 무저항일 수밖에요. 정말 참혹합니다." 푸옌(Phu Yen)성 조사의 책임자 응우옌티킴호아(Nguyen Thi Kim Hoa) 부관장이 학살의 장소와 희생자 수를 정리한 보고서를 읽어내려갔다.

성내 33개 장소에서 679명의 희생을 확인했다고 한다. 왜 무장하지 않은 사람을 그렇게도 많이 죽였는가? 성공회대의 한홍구(韓洪九) 교수는 한국전쟁과의 연관성을 지적한다. "병사들은 한국전쟁을 체험했다. 공산주의자는 인간이 아니며 죽여야 한다는 반공이데올로기 속에서 성장한 것이다. '빨갱이사냥'을 위한 심리적 준비가 이미 되어 있었던 셈이다."

한국에서는 구수정씨의 기사에 자극받은 시민들이 움직였다. 민주화운동의 주역들도 많았다. 『한겨레21』에서 고발캠페인을 진행한 고경태(高暻兌) 기자는 "우리는 일본 식민지지배의 피해자였다. 베트남전쟁에서도 고엽제 피해 등 어디까지나 피해자라고 생각했었다. 하지만 학살이 드러나면서 가해자였음이 만천하에 드러난 것이다"라고 말한다.

독자들의 모금으로 베트남에 위령공원이 만들어졌다. 한국의 시민단체가 위령비를 세워, 피해자에게 생활비를 지원하거나 집을 수리해주었다. 한국인 의사는 자원봉사로 마을사람들을 진찰하고 젊은이들은 현지 캠프를 통해 역사를 배웠다. 시민들의 사과와 화해를 위한 행동은 지금도 계속되고 있다. 이러한 움직임에 떠밀리듯 한국정부도 학교와 병원 건설을 원조하고 있다.

1998년 김대중 대통령은 하노이를 방문하여 베트남전쟁에 대해서 이렇게 말했다.

"과거의 한때 불행한 시기가 있었음을 유감스럽게 생각한다."

이 말에 대해 베트남 판반카이(Phan Van Khai) 수상은 "과거를 일단락 짓고 미래를 보자"라고 말했을 뿐이다. 공산당 독재하에서 도이모이(Doi Moi)라 불리는 개혁개방으로 경제발전을 추진하는 베트남에게 한국은 중요한 파트너다. 그런 배려도 엿볼 수 있는 대목이다.

한국은 학살에 대해 제대로 된 진상조사를 하고 있지 않다. '포괄적인 과거청산'을 내건 노무현(盧武鉉) 정권은 군사정권에 의한 인권침해 조사를 추진했지만 이 문제까지 손을 대지는 못했다.

한편 파견된 병사들은 미군의 고엽제 살포지역에서 전투를 벌여, 10만 명 이상이 후유증으로 보이는 질병 때문에 고통받고 있다. 가혹한 경험으로 인한 정신질환을 앓는 이도 있다.

서울 시내에 사는 김태근(金泰根)씨는 1965년부터 2년간 맹호부대의 일원으로 파견되었다. 귀국하자마자 머리가 아파오더니 의식을 잃고 말았다. 입원과 퇴원을 반복하여 일도 제대로 하지 못했다. 고엽제 후유증으로 왼쪽다리가 가늘어지더니 이제 마비되어 걷지도 못한다. "나라를 위해 전쟁에 나갔는데 몸이 이렇게 되어버렸다. 치료방법이 없어서 괴롭다." 돌봐주던 아내가 먼저 세상을 뜨는 바람에 국가에서 나오는 소액의 상이보상금으로 홀로 생활하고 있다.

베트남전쟁은 지금도 한국사람들에게 짙은 그림자를 드리우고 있다.

(사꾸라이 이즈미)

많은 나라가 파병

베트남전쟁은 냉전하에서 많은 나라와 관계된 국제전쟁이었다. 사회주의를 내건 북베트남에는 중국이 방공작전부대나 도로건설부대 등을, 구소련이 군사고문 등을 파견했고, 북한은 공군조종사들을 보냈다.

미국은 동남아시아에서의 공산주의 확대를 저지하기 위해 1954년에 군사동맹인 동남아시아조약기구(SEATO)를 결성했다. 남베트남에는 미국과 한국을 비롯해, 대만, 스페인, SEATO가맹국인 오스트레일리아, 뉴질랜드, 필리핀, 태국 등이 파병했다.

일본은 전투에는 참가하지 않았지만 미국의 요청으로 남베트남에 경제원조를 실시했다. 1972년까지 미국 점령하에 있던 오끼나와기지에서 미군이 베트남으로 출격했다. 미일안보체제 속에서 요꼬스까(橫須賀)나 사세보(佐世保) 등 일본 내 미군기지도 보급이나 수리 등 중요한 역할을 담당했으며, 베트남에서 상처를 입은 미군병사는 일본에서 치료를 받았다.

1960년대 후반에는 미국과 유럽에서 반전운동이 고조되었다. 일본에서도 작가인 고(故) 오다 마꼬또(小田實) 씨 등이 1965년에 '베트남에 평화를! 시민연합(베평련)'을 결성하여 반전운동을 주도했다.

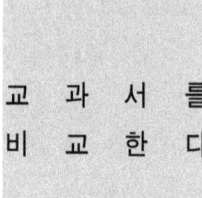

교 과 서 를
비 교 한 다

	한국전쟁	베트남전쟁
	각국의 서술 분량과 특징은?	
일본	「식민지 해방과 아시아」 항목에서 7줄.	3줄뿐. 15년 전엔 배경 포함하여 약 1면.
중국	중국사에서 5면으로 상세하게.	세계사에서 3줄.
한국	자국사에서 3면. 세계사에서도 다룸.	자국사에서 군대 파견에 대해 1줄.
대만	세계사·중국사·대만사에서 다루고 있으며, 세계사에서는 1면 정도.	세계사에서 1면.

일본

최소한의 사실을 담담하게

토오꾜오서적의 『새로운 사회: 역사』는 한국전쟁을 단독 항목으로는 다루지 않는다. 국제연합의 성립과 냉전 등을 기술한 「두 개의 세계와 아시아」라는 2면 분량의 단원에서 「식민지 해방과 아시아」 항목 중 7줄의 설명이 있을 뿐이다.

조선은 식민지 상태에서 해방되었지만 북위 38도선을 경계로 북을 소련에, 남을 미국에 점령당하여 1948년 북에는 조선민주주의인민공화국이, 남에는 대한민국이 수립됐습니다. 1950년 북한이 한국을 침공하여 한국전쟁이 시작되었습니다. 미국 중심의 유엔군이 한국을, 중국의 인민의용군이 북한을 각각 지원하여 전쟁은 1953년 휴전협정이 체결될 때까지 계속되었습니다.

학습지도요령의 개정으로 수업시간수가 줄어들어 분량이 삭감되었다고는 하지만, 최소한의 사실이 담담하게 나열되어 있다는 인상은 지울 수 없다.

한편 같은 출판사의 15년 전 교과서에서는 같은 항목인 「두 개의 세계와 아시아」에 7면을 할애했다. 국제연맹의 성립→아시아 등 여러 민족의 독립→미국과 소련의 대립→두 개의 세계와 냉전→한국의 분열과 새로운 중국→점령정책의 전환→한국전쟁→쌘프란씨스코강화회의의 순으로 항목을 설정하여, 인과관계까지 설명함으로써 이해하기 쉬운 구성이었다.

와따나베 사회편집부장은 "한국전쟁과 일본의 관계에 얼마나 지면을 할애할 것이냐의 문제이다. 고등학교 입시를 위해 최소한 습득해야만 하는 지식이 있기 때문에, 지금 교과서에서는 배경보다는 사실을 나열한다는 경향이 있다. 전후사나 냉전구조를 어떻게 다룰 것인지가 과제 중 하나이다"라고 말한다.

베트남전쟁도 현재의 교과서에는 3줄뿐이다. 15년 전의 것은 배경을 포함하여 약 1면 분량이었다.

중국

조국을 지키기 위한 싸움 강조

인민교육출판사의 『중국역사』에서는 「중화인민공화국의 성립과 확립」이라는 단원에 5면이 할애되어 있다. 전쟁의 당사자인만큼 지도와 사진을 함께 싣고 설명도 상세한데, 다음과 같이 시작한다.

1950년 6월 조선에서 내전이 발발했다. 미국은 즉시 파병하여 조선을 침략했다. 미국군을 중심으로 한 이른바 '유엔군'은 '38도선'을 넘어 일거에 중국과의 국경인 압록강변까지 진격했고 (…) 미국 제7함대는 중국의 대만해협에 침입하여 인민해방군의 대만해방을 저지했다. 미국의 침략활동은 중국의 안전에 중대한 위협이었다.

또 참전에 대해서는 다음과 같이 설명하면서, '조국을 지키기' 위한 싸움이었다는 사실을 강조한다.

조선민주주의인민공화국은 중국정부에 파병원조를 요청해왔다. 미국에 저항하고 조선을 도와 집과 조국을 지키기 위해 1950년 10월에 펑 떠화이(彭德懷)를 사령관으로 하는 중국인민지원군이 조선의 전선으로 파견되어 조선의 군민과 더불어 미국 침략자에 반격을 가했다.

한편 베트남전쟁은 세계사 교과서에서 다루고 있다. 미군 사진 1장이 게재되어 있지만 설명은 3줄뿐이다. "미국은 1960년대 초부터 베트남을 침략했다. 베트남인을 이용하여 베트남인을 공격했고, 거기에 직접 출병까지 했지만 실패했다"라고 서술한다.

한국

전황도 자세하게 3면으로 설명

한국에서는 6월 25일에 일어났기 때문에 '6·25전쟁'이라고 불리거나, 또한 '한국전쟁'이라고 불린다. 교과서에서는 '6·25전쟁'이 많다. 세계사

분야인 『사회 2』와 한국사를 다루는 『국사』 양쪽에서 다루고 있는데, 당연한 일이지만 국사 쪽이 전쟁의 원인부터 영향까지 3면에 걸쳐 상세하게 설명하고 있다. '북한'이란 북조선, '남한'이란 한국을 지칭한다.

북한 공산정권은 소련과 비밀군사협정을 맺고 군사력을 증강하는 한편, 대한민국에 대한 무력남침 준비를 서둘렀다.

북한은 (…) 남한에 대해 평화공세를 펼치며 남침의도를 숨기다가 1950년 6월 25일 새벽에 38도선 전역에 걸쳐 남침을 감행했다.

그후 유엔군의 파병, 인천상륙작전에 의한 반격, '중공군'의 개입 등을 거쳐 1953년 휴전에 이르기까지 지도를 사용하면서 전황을 설명하고 있다.

한국만으로도 150만명의 사상자가 생겼다는 사실이나, 전쟁고아나 이산가족 발생, 국토의 황폐화, 경제시설 파괴 등을 지적한 뒤에 전쟁의 영향에 대해 다음과 같이 서술하고 있다.

남북한간에는 전쟁으로 인해 적대 감정이 팽배하게 되었고, 그 결과 평화적인 통일보다는 대결의 국면으로 치닫는 민족의 비극이 확대되었다.

국사편찬위원회의 김득중(金得中) 박사는 "우선 가르쳐야 할 것은 전쟁이 북한의 남침이었으며, 큰 피해가 발생했다는 사실"이라고 말한다. 김 박사에 의하면 1949년 즈음부터 38선에서 수많은 분쟁이 일어났고, 한국의 이승만 대통령도 '북진통일'을 주장했다는 사실이 최근의 연구로 밝혀졌으나 "교과서에는 아직 반영되지 않았다"라고 말한다.

베트남전쟁에 대해서는 국사 교과서에서 박정희 정권이 "베트남에 국군을 파병했다"라고 1줄도 안되는 분량으로 기술한다.

대만

미국-대만 관계의 변화에 초점

대만 교과서에서는 한국전쟁을 '한전(韓戰)'이라고 표현한다. 북조선을 북한, 한국을 남한이라고 부르고 있기 때문이다. 세계사·중국사·대만사 전 분야에서 다룬다. 한편 베트남전쟁은 세계사 분야에서만 다룬다.

널리 사용되는 난이서국의 『국민중학: 사회』 세계사 부분에서는 2차대전 후의 「지역분쟁」 항목에서 그림이나 사진을 포함하여 한국전쟁에 1면이 넘는 분량, 베트남전쟁에 1면을 할애한다. 한국전쟁의 발발에 대해서는 다음과 같이 기술한다.

> 1950년 북한은 소련의 강력한 지시로 남한을 침공했다. 유엔 안전보장이사회는 남한을 지원하기 위해 출병을 결의했고, 미국의 매카서 장군이 총사령관이 되었다.

또 대만사 부분에서는 4줄 정도로 다음과 같이 언급한다.

> 정부가 대만으로 옮긴 초기에 정세는 위태로웠지만, 한전의 발발로 미국이 함대를 파견하여 대만해협을 공동방위하자 정세는 차차 안정되었다. 1954년에는 중미상호방위조약을 체결하여 중미협력을 강화했다.

중국사 부분에서는 「중공정권의 개황」 항목에서 '항미원조지원군'의 사진을 게재하여 3줄 정도로 다루고 있다.

국민당 정권하인 1983년의 역사과정표준에 기초한 교과서에서는 세계사에서 한국전쟁에 대해 1면 분량의 지도를 게재했지만 설명은 짧았다.

저우 후이민 정치대학 역사학부 교수는 "이전에는 대학생도 한전을 거의 몰랐다. 하지만 한전은 중요한데, 그 전쟁이 없었으면 대만의 지위가 변했을 수도 있기 때문이다"라고 상세하게 다루게 된 의도를 말했다.

베트남전쟁에 대해서는 "미국은 공산세력이 동남아시아를 석권하는 것을 저지하기 위해 베트남 전장에 파병하여 개입했다"라고 설명하면서, 도망치는 베트남의 어린이나 미국의 반전시위 사진을 함께 싣고 있다.

한국영화는 한국전쟁, 남북분단을 계속 그려왔다. 최근 일본에서도 인기를 얻은 '한류' 작품은 민족의 비극에 새로운 방식으로 접근하고 있다.

기　억　을
만　드　는　것

한국전쟁과 영화

신세대 감독들, 검열폐지*로 다양한 표현을

1990년대 말, 한국영화는 크게 바뀌었다.

그 변화의 한 단면은 2000년 경부터 차례로 등장한 한국전쟁이나 남북분단에 관한 대작에서 엿볼 수 있다. 할리우드영화 못지않게 빠른 템포로 전개되는 격동의 스토리, 박진감 있는 액션, 그리고 웅장한 스케일. 그러나 새로움은 무엇보다도 전쟁이나 분단에 대한 '표현'에 있었다.

강제규(姜帝圭) 감독은 국내외에 새 시대 한국영화의 힘을 알린 「쉬리」

* 영화법과 검열: 한국의 영화제작은 일본식민지시대에 시작돼 조선총독부의 통제·검열을 받았다. 해방 후에는 한국전쟁의 혼란기를 거쳐 1962년에 사전신고·상영허가제도를 정한 '영화법'이 제정되었다. 이 영화법은 1986년까지 6번 개정되었지만, 1966년 개정으로 씨나리오까지 포함하는 사전검열이 도입되었다.
체제유지를 위해 문화·예술활동을 규제한 박정희 정권시대인 1973년 4차개정으로 검열은 한층 엄격해졌다. 영화계에서 1970년대는 가장 어두운 시대였다. 전두환 정권이던 1984년의 5차개정에서는 검열제도를 폐지하여 '사전심의제'를 도입했지만 사전검열은 여전했다. 1996년 헌법재판소가 사전심의제를 위헌으로 판단, 검열시대의 종말을 알렸다.

「태극기 휘날리며」에서는 일본에서도 인기가
많은 장동건과 원빈이 비극의 형제를 연기했
다. MK PICTURES 제공.

(1999),「태극기 휘날리며」(2004)를 통해 남북분단을 정면에서 다루었다.
강감독은 영화에 담은 마음을 이렇게 말했다.

"예전에 한국영화는 한국전쟁이나 분단을 다룰 때 반공이라는 고정관
념을 통해 표현했다. 나는 그것에서 벗어나고 싶었다."

예를 들어 「쉬리」는 한국 정보기관원과 서울시민으로 위장한 북한 공
작원의 사랑이 이야기의 축이다. 여기서 북한의 인물을 '인간'으로 그렸는
데, 예전에 이런 일은 있을 수 없었다고 한다. 박찬욱(朴贊郁) 감독의 「공
동경비구역 JSA」(2000)도 남북 병사의 교류가 테마이다.

한국전쟁이나 남북분단을 소재로 한 영화는 1950년대 후반부터 수없
이 제작되었다. 하지만 구도는 똑같았다. 남쪽은 옳고 북쪽은 틀렸다. 군
사정권의 국시(國是)인 '반공'이 일관되게 지배한 것이다.

1960년대부터 영화법이 그전까지 있었던 검열을 강화했고, 영화인의
손발을 꽁꽁 묶었다. 이 시대에는 반공법도 있어 북한에 호의적인 표현은
허용되지 않았을 뿐 아니라, 나쁘게 그려내지 않으면 '용공(容共)'으로 간
주되기도 했다. 한편 반공영화를 만든 영화사에는 보너스가 주어지기도
했다. 1970년대에는 규제가 더욱 엄해져 영화계에 암흑시대가 이어졌다.

한국 영화진흥위원회의 안정숙(安貞淑)씨는 오랫동안 기자로서 영화계
를 취재해왔다.

"엄격한 검열이 영화의 매력을 빼앗았고, 도식화된 반공영화에 관객들

은 흥미를 잃었다. 김대중 정권 때 검열이 폐지되자 억압된 다양한 이야기가 영화로 분출되었다."

영화의 변화는 민주화와 함께 도래했다. 김대중 정권은 영화산업 육성에 힘을 쏟았다. 당시 나이가 30대이면서 80년대 대학생으로 민주화운동에 참가한 60년대 태생인 '386세대'가 영화계에 두각을 나타냈다. 「쉬리」 「태극기 휘날리며」의 강제규, 「공동경비구역 JSA」의 박찬욱이 대표적이다.

한국영화를 잘 아는 토오꾜오국제영화제 디렉터 이시자까 켄지(石坂健治) 씨는 "단순한 엔터테인먼트가 아니라 한국현대사를 재해석하여 나름대로 재구축하려는 의지가 보인다"라고 지적한다. 예를 들어 「태극기 휘날리며」는 한국전쟁중 한국정부에 의한 주민학살사건을 다루었는데 이 사건은 그때까지는 알려지지 않은 것이었다.

최근의 작품들은 북한을 적으로 단순화하지 않고 아픔을 공유한 같은 민족으로 그려내기 시작했다. 또한 이데올로기에 지배당한 '국가의 관점'에서, 누구나가 경험하는 연애와 우정 등을 줄거리의 축으로 삼은 '개인의 관점'으로 변화한 것도 알 수 있다.

그러나 이런 비판도 있다. 전쟁을 체험하지 않은 세대가 현실성 없는 작품을 만들고 있다는 것이다. 2005년에 한국에서 성공한 「웰컴 투 동막골」은 한국전쟁중에 남북 병사와 유엔군의 일원인 미군병사가 평화로운 마을에서 함께하는 동안 우정을 키워나간다는 판타지작품이다.

박광현(朴光鉉) 감독은 이렇게 설명한다. "한국전쟁을 그린 것은 아닙니다. 전쟁이라는 것의 특수성을 그리고 싶었어요." 어디까지나 무대장치로서 한국전쟁을 사용했다는 것이다. "반전영화를 만든 셈입니다. 비극이 아니라 희망으로 끝나는 작품을요."

그러나 개봉 후 관객뿐만 아니라 일부 미디어에서도 '반미친북'이라는 비판이 제기되었다.

2007년 말, 영화인으로서 처음으로 대한민국예술원 원장이 된 김수용(金洙容) 감독은 109편이나 되는 작품을 만든 최고참 영화인이다. 영화계의 '어두운 시대'를 몸소 체험했다. 검열로 몇번이나 영화가 가위질당했다. "반공영화도 세 편 만들었다"라고 밝힌다.

그러나 김대중 정권의 탄생과 함께 자신을 괴롭힌 '검열기관'의 후신인 영상물등급위원회의 위원장으로 위촉되었다. 6년간의 재임중에 심사한 작품 중에는 「태극기 휘날리며」 「공동경비구역 JSA」가 있었다. 퇴임 후에는 「웰컴 투 동막골」을 감탄하고 감동하면서 봤다고 한다.

"형제가 자유롭게 남북을 왔다갔다 한다는 것은 만화 같은 이야기이다. 확대해석하자면 얼마든지 꼬투리를 잡을 수 있다. 하지만 영화의 세계를 곧이곧대로 믿는 사람은 없다. 왜냐하면 현실은 현실이라는 것을 알고 있기 때문이다. 영화는 상상의 예술이다. 그 상상과 표현이 자유로운 지금, 감독들의 상상이 얼마나 폭넓은지 즐길 때이다."

임권택 감독에게 묻는다
그 시대를 냉정하게 그려왔는가

한국영화계를 대표하는 거장 임권택(林權澤) 감독은 「서편제」 등 한국의 전통이나 풍경을 아름답게 그린 작품으로 알려져 있다. 하지만 예전에는 한국전쟁을 소재로 한 작품을 수없이 만들어왔다. 어떤 마음으로 만들었던 것일까? 임감독에게 물어보았다.

임감독은 좌익과 우익의 항쟁, 그리고 한국전쟁이라는 혼란기에 소년기를 보냈다. 1973년 군이 전면협력한 국책 전쟁영화 「증언」의 감독도 맡았다.

"명예라고 생각하지도 않지만, 그렇다고 해서 뒷일을 생각할 때 맡지 않을 수도 없던 입장이었다. 가족 중에 좌익활동을 한 사람이 있어 당시의

임권택. 1936년 전라남도 장성 출생. 2002년 「취화선」으로 깐느 국제영화제 감독상을 수상했다. 2007년 통산 백번째 작품 「천년학」을 발표했다.

연좌제로 나는 국가에서 환영받지 못하는 존재였다. 하지만 대규모 전쟁 영화를 만들 사람이 당시에 없었다."

어릴 적 경험한 사상대립이나 전쟁이 초래한 비극에 대한 회한은 깊다. 그러나 검열시대였다.

"자신의 회한을 그대로 영화에 그리는 일 따위는 생각도 못했다. 항상 검열관의 눈으로 자신을 옥죄어왔다. 그것이 박정희 정권 때부터 노태우 정권 때까지 이어졌다."

민주화가 진전된 1994년, 자신의 한국전쟁관을 대작 「태백산맥」에 새겼다.

"어떠한 이상이더라도 인간의 희생 위에서 실현되어서는 안된다. 그러나 한국전쟁은 민족의 희생만을 남겼다."

평가는 좋지 않았다고 한다. "이데올로기의 편향이 없었기 때문에 어느 쪽에서도 평가받지 못했다."

그후 한국전쟁에 관한 영화는 만들지 않았다.

"우리 세대는 전쟁과 분단에 의한 후유증을 지금도 안고 있다. 정말 그 시대를 냉정하게 그려왔을까? 나는 이제 그 시대에서 벗어날 때가 되었다. 상처 없는 세대의 작품들에 기대를 걸고 싶다."　　　　(니시 마사유끼)

국교정상화

제2차 세계대전 후, 냉전체제하에서 일본
은 미국 등과 쌘프란씨스코평화조약을 체
결했다. 그러나 식민지였던 한국 외에 중
국, 소련이라는 이웃나라와의 국교정상화
는 무거운 과제로 남아 있었다.

1. '번영'의 댓가,
  지금도 여전한
  역사적 마찰

한일 국교정상화 교섭

한국과 일본의 국교정상화 교섭은 1951년의 예비회담, 1952년의 제1차 본회담으로 시작하여, 제7차까지 15년에 걸쳐 이루어졌다. 식민지지배를 정당화하는 것이라 받아들일 만한 일본의 발언(1953년의 '쿠보따久保田 발언' 등) 때문에 결렬과 긴 정체를 반복할 수밖에 없었다.

1965년 6월 22일, 국교수립과 관련된 '일본과 대한민국 사이의 기본관계에 관한 조약'(기본조약)과, (1) 청구권 · 경제협력협정 (2) 어업협정 (3) 재일한국인의 법적지위 협정 (4) 문화재 · 문화협력 협정 등 4개 협정이 토오꾜오에서 서명되었으며, 기본조약은 같은해 12월에 발효되었다.

단 영유권을 서로 주장하는 독도 문제는 다뤄지지 않았다.

한국에서 새로운 대통령 이명박(李明博)이 2008년 2월 취임했다. 현대건설 사장에서 서울시장을 거쳐 '최초의 CEO(최고경영책임자) 출신 대통령'으로서 경제회복의 기대를 한몸에 받고 등장했다.

"성숙한 한일관계를 위해서는 사죄하라 반성하라 하는 말은 하고 싶지 않다." "역사문제는 전문가들이 토론하면 된다."

이것은 한일 사이에 자주 외교문제가 되는 식민지지배 등을 둘러싼 역사인식에 대해 이명박이 당선 직후에 언급한 말이다. 일본에 강한 어조로 말한 노무현 전 대통령과는 달라 일본에서는 한국과의 관계개선에 기대가 높았다.

그는 40여년 전 명문 사립대학인 고려대 학생으로 반일운동의 투사였다. 한일 국교정상화에 반대하는 시위에 참가했다가 체포되어 투옥된 경력이 있다.

단돈 몇억 달러로 청산, 한국학생들의 '굴욕'

1964년 6월 3일.

학생과 시민 수만명은 서울 시내에서 "박정권은 민족을 위해 퇴진하라" "부패하고 무능한 박정권 타도"를 외치며 시위에 나섰다. 전년 대통령선거를 통해 군복을 벗은 박정희 대통령은 이 움직임이 '국교정상화 반

한일기본조약: 식민지지배 등의 문제를 둘러싼 대립 때문에 기본조약에는 모호한 표현이 남아 있다. 제2조에서는 1910년 8월 22일(한일합방조약의 체결일) 이전에 체결된 조약·협정은 "이미(already) 무효라는 것이 확인되었다"라고 했다. 합방조약과 한국의 외교권을 박탈하여 일본의 보호국으로 만든 1905년의 제2차 한일협약에 대해 한국측은 일본의 군사력을 바탕으로 강요된 것으로 처음부터 무효라고 주장했다. 일본측은 체결은 합법이었으나 1948년의 한국 건국으로 무효가 되었다는 입장을 취했다. 기본조약은 무효의 시점에 관한 언급을 피한 것이다. 제3조에서는 한국정부를 "조선에 있는 유일한 합법적 정부로 인정한다"라고 규정하고 있다. 한국 관할의 범위를 일본은 한국과 북한 간의 군사경계선 남측으로 해석했고, 한국은 한반도 전체라고 주장했다.

대'에서 '반정부'로 이어지는 것을 두려워하여 비상계엄령을 선포하고 군사력으로 시위를 진압했다.

왜 국교정상화에 반대했는가?

당시 서울대의 주동자였던 현승일(玄勝一) 전 국민대 총장과 만났다.

"단돈 수억 달러로 식민지지배를 청산한다니 인정할 수 없었다. 굴욕외교의 극치였다." 2차대전이 끝나고 한국이 일본의 지배에서 해방된 뒤 20년밖에 지나지 않은 때였다. "고통스러웠던 식민지시대의 기억이 모두의 머릿속에 남아 있었다. 이런 내용으로는 받아들일 수 없었다. 그것이 민족감정이라는 것이다."

쿠데타로 정권을 획득한 군 출신의 박대통령에 대한 반감도 강했다. 1960년 4월 독재체제를 강화해가고 있었던 초대 대통령 이승만은 학생과 시민의 시위로 퇴진할 수밖에 없었다.

"이것으로 민주주의가 실현된다고 믿었는데, 1년 만에 쿠데타가 일어났다. 박대통령은 일본이나 미국이라는 외세에 기대어 권력기반을 공고히하려고 했다. 자신의 이익을 위해 나라를 팔아먹는 것으로 보였다."

숭실대 반대운동의 주동자였던 유영렬(柳永烈)씨는 지금 정부의 국사편찬위원회 위원장을 맡고 있다. "국교가 정상화되면 한국경제는 일본기업에 의해 흡수되고, 한국전쟁으로 부흥한 일본의 거대한 경제력에 무너

현승일 국민대학교 전 총장(좌상).
유영렬 국사편찬위원회 위원장(좌하).
63동지회 사무실에 걸린 학생 데모 때 사진(우). 서울에서 아사히.

질 줄 알았다."

두 사람은 한일 국교정상화에 반대했지만, 여전히 한일조약의 파기를 주장하지는 않는다. 당시의 동지 중 그런 주장을 하는 이는 소수라고 한다.

박정희에 대한 시각도 바뀌었다. 내란죄로 체포된 현승일씨는 그후 미국으로 건너가 사회학 박사학위를 받아 대학교수가 되었다. 보수정당 한나라당의 국회의원도 지냈다. "지금 박대통령에게 한은 없다. 독재였지만 장점도 있었다. 경제성장을 보고 평가가 바뀌었다."

이명박 대통령은 대학을 졸업한 후 현대건설에 입사하여 비즈니스세계에서 이름을 알렸고 35세에 사장이 되었다. 현승일씨는 "그후로 많은 시간이 흘렀다. 이대통령은 일본과의 관계에서 과거에 집착하지 말고 미래를 향해 나아가자고 생각하고 있을 것이다"라고 말했다.

한편 유영렬씨는 학생운동의 경험에서 한국 민주주의의 맹아를 탐구하고자 역사연구에 매진했다. 일본어를 배우고 연구를 위해 일본에서도 1년 반 동안 체재했다. "일본에서 생활하는 동안 일본인의 친절하고 성실한 태도를 접하면서 일본에 대한 시각도 바뀌었다. 국교정상화 내용에 문제는 있었지만 국교를 맺은 것은 결과적으로 좋았다." "양국은 숙명적인 이웃나라이다. 교류를 활발하게 하여 서로를 알아가면서 국교정상화에서 모자란 부분을 어떻게 메워나갈 것인지를 생각해야 한다."

청구권·경제협력협정: 협정에서는 일본이 한국에 3억 달러를 무상으로 제공하고 2억 달러를 빌려주기로 약속했다. 양쪽 모두 10년간 일본의 생산물과 일본인 역무를 제공하는 것으로 포항제철(현재의 POSCO)이나 경부고속도로, 소양강댐 건설 등에 사용되었다.

협정은 한일간의 재산·권리 등에 대한 청구권에 대해서는 "완전하고도 최종적으로 해결되었음을 확인한다"라고 기술했다. 일본 식민지지배하에서의 징용·징병 등 개인보상은 한국측에 맡기고 경제협력의 형태를 통해 '청산'을 대신했다. 이 때문에 당시 염두에 두지 않았던 일본군을 위한 성노예 등에 대한 보상·지원이 훗날 큰 문제가 되었다.

박정권은 1970년대 들어 대일 민간청구권 보상에 관한 국내법을 만들었다. 강제동원으로 사망한 약 8,500명의 유족에게 30만원씩 지불하도록 했으나, 그나마 지원받은 사람들은 당시 학생들은 석방되자마자 대학의 울타리를 넘어 '63동지회'를 만들었다. '63'은 대규모 데모가 있었던 6월 3일을 뜻한다. 지금도 결속력은 강하다. "작년(2007년) 말 대통령선거에서는 동지인 이명박씨를 열심히 응원했습니다." 사무국 관계자가 말했다.

'남쪽만으로 괜찮은가' 일본학생들도 반발

1965년 6월 22일. 14년간에 걸친 교섭에 종지부가 찍혔다. 국교를 정상화하는 한일기본조약과 4개의 협정이 조인된 것이다.

그 한일관계를 한 단계 높인 것이 1998년 10월 김대중 대통령과 오부찌 케이조오(小淵惠三) 수상의 정상회담이었다. 수상은 과거를 성실하게 사과했고, 대통령은 '전후 일본'의 발걸음을 솔직하게 평가하여 역사인식의 중요함을 서로 확인했다.

다음달 카고시마에서 한일각료간담회가 열려 김종필(金鍾泌) 국무총리가 일본을 방문했다. 김총리는 예전에 중앙정보부(KCIA) 부장으로서 이께다 하야또(池田勇人) 내각의 오오히라 마사요시(大平正芳) 외상 등과 교섭하여 무상 3억 달러, 유상 2억 달러로 청구권 문제를 결론지은 '김·오오히라 메모'로 알려진 국교정상화의 주역이다.

김총리는 돌아오는 길에 본인의 희망으로 후꾸오까시의 큐우슈우대학

피해자의 극히 일부였다. 역사재인식을 천명한 노무현 정권은 일본에 의한 강제동원 조사를 실시하여 2007년에는 사망자에게 2천만원을 지급하는 등의 법을 제정했다. 일제강점하강제동원피해진상규명위원회에 의하면 지금까지 약 22만건의 피해 신청이 있었고 사망자 1만 1,442건, 행방불명 625건, 부상 1,237건 등의 피해가 인정되었다.

에서 강연했다. 한국의 국가 만들기에 이 대학 출신자가 많이 활약한 데 대한 보답으로 열린 이례적인 강연이었다. 일본어로 진행된 이야기는 45분이나 이어졌다.

"나는 (국교가 없는) 비정상적인 상태가 지속되는 것이 양국관계뿐만 아니라 아시아지역 전체의 안정과 평화, 그리고 번영에도 결코 바람직하지 않다고 생각했다. 국내의 강한 비판에도 국교정상화를 위해 나 자신의 정치생명을 걸었다."

강연 개최와 진행에 법학부 학부장으로 관계한 이시까와 쇼오지(石川捷治) 교수는 "일국 총리의 희망이라고 하나 한국정치에서 그가 맡아온 역할을 생각하면 개인적으로는 갈등이 없지는 않았습니다"라고 말했다.

이시까와 씨는 사가(佐賀)대학 학생시절 한일 국교정상화에 반대하는 운동을 전개했다.

"또다시 일본자본이 예전 식민지에 촉수를 내민다, 제국주의의 부활이 아닌가, 이렇게 생각했습니다. 일본 지배층이 식민지지배의 책임을 전혀 인식하지 않고, 미국과의 종속적 동맹 속에서 박정희 군사독재정권에 힘을 실어주고 스스로도 연명하려고 한 것이죠. 아니 원래 일본이 남쪽하고만 손을 잡아도 되는 것인가, 그런 생각이었던 셈이지요."

그것은 많은 학생들의 생각이었다고 한다. 이상에 불타 조선민주주의

김종필(1926~). 한국의 군인, 정치가. 한국 육군사관학교를 졸업했다. 1961년 박정희 등과 함께 쿠데타를 일으켰다. 박 대통령 아래에서, 중앙정보부 초대 부장으로 한일 국교정상화 교섭에 관여했다. 1971년부터 국무총리를 맡았고, 1973년 중앙정보부가 조직적으로 관계한 것으로 보이는 김대중 납치사건 때는 박 대통령의 친서를 가지고 일본을 방문해 타나까 카꾸에이에게 경위를 설명하고 사과했다. 이에 일본측은 수사를 종결시키는 데에 합의했다(제1차 정치결착). 1998년, 김대중 대통령 아래서 다시 국무총리를 역임했다. 오랜 세월, 한국 정계의 중추에 있었고, 김대중·김영삼 전 대통령과 함께 '3김 정치'의 일익을 담당했다. 한일의원연맹 회장을 맡는 등, 양국의 파이프 역할을 했지만, 2004년 총선 이후 정계를 은퇴했다.

인민공화국(북한)으로 건너간 재일조선인 학생 중에는 친구도 있었다. "독재로 민중에게 고통을 주고 있는 남쪽에 비하면, 여러 문제는 있지만 당시에는 북쪽에서 자주성과 정통성을 느끼기도 했다"라고 말한다.

재일작가 김석범(金石範)씨는 "박정권은 친일파이자 민족반역자 정권이다. 뒤에서 미국이 빨리 일본과 손잡으라고 재촉했다. 말이 되는가?"라며 연일 재일본조선인총연합회(조선총련)의 반대집회에 나갔던 것을 기억하고 있다.

냉전 속 미국의 압력, 경제 최우선의 박정권

한일조약은 1965년 11월 중의원 본회의에서 의장발의를 통해 날치기로 가결되어, 다음달 참의원에서도 사회당·공명당·공산당 소속 야당의원들이 퇴장한 가운데 가결되었다. "국교정상화에는 세 개의 얼굴이 있다." 한국신문 『동아일보』의 토오꾜오특파원으로서 국교정상화를 취재한 권오기(權五琦)씨는 이렇게 말한다.

― 세 개의 얼굴이라니?

"그렇다. 식민지시대의 관계를 청산하려는 이웃나라의 새로운 관계맺기, 냉전을 둘러싼 미국의 의도, 그리고 경제발전을 위해 돈이 필요했던 박정희의 속마음이다. 어느 하나를 강조하여 한일 관계는 이런 것이라고

오오히라 마사요시.

단정할 수는 없다."

한일교섭연구의 일인자 이원덕(李元德) 국민대 교수에게도 물어보았다.

그는 교섭을 타결로 이끈 원동력으로 두가지를 꼽았다. 우선 안보논리이다. "미국이 냉전체제하에서 공산권 봉쇄를 효과적으로 이끌기 위해 북한과 대치하는 한국과 일본을 정치적·경제적으로 연결시키려 했다." 1961년에는 북한이 중국, 소련과 상호원조조약을 맺었다. "베트남전쟁 개입의 본격화와 중국의 핵실험 성공(1964년 10월)으로 미국의 압력은 최고조에 달했다."

또 하나는 경제논리이다. "미국은 한국에 대한 원조를 점차 줄여나가 일본에 그 짐을 떠넘기려고 했다. 경제발전을 최우선하는 박정권은 돈도 기술도 없었다. 교섭을 타결해 일본에서 돈을 끌어들일 수밖에 없었다."

이렇게 교섭은 급진전했다. "원래 주제였던 식민지지배의 책임 문제는 뒷전이었다. 그것이 훗날 반복될 역사인식을 둘러싼 마찰의 원점이 되었다"라고 그는 말했다. "당시 한국측이 역사에 관해 정의(正義)를 끝까지 주장했더라면 지금의 번영은 실현되었을까? 역사를 여러 개의 눈으로 봐야 한다."

큐우슈우대학에서는 김종필 총리의 강연이 계기가 되어 한국연구쎈터

조일교섭: 2002년 9월의 코이즈미 준이찌로오 수상과 김정일(金正一) 총서기에 의한 조일 (朝日)평양선언에는 일본측은 식민지지배에 대해 "통절한 반성과 마음에서 우러나온 사과의 뜻을 표명했다"라고 되어 있다. '청산' 문제에 관해 평양선언은 국교정상화 후에 일본이 무상·유상·인도지원의 경제협력을 해나간다고 규정하여, 한일간의 기본방법이 답습되었다. 청구권 포기의 원칙도 확인되어 있지만, 북한측은 징용피해나 전시 성노예 문제 등은 별도의 문제로 삼고 있다.

가 생겼다. 이시까와 씨는 유럽정치사 전공이었지만 초대 쎈터장을 맡았다. 한일 정상화는 꼭 이뤄내야 하는 역사적 과제였다고 한다. 동시에 이시까와 씨는 당시 자신을 포함한 학생들의 반대논리도 틀렸다고 생각하지 않는다. 일본의 자세가 역사를 진지하게 마주보고자 하는 것이 아니었고, 지금도 그 자세는 바뀌지 않았기 때문이다.

"지금까지처럼 미일동맹에 의존하여 나아갈 것인가? 아니면 다양한 문화가 공존하는 아시아에서 주체적으로 공생을 모색할 것인가? 일본은 그야말로 기로에 서 있다."

그러고 보니 적어도 하나의 확실한 과제, 즉 일본이 북한과 관계를 어떻게 정상화할 것인가 하는 어렵고 무거운 주제가 우리 눈앞에 놓여 있다.

(사꾸라이 이즈미, 코스게 코오이찌小菅幸一)

북일 평양선언을 교환하고 악수하는 코이즈미 전 일본수상과 김정일 총서기.

2. 세계를 움직인
나고야
핑퐁대회

중일공동성명의 요지

▼ 일본측은 과거에 일본국이 전쟁을 통해 중국국민에게 중대한 손해를 끼친 일에 책임을 통감하고 깊이 반성한다.

▼ 일본국 정부는 중화인민공화국 정부가 중국의 유일한 합법정부임을 승인한다.

▼ 중화인민공화국 정부는 대만이 중화인민공화국 영토의 불가분의 일부임을 거듭 표명한다. 일본국 정부는 이 중화인민공화국 정부의 입장을 충분히 이해하고 존중해 포츠담선언 제8항에 기초한 입장을 견지한다.

▼ 중화인민공화국 정부는 중일 양국 국민의 우호를 위해 대일본 전쟁배상 청구를 포기함을 선언한다.

▼ 양국 모두 아시아 · 태평양에서 패권을 추구해서는 안되며, 이러한 패권을 확립하려고 하는 어떠한 나라 혹은 집단의 시도도 반대한다.

중일전쟁, 아시아·태평양전쟁의 종결 27년 후인 1972년, 일본과 중국은 국교를 맺었다. 전후에도 동서냉전의 최전선에서 적대해온 양국이었지만, 서로 외교를 변화시켰다. 그 결단의 배경에는 무엇이 있었는가? 역사의 현장을 목격한 사람들을 뻬이징에서 만났다.

중심가에서 벗어나 다소 남쪽에 있는 국가체육총국에서, 1960년대에 중국 탁구의 에이스로 이름을 떨쳤고, 지금은 중국탁구협회 주석인 쉬 인성(徐寅生) 씨와 만났다. 회의실에 기념품이 진열되어 있었다. 1971년 봄에 나고야(名古屋)에서 열린 제31회 세계선수권대회 트로피도 있었다.

이 대회야말로 세계정세를 움직인 미중 핑퐁외교의 출발점이었다.

대회 전부터 대회장인 아이찌현(愛知縣) 체육관은 세계의 주목을 받았다. 문화대혁명 때문에 불참해온 중국이 6년 만에 참가했기 때문이다. 쉬 씨는 감독이었다. "저우 언라이 수상에게서 제1목적은 우호이고 시합은 그 다음이라는 지시를 받았습니다"라고 쉬 씨는 회상한다. 엄중한 경비 속에서 중일우호를 촉진하는 역할을 떠안고 방일한 것이다.

그러나 대회장 일각에서 또다른 톱니바퀴가 움직이기 시작했다. 선수단 간부에게 미국탁구협회 이사가 이렇게 타진한 것이다. "(중국은 대회 후에 캐나다팀을 초대한다고 하는데) 미국도 불러줄 수는 없는가?" 미국

마오 쩌뚱(1893~1976) 중국 공산당을 이끌고 내전에서 국민당을 물리치고 중화인민공화국을 건국했다. 1921년, 공산당 창설 제1회 전국대표대회에 출석했다. 1935년, 쭌이(遵義) 회의에서 당의 주도권을 잡았다. 항일전쟁에서는 국공합작을 주창했다. 한편, 맑스-레닌주의를 중국의 실정에 맞게 수정한 마오 쩌둥 사상을 확립했다. 건국 후에는 사회주의화를 추진했지만, 급격한 생산확대를 목표로 한 대약진 정책에서 실패한데다 자연재해까지 겹쳐 큰 피해를 냈다. 1966년부터 문화대혁명을 주도해 중국 내에서 절대적인 권위를 구축했지만, "(문화혁명은) 당과 국가에 큰 재난을 가져왔다"라고 이후에 평가되었다. 중국통신 제공.

은 베트남에서 전쟁을 하고 있는 적국이다. 진심인지 어떤지 반신반의했지만 간부는 뻬이징에 이 사실을 알렸다.

마오 쩌뚱 공산당 주석은 결단을 내려야만 했다. 이런 일화가 남아 있다. 중국 외무성은 '시기상조'라는 의견을 올렸고 마오도 동의했다. 하지만 마오는 계속 생각했다. 다음날 미국팀은 귀국한다. 마오는 저녁식사를 마치고 여느때와 마찬가지로 수면제를 먹은 후 잠을 청했다. 그 순간 생각을 바꾸었다. 간호장에게 "미국팀을 부르시오"라고 지시한 것이다. 그러나 간호장은 이전부터 "수면제를 먹은 후에 내가 말한 것은 무시해달라"라는 마오의 지시를 명심하고 있었다. 그래서 아무런 조치도 취하지 않자 마오가 서둘렀다. "빨리 알리지 않으면 미국팀이 돌아가버린다."

4월 7일, 나고야발 뉴스가 세계를 놀라게 했다. 중국선수단이 미국팀 초청을 발표한 것이다. 이틀 후 미국팀은 홍콩을 경유하여 뻬이징으로 향했다. 키쎤저(Kissinger) 미국 대통령보좌관의 은밀한 뻬이징 방문은 석 달 후의 일이다. 그리고 이듬해 2월 닉슨(Nixon) 대통령의 방중으로 이어졌다.

"중일관계도, 중미관계도 나고야가 계기였다." 쉬 씨는 회상한다.

이 시기의 세계

1965년 2월 미국, 북베트남에 본격적인 폭격을 개시.

1969년 3월 중국과 소련, 국경에서 무력충돌.

1971년 3월 나고야 세계탁구선수권대회에 중국 6년 만에 참가.

　　　　4월 미국 탁구팀 방중(핑퐁외교).

　　　　7월 키쎤저 미국 대통령보좌관이 비밀리에 방중.

　　　　10월 중국, 유엔 가입.

소련·베트남 관련 미국과 중국의 일치된 속마음

물론 중국과 미국의 관계는 단번에 바뀐 것이 아니다. 공통의 이익으로 양국이 서서히 가까워진 것이다.

그러면서 중국이 얻은 것은 무엇이었는가? 핑퐁외교의 무대 뒷이야기를 책으로 쓴 『인민일보(人民日報)』 해외판의 부총편집 첸 장(錢江) 씨는 이렇게 답했다.

"기대 이상의 결과였다. 미국은 베트남전쟁에서 손을 떼고 싶은 마음이 강했고 우리와 그 점에서 일치했다. 대만 문제도 즉시 해결할 수는 없지만 더 심각해지지 않으리라는 점도 잘 알고 있었다. 미국도 소련을 두려워하고 있었기 때문에, 미국과 협력하여 소련에 대항한다는 마오 쩌뚱 주석의 생각이 굳어졌다."

당시 중국도 소련을 두려워하고 있었다. 중소대립은 1950년대부터 서서히 첨예해졌으나, 1969년에 중소국경 우쑤리강(烏蘇里江, Ussuri)의 전빠오도(珍寶島, 다만스끼Damanskii섬)에서 일어난 양국 군대의 무력충돌로 중국은 전쟁을 각오했다. 국경 주변의 주민을 내륙으로 이주시키고, 뻬이징을 필두로 각지에 방공호를 팠다. 긴 국경선에서 공격에 대비하는 것은 쉬운 일이 아니었다.

게다가 남쪽에서는 베트남전쟁이 계속되고 있었다.

1972년 2월 닉슨 미국대통령이 방중.

    7월 타나까 카꾸에이 수상 취임.

    9월 타나까 수상이 방중, 중일 국교정상화.

1973년 1월 베트남평화협정 조인.

1978년 8월 중일평화우호조약 조인.

"중국은 문화대혁명이 한창일 때로 경제사정이 좋지 않았다. 북베트남에 대한 장기지원 부담이 컸던 것이다. 전쟁을 그만두고 싶은 마음은 있었지만 교섭하기 좋은 타이밍을 찾지 못했다."

첸 씨는 말한다. 베트남전쟁이 진흙탕 싸움이 되어 반전운동 때문에 고민하던 미국정권과 속내가 같았던 것이다. 어떻게 접근할 것인가? 그 계기를 마련한 것이 나고야였다.

등 떠밀린 일본, 석달도 안돼 조인

미국과 중국 간의 접근이 이번에는 중국과 일본의 등을 떠밀었다.

동맹국에도 비밀이었던 키씬저의 방중에 일본은 충격을 받았다. 미중의 상호접근과 그후 중국의 유엔 가입으로 중국과의 국교정상화가 급물살을 탔다.

1972년 7월 6일 수상에 취임한 타나까 카꾸에이(田中角榮)는 국교정상화를 서두르겠다고 천명했다.

신문을 읽은 저우 언라이 수상은 중국 외무성 담당자들을 불러모았다. 그중에는 저우 수상의 통역이었던 왕 샤오셴(王效賢) 중일우호협회 부회장도 있었다. 왕 씨는 대일외교에 관해 저우 수상이 통솔한 사실을 다음과 같이 회상한다.

중미 핑퐁외교를 보도한 아사히신문.

"타나까 수상에게 어떻게 반응하면 좋을지 저우 총리가 모두에게 물었습니다. 모두 여러가지 이야기를 했지만 총리는 마음에 들어하지 않았지요. 저도 발언을 했습니다. 총리는 스스로 보고서 같은 것을 작성하여 마오 주석에게 건넸습니다."

저우의 아이디어는 9일에야 밖으로 드러났다. 남예멘 대표단의 환영행사 인사 중 타나까 발언을 언급한 것이다. "환영할 만하다." 쌍방의 움직임이 빨라졌다.

9월 25일 타나까 수상은 오오히라 마사요시 외상 등과 함께 뻬이징을 방문했다. 전쟁배상이나 대만 문제 등을 둘러싼 중국측과의 격론 끝에 4일 후 국교정상화 중일공동성명에 조인했다.

국제정치의 구조가 변화하는 가운데, 중국과 일본도 국교정상화를 이뤄낸 것이다.

중일간에는 그때까지 약 20년에 걸친 민간교류가 축적되어 있었기 때문에 가능했다고 왕 씨는 강조한다.

"일본정부는 미국의 봉쇄정책에 따라 신중국을 상대하지 않았다. 그 속에서 무역부터 시작되었고 민간교류가 선행하여 정부를 이끌었다. '이민촉관(以民促官, 민간관계로 정치를 촉진함)'이야말로 중일관계의 특징이자 진실이다."

저우 언라이(1898-1976). 중국 공산당 주요 지도자의 한 사람으로, 마오 쩌둥 등과 함께 중화인민공화국의 건국에 공헌했다. 1917년부터 19년까지 일본에 유학했다. 귀국 직전에 쿄오또(京都)의 아라시야마(嵐山)에서 읊은 시 '우중람산(雨中嵐山)' 시비가 아라시야마에 있다. 건국 후, 수상(일시적으로 외상을 겸임)으로 활약했고 1954년 평화5원칙을 제창했다. 일중 국교정상화 후에 일본 재방문을 기대하고 있었지만, 병으로 실현되지 않았다.

마오 쩌둥의 위신도 중요했다. 많은 중국인이 일본인들 때문에 부모를 잃거나 모욕을 당한 적이 있었으므로, 일본에 대한 국민적인 증오는 뿌리 깊었다. 그래서 전국에 걸쳐 국교정상화 선전활동이 실시되었다. 1차대전 후 독일에 무거운 배상을 요구한 탓에 복수심이 일어났다는 사실 등을 예로 들며 이해를 구했다. 마오에 대한 국민의 신뢰가 두터워 반응이 좋았다고 한다.

'피해'의 잘못된 통역으로 응어리 남아

공동성명에 관한 회담에서 날선 공방이 몇차례 있었다. '메이와꾸(迷惑, 피해) 발언' 일화도 그중 하나이다.

방중단이 뻬이징에 도착한 날 밤, 인민대회당에서 열린 환영회 만찬장에서의 일이었다. 타나까 수상은 인사를 하며 중일전쟁을 언급하면서 "우리나라가 중국 국민에게 큰 '메이와꾸'를 준 사실에 대해 나는 다시 한번 반성의 뜻을 표명하는 바입니다"라고 말했다. 일본측 통역은 '피해를 주었다'라는 뜻으로 '톈러마판(添了麻煩)'이라는 중국어를 썼다.

그런데 이 '톈러마판'이라는 말은 중국에서 경미한 사과에 쓰이는 경우가 많다. 깊은 사죄의 말을 기대하고 있던 많은 중국인 참석자들이 이상하게 생각했다.

왕 샤오셴. 리 젠화(李建華) 촬영.

그때 저우 수상의 곁에 있었던 이는 다른 일본어통역 린 리윈(林麗韞) 중화전국귀국화교연합회 고문이었다.

린 씨도 이상하게 생각했다. "통역이 이상한 것은 아닐까?" 이때 각국 대사를 위해 영어통역을 하던 탕 원성(唐聞生) 씨는 "너무 가볍다"라고 작은 소리로 말하는 것이 들렸다. 린 씨도 고개를 끄덕였다.

저우 수상은 조용히 듣고 있었다. 하지만 다음날 회담에서 노여움을 드러냈다.

"'피해를 주었다'라는 말은 중국인민의 강한 반감을 불러일으킨다. 중국에서는 그런 표현은 사소한 일에만 쓴다."

중국 외무성의 장 샹산(張香山) 당시 고문 등에 의하면 타나까는 "'메이와꾸'를 주었다는 말은 일본어에는 성심성의로 마음을 담아 사죄하여 잘못을 반복하지 않겠다고 약속하는 의미가 있다"라고 설명했다 한다. 타나까 자신도 귀국 후에 "일본에서는 잘못했다, 다시는 하지 않겠다는 아주 강한 마음이라고 설명했다"라고 자민당 양원의원 총회에서 말했다. 결국 공동성명에서는 "중국국민에게 중대한 손해를 끼친 일에 책임을 통감하고 깊이 반성한다"라고 쓰는 것으로 결론이 났다.

그런데 왜 발언의 취지가 상대방에게 제대로 전달될 수 있는 번역어를 쓰지 않았던 것일까? 그때 통역을 담당한 전 외무성 직원에게 취재를 신

린 리윈. 리 젠화 촬영.

청했지만 거절당했다.

당시 외무성 팀의 한 사람이었던 히로시마(廣島)시립대학의 히로시마 평화연구소 아사이 모토후미(淺井基文) 소장은 이렇게 말한다. "정상화 교섭은 일급비밀이었기 때문에 내부에서 요원을 모집했다. 주요 간부들은 중국어를 몰랐고 정치적 쎈스를 가지고 번역문을 확인할 수 있는 사람이 없었다.

린 씨는 이렇게 말한다. "심한 상처를 입은 대중의 목소리가 뒤에 들려왔다. 총리로서는 '톈러마판'이라는 말을 듣고 괜찮다며 넘어갈 수 있는 상황이 아니었다."

환영만찬회는 일본 지도자가 전후 처음으로 대륙사람들과 마주하고, 전쟁에 대한 생각을 표명하면서 재출발하는 자리였다. 하지만 타나까가 인사말에 담았다고 생각한 마음은 그 자리에 있던 중국사람들의 마음에 가닿지 못했다.

중일 국교정상화의 결과, 일본과 대만의 외교관계는 끊어졌다. 하지만 중국은 그후에도 일본과 대만의 동향을 주시하고 있다. 만약 대만이 독립을 위해 중국과 전쟁으로 치달을 때, 미국이 개입하고 일본도 동맹국 미국을 지원하는 것은 아닌지, 그렇게 되면 다시 일본과 적대할지도 모른다는 우려까지 품고 있는 것이다.

국교정상화를 거쳐 중일관계는 크게 발전했지만, 대만 문제나 역사인식을 둘러싼 마찰은 지금도 자주 등장한다.　　　　(이라가와 토모요시)

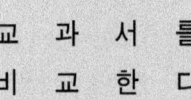

각국의 서술 분량과 특징은?	
	국교정상화
일본	일소 국교회복에 대해서 5줄, 한일관계 정상화는 3줄, 중일관계는 4줄로 사실관계 위주 서술.
중국	중일 국교정상화는 단 3줄로, 미중 정상화와 비교하여 간소하게. 일소·한일은 다루지 않음.
한국	한일 정상화는 4줄 정도, 중일 정상화는 1줄뿐이며, 일소는 다루지 않음.
대만	중일 국교정상화에 따른 일본과 대만의 관계단절에 중점을 두고 5줄. 일소·한일은 다루지 않음.

일본

「고도성장」 단원에서 간단하게

토오꾜오서적판에서는 소련과의 국교정상화에 대해 쌘프란씨스코평화조약 체결 후 일본이 국제사회에 복귀하는 흐름 속에서 설명하고 있다. 5줄 정도의 기술이다.

1955년경부터 냉전의 긴장이 조금씩 풀리는 가운데 평화조약을 체결하지 않았던 소련과의 관계를 회복하려는 움직임이 일어나, 1956년에 일소공동선언이 이뤄졌습니다. 같은해 일본은 소련의 지지를 받으며 유엔에 가입하여 국제사회에 복귀할 수 있게 되었습니다.

한편 북방영토 문제는 난외의 주에서 이렇게 설명한다.

일본은 쿠나시리섬(國後島), 에또로후섬(擇捉島), 하보마이제도(齒舞諸島), 시꼬딴섬(色丹島) 등 북방영토가 일본의 고유영토임을 주장했지만 소련이 응하지 않기 때문에 평화조약을 체결하지 못했습니다. 소련 해체 후에도 러시아와 해결을 위한 노력을 계속하고 있습니다.

북방영토 문제는 다른 출판사 교과서도 거의 비슷하게 다룬다. 와따나베 사회편집부장은 "북방영토 문제는 반드시 검정에서 확인한다. 오랫동안 국가가 지도한 결과 표기가 통일되고 있다"라고 한다.

한편 한국, 중국과의 관계정상화는 「고도경제성장 속의 일본」이라는 단원에서 짧게 기술하는 데 그친다.

한일관계에 대해서는 3줄로 기술한다.

일본은 1965년 한국과 한일기본조약을 체결하여 한국정부를 한반도에 있는 단 하나의 합법적인 정부로 승인했습니다.

이어 중일의 경우를 4줄로 설명하고 난외의 주에서 '중일평화조약'의 제1조를 적어두었다.

관계가 끊긴 중국과는 1972년 중일공동성명을 발표하여 국교를 정상화했습니다. 나아가 1978년에는 중일평화우호조약을 체결했고, 그후 중국의 경제발전이 진전됨에 따라 관계를 강화하여 교류는 더욱 깊어지고 있습니다.

중국

미중은 친절하게, 중일은 간략하게

인민교육출판사의 『중국역사』에서 중일 국교정상화는 「외교사업의 발전」이라는 과에서 다루고 있다. 이 과는 총 8면이지만, 중일 국교정상화에 대해서는 다른 나라와의 외교관계 수립까지 포함하여 단 3줄로만 되어 있다. 당시 방중한 타나까 카꾸에이 수상과 마오 쩌뚱 공산당 주석이 악수하는 사진이 실려 있지만 다음과 같이 간략하다.

1972년에 일본 수상 타나까 까꾸에이가 중국을 방문하여 양국은 정식으로 외교관계를 수립했다. 이어 많은 나라들이 차례로 중국과 외교관계를 수립하여 중국과의 국교수립 붐이 일었다. 우리나라 외교는 새로운 국면을 맞았다.

이에 비해 친미국과의 관계정상화는 친절하게 설명한다. 「외교사업의 발전」 서두에서 다루면서, 닉슨 대통령과 마오 쩌뚱의 사진을 포함하여 1과 2/3면을 할애한다.

중국의 국제적 지위가 높아짐에 따라, 그리고 국제정세의 변화에 따라 20세기 1970년대 초 미중관계의 개선은 양국 공통의 요구가 되었다. 미중관계에 전기가 도래한 것이다.

케이오오대학 똰 루이충 준교수는 "중국은 중일 국교정상화가 미중관계 완화의 연장선상에서 실현되었다고 파악한다"라고 설명한다. 또한 "냉전하에서 중소관계가 악화되던 1970년, 중국정부가 외교면에서 가장 중요시한 것은 미중관계였다. 미중관계 개선은 국제사회의 지위향상에도 도움이 되고, 소련이나 대만과의 관계에서도 중요했기 때문"이라고 덧붙였다.

일본과 소련, 일본과 한국의 국교정상화에 대해서는 세계사 교과서를 포함하여 전혀 언급하지 않는다.

한국

5억 달러의 자금제공에 관한 기술 없어

한일 국교정상화는 『국사』에서 다뤄진다. 박정희 정권이 경제성장정책을 추진한 것을 설명한 후 일본과의 국교정상화에 대해서 4줄 정도로 서술하고 있다.

박정희 정부는 민주우방과의 유대를 강화하는 한편, 중립국과 외교관계를 수립하기 위해 노력하는 등 적극적인 외교활동을 전개했다. 그리하여 오랫동안 숙제로 남아 있던 일본과의 관계를 개선하여 한일협정을 체결했다.

일본이 한국에 유상·무상으로 총 5억 달러의 자금을 제공한 일이나, 그것이 한국의 경제발전으로 이어졌다는 사실은 기술되지 않았다.

국사편찬위원회의 김득중 박사는 "교과서는 분량도 한정되어 있고, 우선 역사의 큰 흐름을 잡는 데에 중점을 둔다. 자세한 사항은 교사가 설명한다"라고 말한다.

한편 고등학교에서는 국정교과서를 통해 한국에서 펼쳐진 국교정상화 반대운동을 다음과 같이 언급한다.

박정희 정부는 조국근대화 실현을 국정의 주요목표로 삼고, 경제발전정책을 추진하는 가운데 일본의 사죄와 정당한 보상을 요구하는 시민과 학생 들의 격렬한 반대를 억압하면서 한일국교를 정상화했다.

김박사는 반대운동을 다룬 데 대해 "격렬한 반대를 무시한 채 비민주적인 방식으로 일본과 국교를 맺은 점을 강조하고 있다"고 설명하면서, "한일관계 자체를 취급했다기보다는 국교정상화 과정에서 나타난 박정권의 비민주적인 성격을 밝히는 데 초점을 맞추었다"라고 말했다.

중일국교에 대해서는 『국사』의 「국제정세의 변화」 항목에서 단 한줄뿐이며, 한중 국교수립은 사진만 게재되어 있고 설명은 없다.

일소 국교정상화는 세계사를 다룬 『사회 2』에서도 거의 다루지 않는다.

대만

일본과의 국교단절에 중점

중일 국교정상화는 대만의 입장에서는 일본과의 국교단절이 된다. 이 때문에 교과서에서도 대일 단교 중심으로 대만사와 중국사 분야에서 취급하고 있다.

난이서국 『국민중학: 사회』의 대만사 부분에서는 「외교정세의 변화」 항목에서 유엔 탈퇴부터 미국과의 단교까지를 5줄로 다루고 있다.

1971년 유엔은 중화인민공화국의 가입을 받아들이면서 우리나라의 탈퇴를 결정했다. 그후 일본은 그 주권을 인정하였고 각국은 입장을 바꾸어갔다. 1979년에 미국은 중화인민공화국과 국교를 맺고, 미중상호방위조약의 종결을 선언했다. 대만의 충격은 커서 우리나라는 국제적으로 고립되는 곤경에 처했다.

이런 상황 속에서 "우리나라는 경제력을 배경으로 실무외교를 진전시켜 국제적인 지위를 확립하려 하고 있다"라며 리 떵후이(李登輝) 정권 이후의 외교방침을 설명하고 있다.

또 중국사 부분에서는 다음과 같이 3줄을 할애하고 있다. 참고로 '중공'이란 '중화인민공화국'의 약칭이다.

미국은 소련에 타격을 주기 위해 중공을 포섭했고, 중공은 1971년에 유엔에 가입할 수 있었다. 그후 중공은 미국, 일본 등과 국교를 맺어 적극적인 외교를 전개하면서 중화민국의 외교공간을 줄여나갔다.

교과서에서는 '강대국과 중국에 괴롭힘을 당하는 국제적 고아 대만'이라는 구도가 드러난다.

국민당정권하의 1983년 역사과정표준에 기초한 교과서는 중국사에서 유엔 추방 등에 5줄을 할애했지만 미국, 일본과의 단교는 다루고 있지 않다.

일소와 한일 국교정상화에 대해서는 신구 교과서 어느 쪽에서도 언급이 없다.

난이서국 교과서 편집지도위원 저우 후이민 정치대학 역사학부 교수는 "중국의 국교정상화에서 중요한 것은 일본이 먼저 나서서 관계를 정상화했다는 사실이다. 그것을 많이 설명하고 있다"라고 중점사항을 설명했다.

일소 국교회복 때 해결되지 않았던 북방영토 문제. 정부는 오랫
동안 '4개 섬 일괄반환' 입장을 고수해왔다. 교섭방침은 바뀌
었지만 그 그림자는 사라지지 않았다.

기 억 을
만 드 는 것

4개 섬 일괄반환

1991년 '유연하게' 방침 전환

북방영토*에서 생활하던 섬의 원주민들은 '찌시마(千島)하보마이제도
거주자연맹'이라는 단체를 만들어 조기반환이나 재산보상 등을 요구하고
있다. 2007년 5월의 총회에서는 자그마한 이변이 일어났다. 의사진행이
끝난 직후 네무로(根室)지부 청년부 간부 등이 갑자기 앞으로 나와 '결의
표명'을 읽어내려간 것이다.

회장에 있던 사람들을 놀라게 한 것은 결의표명의 다음과 같은 부분
이다.

* 북방영토: 1945년 8월 9일, 소련은 아직 유효했던 일소중립조약을 무시하고 일본에 선
전포고를 했다. 소련은 일본이 포츠담선언을 수락한 이후인 8월 28일부터 9월 5일까지
의 기간에 쿠나시리섬·에토로후섬·시꼬딴섬·하보마이제도를 점령했다. 일본정부는
전후 이 4개 섬을 '북방영토'라 부르며 소련·러시아에 반환을 요구해오고 있다.
찌시마하보마이제도거주자연맹의 조사로는 1945년 8월 15일 시점에서 4개 섬에는
3124세대, 1만 7921명이 살고 있었다. 총면적은 5036평방킬로미터로 후꾸오까현보다
도 조금 크다.

"우리로서는 원주민들이 살아 있는 동안 무슨 수를 써서라도 영토 문제를 해결하고 싶다. 하지만 지금까지 '4개 섬 일괄'이라는 운동으로는 현상을 타파할 수 없다. 그렇기 때문에 모든 방법으로 운동을 전개해야 한다."

'4개 섬 일괄반환'이란 슬로건은 전후 일본정부가 오랫동안 주장해온 것이다. 북방영토라고 하면 '4개 섬 일괄반환'이었던 셈이다. 냉전시대부터 정부나 지자체 주도 운동에 의해 그 공식이 사람들 머릿속에 깊이 새겨져 있었다.

그것을 섬 원주민 2세들이 바꾸자고 나선 것이었다. 결의표명 글 작성에 관계한 하마야 마사이찌(濱屋正一) 씨는 "원주민들이 차례로 세상을 뜨고 있는 가운데, 우리 2세들은 운동의 '주체'를 만들어나가야만 한다. '4개 섬'을 포기하는 것은 아니지만, 실질적으로 섬이 반환될 수 있도록 하는 운동을 하고 싶은 것이다"라고 말한다.

연맹의 조사에 따르면 원주민의 반수 이상이 이미 사망했고, 생존자의 평균연령도 74세를 넘었다. 진전 기미가 안 보이는 영토교섭에 가장 절실한 위기감을 가지고 있는 것이 바다를 사이에 두고 북방영토와 접하고 있는 네무로 사람들이다."

사실 일본정부는 소련이 붕괴하기 직전인 1991년 가을, '4개 섬 일괄반

쌘프란씨스코평화조약: 정식명칭은 '일본국과의 평화조약'이다. 1951년 9월 8일 쌘프란씨스코에서 조인되었다. 1952년 4월에 발효하여 일본은 독립국의 지위를 회복했다. 그러나 미국과 그 우호국만이 조인하는 반쪽 강화로 끝났다. 북방영토 문제에서는 제2조 C항에서 "일본국은 찌시마열도 및 일본국이 1905년 9월 5일 포츠머스조약의 결과로 주권을 획득한 카라후또(樺太)의 일부, 그리고 이에 근접하는 제도에 대한 모든 권리, 권원 및 청구권을 포기한다"라고 규정했다. 조약의 초안은 미국과 영국이 작성했는데 소련이 조인하려 하지 않자 일본이 포기한 후의 귀속국을 명확히하지 않았다. 일본정부는 조약을 비준하는 국회에서 찌시마열도에는 '쿠나시리섬과 에또로후섬'도 포함된다는 취지의 답변을 했으나, 이후 이를 부정했다.

일본의 '북방영토의 날'을 맞아, 러시아의 유력 신문들은 영토문제를 크게 보도했다. 아사히.

환'이라는 주장을 거두어들인 바 있다. 그 대신 소련·러시아측에 전달한 방침은 "4개 섬의 우리나라 귀속이 확인되면, 실제 반환 시기·방법·조건 등에 대해서는 유연하게 대응한다"라는 것이었다. '4개 섬 일괄'로 반환을 요구하는 것과 '4개 섬'에 대한 일본의 주권을 확인하는 것 사이에는 큰 차이가 있다.

그럼에도 이 교섭방침의 변화가 일본 국내에서 충분히 합의되었다고는 할 수 없다. 그 차이를 모르는지 몇년이 지나도 정당 간부에게서 '4개 섬 일괄반환'이라는 말이 가끔 흘러나오기도 한다.

금년(2008년) '북방영토의 날'인 2월 7일, 예년과 같이 '북방영토 반환요구 전국대회'가 토오꾜오 쿠단에서 열렸다. 인사를 한 이와꾸니 테쯘도(岩國哲人) 민주당 국제국장은 이렇게 인사말을 남겼다. "북방 4개 섬 일괄반환은 모든 정당의 공통된 요구임을, 민주당을 대표하여 여러분께 말씀드리고 싶습니다."

민주당에서는 하또야마 유끼오(鳩山由紀夫) 간사장이 2007년 2월에 "'4개 섬 일괄반환'으로는 천년이 지나도 돌아오지 않을 것"이라고 말했다. '요구'와 '교섭방침'이 다를지는 몰라도, 원주민들은 이렇게 모순된 말을 들으면 어떤 마음일까?

그렇다면 왜 '4개 섬 일괄반환' 주장은 없어지지 않는가?

영토교섭에 깊이 관여한 전 외무성 주임분석관이자 작가인 사또오 마사루(佐藤優) 씨는 "내셔널리즘의 일반적인 속성상, 그 시점에서 가장 강한 요구가 정당한 요구가 되므로 '단계적 반환'보다는 '일괄'이 되는 것은 당연하다"라고 설명한다. 더불어 지적하는 것은 일본정부의 설명 부족이다. "영토 문제는 한정된 사람들이 정책을 결정해왔다. 설명 책임이라는 발상이 결여되어 있었던 것이다."

모스크바에서 러시아정부 관계자, 연구자와 이야기를 나누다보면 또 하나의 뿌리깊은 문제에 새삼 맞닿게 된다. 그것을 한마디로 하면 '패전의 수용'이다.

아무리 일본측이 국제법상의 정당성을 강조해도 러시아측은 "그 섬들은 2차대전의 결과다. 왜 일본은 패전이라는 현실을 받아들이지 않는가" 하는 논리로 대항한다. 원래 러일전쟁에 패했으므로 영토를 빼앗겼다는 기억이 있기 때문에 이 논리는 러시아에서는 의심의 여지 없이 침투되어 있다고 한다.

그러나 그렇기 때문에 전후 일본에 북방영토 문제는 승전국에 대한 이의제기이기도 했다. 패전했으면 어떤 부조리한 것도 수용해야만 하는 것인가? 그렇지 않다고 일본은 주장해온 것이다. 특히 냉전기 소련은 그런 주장을 아무런 거리낌 없이 할 수 있는 상대였다.

북방영토 문제는 지금도 이러한 강한 자장 속에 있다. '국민의 비장한 염원'이라고 자리매김하려면 내셔널리즘에 호소하는 것이 유효하지만 내셔널리즘과 깊게 연결될수록 타협은 어렵게 된다.

한 러시아 정부고관이 해준 이야기가 인상에 남았다.

"전쟁에는 반드시 승자와 패자가 생기는데, 문제는 거기에 있다. 전통적인 발상으로 내셔널리즘은 극복할 수 없다. 내셔널리즘을 극복하기 위해서는 쌍방의 관계가 발전하는 수밖에 없다. 이를 위해서는 다른 눈으로 상대의 중요성을 보아야만 한다."

전 외교관 토오고오 카즈히꼬 씨

"2개 섬 반환론은 오해였다"

북방영토 문제의 가장 밑바닥에는 '4개 섬 일괄반환'이라는 깃발 아래 단호한 주장을 계속하기만 하면 국내적으로 비판받지 않을 수 있다는 일부 외무관료의 무사안일주의도 있다.

2002년 4월 네덜란드대사에서 면직된 토오고오 카즈히꼬(東鄕和彦) 씨는 2007년 5월에 출판한 『북방영토 교섭비록, 잃어버린 5번의 기회(北方領土交涉秘錄, 失われた五度の機會)』(신초오샤新潮社)에서 이렇게 쓰고 있다.

토오고오 씨는 소련과장, 구주국장 등을 역임해 고르바초프(Gorbachev) 이후의 영토교섭에는 거의 일관되게 관여했고, 문제를 움직여보려고 했다. 하지만 스즈끼 무네오(鈴木宗男) 중의원 의원과 연계하여 대 러시아 외교 추진에 혼란을 주었다는 이유로 외무성에서 쫓겨났다.

집필동기에 대해 "어떤 상황으로 러일관계가 움직였고, 왜 좌초했는지 국민에게 알려야만 한다. 그렇게 못하면 죽어도 눈을 감지 못한다고 생각했다"라고 말한다. 면직에 이르게 된 경위나 냉전붕괴 전후로부터 10년에 걸친 교섭의 내막이 자세하게 묘사되어 있다.

토오고오 카즈히꼬. 아사히.

하지만 '4개 섬 일괄반환'에서 다른 식으로 전환한 것을 국민에게 좀더 친절하게 설명했어야 하는 것 아닐까.

"상대방 러시아를 생각하면 '양보'했다고 일부러 말할 필요가 없는 것입니다. 정의는 100퍼센트 이쪽에 있다는 주장을 하고 있으니까 그 깃발을 내리면 불리해지게 됩니다. 다만 지금 생각해보면 유력 의원이나 운동단체가 전력을 다해 설명했으면 더 나았을 것입니다."

그렇게 반성하는 것도 스스로가 제안한 '56년 선언'을 기반으로 한 병행협의 방식*이 일본 국내에서 '2개 섬 반환론'이라는 비판을 초래했기 때문이다. 토오고오 씨는 그것이 오해라는 것을 강조하면서 자신의 주장은 이런 것이었다고 설명했다.

"아무튼 협의를 시작하지 않으면, 그렇게 입구에 들어서지 않으면 출구로 나가지 못하니까요."

(사또오 카즈오)

---

* 병행협의 방식: 1956년 일소공동선언(이른바 '56년 선언')은 평화조약 체결 후의 하보마이·시꼬딴의 인도를 명기하고 있기 때문에 '하보마이·시꼬딴의 반환방법'과 '쿠나시리·에또로후의 귀속'이라는 두 가지 문제를 병행해서 협의하자는 것.

개혁·개방과
민주화

중국에서 '개혁·개방' 노선이 시작되고,
1980년대 후반부터는 한국과 대만에서
민주화가 진전을 보였다. 현재 동아시아
의 커다란 기점이었다.

1. 떵 샤오핑이
   감행한
   '실험'

중국의 개혁 · 개방

농업 · 공업 · 국방 · 과학기술 등 '4개의 근대화'를 향해 떵 샤오핑(鄧小平) 주도로 시작된 국내개혁 · 대외개방 정책을 지칭한다. 1978년 12월 중국 공산당 제11기 중앙위원회 제3회 전체회의에서 마오 쩌뚱 시대부터 이어져온 노선의 역사적 전환이 결정되었다. 마오 쩌뚱의 사망과 부인 장 칭(江青) 등 4인조가 체포된 지 2년 후의 일로, 대약진정책과 문화대혁명의 혼란으로 피폐해진 중국은 이후 종래의 계획경제를 탈피하여 시장원리를 대담하게 채택하게 된다.

인민공사를 해체하여 개별 농가에 자주적인 권한을 주는 생산청부제를 도입했고, 국유기업체제를 지키면서도 개인경영을 인정하여, 꽝뚱성 션전(深圳) 등에 경제특구를 설치함으로써 적극적으로 외자도입을 꾀했다. 부유해질 조건이 갖춰진 지역부터 부유해지도록 한다는 떵 샤오핑의 생각은 '선부론(先富論)'으로 알려져 있다. 1989년 톈안먼사태로 정치와 경제의 활력이 떨어지기는 했으나, 이를 지켜본 떵 샤오핑은 1992년 남순강화(南巡講話)에서 개혁 · 개방을 대대적으로 선포했다.

이후 중국은 '사회주의 시장경제'를 내걸고 경이적인 경제성장을 이어나가고 있으나, 한편으로는 연안부와 내륙부의 격차와 환경오염 등의 문제도 심각해지고 있다.

밤늦게 뻬이징의 숙소에서 잠들지 못해 창을 열고 담배에 불을 붙였다. 2008년 봄인 지금도 담배를 피울 수 있는 방이 있다는 것이 최근 점점 상황이 곤란해지는 흡연자로서는 고마운 일이지만, 이 나라에서도 이런 공간이 머지않아 없어질 것이라는 생각이 든다.

끊임없이 울려대는 클랙슨 소리에 어디선가 들려오는 경극풍 음악이 섞여드니 3월이 되자 갑자기 따뜻해진 뻬이징의 밤은 까닭없이 들뜬 분위기이다. 올림픽을 앞두고 거리는 매우 바쁘게 돌아가고, 공사소음도 저 멀리서 여러 소리에 묻혀서 들린다.

거구를 이끌고 무섭게 돌진하고 있는 중국. 실질경제성장률은 5년 연속 두 자릿수를 기록하고 있으며, 무역총액은 미국, 독일에 이어 세계 3위, 외환보유고는 일본을 앞질러 세계 1위로 부상했다. 어디까지 덩치가 커질지, 아니면 조만간 파탄이 날지, 앞날을 둘러싸고 세계는 여러가지 억측으로 부산하다.

무엇보나도 13억 — 제대로 세어보면 아마 14억 — 인구가 만들어가고 있는 국가이다. 그만큼 무리가 가는 실험이기도 하며, 게다가 공산당 독재하의 시장경제라는 유례없는 시도인 까닭에 세계가 숨죽여 지켜보는 것도 당연한 일이기는 하다.

뻬이징 칭화(淸華)대학 후 안깡(胡鞍鋼) 교수는 중국의 경제와 정치, 사

후 안깡 교수. 아사히.

회를 종합적으로 분석하는 '국정연구'의 1인자이다. 중국의 부상을 나타내는 세계은행의 수치를 하나하나 예로 들면서 경제성장의 흐름을 그대로 반영하듯 다음과 같이 말했다.

"강국(强國)과 부민(富民), 이 두 가지를 함께 달성해야만 한다. 이제부터 넘버원은 중국뿐일 것이다."

환경오염 방지, 정치·사회 안정 등 후 교수는 한단계 높은 발전을 위한 여러가지 과제를 지적하는 일도 잊지 않았다. 무엇보다도 마음속 깊이 수긍할 수 있었던 것은 정부의 정책결정에도 관여하는 후 교수가 "이 거대한 나라의 행방을 정확하게 예측하는 일 따위는 누구에게도 불가능하다"라고 한 말이었다.

1980년에 중국의 경제특구가 된 선전을 15년 만에 방문해보았다. 고층빌딩들이 멀리서 보면 맨해튼 같았고, 오가는 사람들의 복장은 토오꾜오의 번화가와 그리 다르지 않다. 예전에 방문했을 때는 생긴 지 얼마 안된 백화점에서 점원들이 조금 어색한 모습으로 서 있기만 했는데, 지금은 매우 익숙해진 표정으로 바쁘게 일하고 있었다.

2007년 선전 지역총생산(GDP)은 930억 달러, 수출입총액은 2,800억 달러로 항구의 컨테이너량은 세계 4위이다. 이렇게 숫자를 나열해준 이는 선전시 사회과학원 러 정(樂正) 원장이었다. 인구는 860만명, 유동인구를

떵 샤오핑. 3번 실각에서 재기한 중국 최고실력자로 개혁과 개방 노선을 궤도에 올린 정치가이다. 쓰촨성에서 태어나, 16세에 프랑스로 유학했다. 부수상, 당 총서기를 역임했고 문화대혁명으로 실각했으나 1977년 다시 당 부주석으로서 부활했다. 사진은 선전(深圳) 공원에 걸린 초상화. 아사히.

포함하면 1,200만명이라고 하니 규모가 토오꾜오 못지않다.

선전에는 우한의 우창(武昌)역에서부터 4인실 야간열차가 다니는데, 이역 건물의 규모와 외관에도 놀랐다. 일본 엔으로 170억이 들었다는 확장공사가 마무리된 지 얼마 지나지 않았다고 한다. 박물관 같은 호화로운 장식으로 구내 통로의 폭이 20미터나 된다.

건물뿐만 아니다. 부역장 양 타오(楊濤) 씨에 따르면 "근본적인 이념을 크게 바꾸었다"라고 한다. 그것은 차표 구매나 환승을 승객 위주로 생각함으로써 '관리하는 역'에서 '써비스하는 역'으로 바뀌었다는 뜻이다.

그 역에서 출발해 덜컹덜컹 흔들려가며 도착한 선전에는 롄화산(蓮花山)이라는 아름다운 공원이 있다. 아담한 언덕 위에 커다란 동상이 고층빌딩들을 굽어보고 있었다. 지금까지의 개혁·개방노선을 낳은 떵 샤오핑의 동상으로, 사람들은 이곳 선전을 '떵 샤오핑 성시(城市)'라고 부른다. 다른 공원에는 거대한 초상화가 걸려 있고 "당의 기본노선을 백년 동안 흔들림 없이 견지하다(堅持黨的基本路線一百年不動搖)"라고 적혀 있다. 개혁·개방은 백년의 계획이라는 것인데, 이 길을 떵 샤오핑이 닦은 것이 정확히 30년 전의 일이었다. 당시 그 노선의 상징이 된 일대사업이 있다.

중국과 일본이 설립한 제철소가 이제 세계정상급으로

길가의 환호성 속에서 수많은 주자가 성화를 손에 들고 중국 거리를 내달린다. 종이로 만든 거대한 용이 춤을 추니, 주변은 거의 축제 분위기이다. 대회장에 도착한 주자들은 성화대로 올라 엄숙하게 불을 붙인다.

베이징올림픽 예행연습이 아니다. 1985년 9월 샹하이 빠오샨(寶山)제철소 제1용광로 점화식 모습이다. 나는 이것을 당시의 기록영상을 통해 보았다. 작가 야마자끼 토요꼬(山崎豊子)의 『대지의 아이(大地の子)』로 알려진 빠오샨제철소는 신중국 탄생 이래 최대의 국가프로젝트로서 1978년에 착공되었다. 중국이 모범으로 삼고 지도를 요청한 신일본(新日本)제철과의 오랜 기간에 걸친 공동작업에 의해 빠오샨제철소 건설은 전후 중일협력의 상징이 되었다.

제1용광로의 점화식 참석자 중에는 이 프로젝트의 중국측 책임자 중 한 사람이었던 황 진파(黃錦發) 씨가 있었다. 샹하이에서 그 순간을 회상한 황 씨는 "그날은 기분이 좋아 평소 잘 마시지 않는 술로 진짜 취했다"라며 건설과정에서 신일본제철측과 "이 기계가 필요하다" "된다, 안된다" 하며 수도 없이 승강이를 벌인 사람이다.

중국측은 최신설비를 자랑하는 신일본제철 키미쯔(君津)제철소와 똑같은 것을 만들어야 한다며 물러서지 않았다. 기술지도를 위해 낯선 이국에

빠오샨 제철소. 아사히.

파견된 신일본제철 사원들은 고심했다. 현재는 신일본제철 엔지니어링 상무집행이사인 타까하시 마꼬또(高橋誠) 씨는 중국기술자들의 의욕에서 비롯된 집요한 질문에 일일이 답해야 했던 날들을 똑똑히 기억하고 있다. 당시 젊은 나이에 설계연락원으로 선발되어 샹하이로 파견되었다.

이 나사는 왜 휘어졌는가, 왜 뾰족한가? 중국에서 타까하시 씨는 질문 공세 속에 혹시 실수라도 하게 되면 심한 반격에 시달렸다. "이쪽 설명을 듣고 바로 예스라고 답하면 안될 것 같은 분위기였다"라고 한다. 전쟁의 기억이 지금보다 선명했던 시절의 일로, 샹하이에 집결한 중국기술자로서는 일본인들에게 우습게 보일 수는 없다는 생각과, 기술습득에 대한 순수한 열정이 뒤섞여 있었던 것이라고 그는 회상했다.

한편 중국측도 일본에 직원을 파견하여 신일본제철에서 연수시켰다. 갈등 속에서도 ─ 아마도 '그 덕분에' ─ 빠오샨제철소 건설이라는 똑같은 목표를 향한 공동작업은 서로에 대한 이해를 확실히 깊게 만들었다.

현장에서 고투가 계속되는 가운데 빠오샨제철소 건설은 몇번의 중단 위기를 맞았다. 중국의 자금부족에 공산당 내에서의 격렬한 권력투쟁까지 겹쳐, 계획은 건설 도중에 크게 흔들렸던 것이다. 중국측 총지휘책임자였던 천 진화(陳錦華) 씨를 뻬이징에서 만났다. 그는 이제 끝이라고 각오했던 시기도 있었다고 말했다. 위통이 끊이지 않는 날들이었지만 가장 큰

천 진화. 아사히.

버팀목은 떵 샤오핑이었다면서 하나의 에피쏘드를 말해주었다.

건설중에 일본에서 들여온 쇠말뚝 박는 기계에 흠집이 있다면서 중국측이 "일본이 중고품을 팔았다"라며 큰 소동을 일으킨 적이 있었다. 떵 샤오핑이 "어떻게 된 일인가" 물어서 조사해보니, 중국측 검사에서 생긴 흠집이었음이 밝혀지자 "그렇다면 그렇다고 모두에게 잘 설명하라"는 지시를 내렸다고 한다.

천 씨는 "방침이 일관되어 큰 부분부터 작은 부분까지 지시가 구체적인 떵 샤오핑이 없었다면, 빠오샨제철소 건설은 실패했을 것"이라고 회상한다. 이후에 국가계획위원회 주임도 역임한 천 씨는 개혁·개방노선을 실무차원에서 집행한 인물로, 지금은 중국기업연합회 명예회장이다.

그 천 씨도 현장사람들과 마찬가지로 빠오샨제철소 건설을 통해 일본인을 잘 알게 되었다고 한다. 신일본제철 회장으로서 일본측 책임자였던 이나야마 요시히로(稻山嘉寬) 씨에게 지금도 존경하는 마음을 가지고 있으며, 건설 당시 일본기술자들의 일을 높게 평가하여 "루 쉰의 '후지노 선생'을 떠올리곤 했다"라고 말한다.

아무것도 없는 곳에서 밑바닥부터 만들어낸 빠오샨제철소는 거대기업 '빠오깡집단(寶鋼集團)'으로 성장하여, 2004년에는 미국 『포천』(*Fortune*)지가 선정한 세계 500대 기업에 이름을 올렸다. 신일본제철의 상무집행이

이나야마 요시히로. 아사히.

310

사 이리야마 유끼(入山幸) 씨는 "두터운 엔지니어층, 설비, 효율성 등의 면에서 중국에서는 군계일학이다. 현재는 우리와 차이가 없는 분야도 있고, 쇠를 만드는 기본적 기술로는 세계정상급이라 할 수 있다"라고 평했다.

빠오샨이 원동력이 되어 중국의 제철업은 약진했다. 1978년에 세계 5위였던 조강생산량은 1996년에 1위가 되었다. 내수의 규모는 다른 나라와 비교가 되지 않는다. 일본 제철업이 금세기 다시 활력을 찾은 것이 중국 덕분이라면, 자원쟁탈전으로 원료비가 올라 상황이 어려워진 것도 중국 때문이다. 즉 철강업계는 이 거구의 몸짓 하나로 흔들릴 수 있는 것이다.

철은 곧 국가라는 철학을 충실히 실행하고 있는 중국에 대해 천 씨는 자신의 저서 『국사억술(國事憶述)』에서 이렇게 쓰고 있다. 중국은 기원전부터 철을 만들었고, 그 기술로 세계를 주도했다. 하지만 이후에 뒤처졌기 때문에 "근대적 제철기술을 갖고 있는 열강에 몇번이나 침략을 당했다." 일본이 청일전쟁, 즉 중국식으로 말하면 갑오전쟁부터 저지른 침략의 역사를 생각해볼 때 아름다운 일만 있었던 것은 아니지만 빠오샨제철소 건설은 소중한 공동작업임에 틀림없었다.

황 진파 씨는 빠오샨을 두고 '음수사원(飲水思源)'이라고 말했다. 물을 마실 때는 그 수원지를 생각한다는 뜻이다.

지방순회 강연을 계기로 경제개혁으로 내달리다

선전, 우한, 샹하이 등 이 장에서 내가 다뤄온 장소는 모두 떵 샤오핑과 깊은 관계가 있다. 개혁·개방노선이 시작된 지 십수년 지난 1992년 초 떵 샤오핑은 이 지역들을 돌며 노선추진을 강조했다. '남순강화'로 불리는 이 순회에서 우한역은 바로 그 무대가 된 장소다. 중국이 진정하게 개혁·개방으로 질주하기 시작한 것은 이 남순강화부터로, 사회주의 시장경제를 주창한 것은 바로 1992년의 일이다.

"하얀 고양이든 까만 고양이든 쥐를 잡으면 좋은 고양이다"라는 말은 떵 샤오핑 어록에서도 널리 알려져 있는 '백묘흑묘론(黑猫白猫論)'인데, 남순강화에서는 여러가지 지론을 전개하며 그의 진면목을 고스란히 드러낸 듯하다. "이거라고 정하면 1, 2년 해본다. 그게 정답이면 과감하게 추진하고 틀렸으면 시정하여 그만두면 된다. 그만둔다 할 때 즉시 그만둬도 괜찮고 잠시 사정을 보면서 서서히 그만둬도 괜찮다. 또 꼬리를 남겨도 된다."

일본의 쌜러리맨이라면 쓴 웃음을 지으면서 고개를 끄덕일 만한 말도 있다.

"회의가 많고 문장이 길고 말도 길고 게다가 내용이 중복되어 있고 새로운 말이 적다. 일부에 관해서 중복해서 말할 필요도 있지만 간결해야만

한다."

공적인 장소에서 무엇을 어떻게 말했는지 분명하지 않지만, 이러한 떵 샤오핑의 말은 깔끔해서 매우 이해하기 쉽다. 많은 국민의 지지를 얻은 것도 당연한 일이라, 그의 말에 설득된 중국은 돈벌기에 매진하게 되었다. 토오요오가꾸엔(東洋學園)대학 주 젠룽(朱建榮, 일본명 슈 껜에이) 교수에게 해설을 들었다.

"1980년대는 중국이라는 점보여객기가 이륙하려 한 활주단계였고, 1992년은 그야말로 조종간을 힘차게 당긴 때였다. 소련과 동유럽에서 계획경제가 뒤틀리던 때였고, 문화대혁명의 비참한 경험이 개혁·개방으로 가는 길을 뒤에서 힘껏 밀어주었다."

떵 샤오핑의 수완은 특기할 만한 것이었다고 주 씨는 말한다. 붕괴되어 가는 소련과 동유럽을 비웃듯 국내의 불평불만을 정치체제로 향하게 하지 않고 경제개혁으로 이끌었다. 정치체제로는 공산당 독재를 고수했고, 1989년 톈안먼사건 때는 탄압을 주저하지 않았기 때문에 그저 손 놓고 칭찬할 수만은 없다. 하지만 떵 샤오핑 없이 중국이 어떻게 통치될 수 있었을지를 물어보면, 그 답을 내리기가 쉽지 않을 것이다.

원래 장사가 특기였던 중국인들이니 마음만 먹으면 즉시 현재상황처럼 될 수도 있겠지만, 그로부터 파생된 문제도 또한 심각하다. 도시는 화려하더라도 지방에 가면 먹지 못하는 사람들이 억 단위로 존재한다. 공무원 부패도 더욱 심각해져서 — 2007년까지 5년 동안 유죄판결을 받은 악덕 공무원만 11만명을 넘는다 — 국내 불안의 분위기가 심상치 않다는 사실은 1년 동안 중국에 갈 때마다 여기저기서 듣게 되었다. 개혁·개방과 현 정치체제의 모순은 언젠가 폭발할 것이라는 예상도 자주 언급되곤 한다.

중국에는 선행모델이 없었다. 취약한 곳이 있으면 어떻게든 보충하려 했으며, 조금씩 변화하면서 구소련식도 아니고 유럽식도 아닌 수단을 찾을 수밖에 없다. "처음부터 지상에 길은 없었다"라고 말한 것은 루 쉰이었다. 그 루 쉰이 생각도 못한 길을 지금 중국이 나아가고 있다.

(후꾸다 히로끼)

2. 광주와 까오슝,
공명하는
동아시아

광주사건

한국내에 민주화의 기운이 높아져만 갔던 1980년 5월 17일, 전두환을 중심으로 하는 육군의 소수강경파가 계엄령을 전국으로 확대하여 김대중 등 야당의 유력정치가, 학생운동 지도자들을 구속했다. 김대중의 기반이자 격렬한 시위가 일어나고 있었던 전라남도 중심도시 광주(光州)에 계엄군을 투입하여 다음날인 18일 전남대 학생들의 항의시위를 탄압했다.
5·18기념재단에 의하면 2004년까지 사망자 207명, 부상자 2,392명으로 판명되었고, 그외 다수의 행방불명자들이 있다. 1995년에 '5·18민주화운동 등에 관한 법률'이 제정되어, 전두환, 노태우 두 전 대통령이 사건에 관해 유죄판결을 받았다. 한국에서는 '5·18광주민주화운동' '광수민수(민중)항쟁' 등으로 불린다.

메이리따오사건

국민당 일당지배하였던 1979년 12월 대만 남부 까오슝시(高雄市)에서 일어난 반체제운동 탄압사건으로, '까오슝사건'이라고도 불린다. 같은 해 5월 반체제 지도자였던 황 신제(黃信介)를 발행인으로 창간한 잡지 『메이리따오(美麗島, 대만의 별명)』가 까오슝시에서 12월 10일 세계인권의 날을 기념하여 집회를 기획했다. 당국이 무허가를 이유로 저지한 탓에 모인 시민들과 충돌하여 200명 가까이 부상당하는 소동이 일어났다. 황 신제 외에 전 부총통인 루 슈롄(呂秀蓮) 등 '메이리따오'측 인물들이 군사재판에 회부되어 반란죄로 유죄판결을 받았다. 모두 이후의 민진당 지도층이 되는데, 변호인으로는 총통이 된 천 수이볜(陳水扁), 2008년 총통선거에서 민진당정부 후보였던 셰 창옌(謝長廷), 쑤 전창(蘇貞昌)이 있었다.

전에 본 듯한 광경이다.

2008년 3월 22일에 투개표된 대만 총통선거를 보면서 그렇게 생각했다. 3개월 전 한국 대통령선거와 너무나도 닮아 있었기 때문이다.

유력후보가 TV토론에서 불꽃을 튀기며 싸우는 한편, 이런저런 방법으로 서로 비난을 퍼부으며 상대를 낙마시키려 한다. 집회에는 사람들이 가득 모여 마치 록가수의 콘써트장 같다.

그런 열기뿐만 아니라 선거구도도 똑같다고 할 정도였다.

예전에 목숨을 건 민주화투쟁을 전개한 진영이 집권여당으로서 도전을 받는다. 그들을 탄압한 독재정권의 후계자들이 도전한다. 그리고 정권교체. 양당제를 목표로 하면서도 정권교체가 좀처럼 실현되지 않는 일본과는 달리 민주주의가 자라고 있는 듯하다.

그 토대에는 긴 독재정권시대의 체험과, 그것을 타도하려 한 민주화의 에너지가 있다. 그렇게 생각하면서 한국과 대만의 민주화의 역사를 되돌아보면 이 또한 매우 닮아 있다는 사실을 깨닫게 된다.

우리는 1980년경에 일어난 사건에 눈을 돌려보았다. 한국의 광주사건과 대만의 메이리따오사건이다. 민주화를 요구하는 사람들을 독재정권이 탄압하고, 오히려 그것으로 민주화의 열기가 더욱 불꽃처럼 타올라 걷잡을 수 없게 되었다. 아주 닮은꼴의 사건이 거의 동시에 일어난 것은 우연

광주와 까오슝.

316

일까?

1980년 5월 18일, 한국의 광주시에서 택시운전을 하던 이행기(李行基) 씨는 그날의 일을 지금도 잊지 못한다.

또 학생들이 데모를 하나, 그렇게 생각하면서 보고 있는데 학생들이 군인들에게 쫓겨 곤봉으로 잔인하게 맞고 있었다. 보다 못해 차에 태웠다. 군인들은 운전기사와 시민들에게도 폭력을 가했다. 이것이 광주사건의 시작이었다.

다음날에도 시민들의 항의시위가 계속되어 계엄군과 대치했다. 헤드라이트를 켜고 클랙슨을 울리는 택시와 버스가 가세했고, 시위대는 대열을 짜서 한걸음 한걸음 나아갔다. 300대로 늘어난 택시들을 '택시부대' 라고 불렀다. 이행기씨도 그 안에 있었다. 전방에는 장갑차와 총을 겨눈 군인들이 있었다.

"전혀 무섭지 않았다. 주위에 시민들로 가득해서 오히려 용기가 났다."

이윽고 최루탄이 발사되자 연기 때문에 앞이 보이지 않았다. 갑자기 누군가 개머리판으로 차 앞유리창을 부수었다. 밖으로 끌려나가 온몸에 매를 맞았다. 모인 시민들은 도망치고 이행기씨도 병원으로 옮겨졌다.

민주화를 외치는 학생들의 시위는 하나의 계기에 지나지 않았다. 무차별폭력에 대한 일반시민들의 분노가 투쟁의 원동력이 되었다. 시위대에

광주 민주화운동에서 버스나 택시도 큰 역할을 담당했다. 황종건 제공.

밥을 지어주며 지지한 여성들도 있었다.

지금도 매년 5월에는 그날과 같이 택시가 대열을 이루어 거리를 달린다. "동료들이나 광주시민의 희생 위에서 민주화가 성취되었습니다. 그런 자부심이 있습니다."

민주화운동의 첫걸음, 탄생회를 구실로 집합

한편 광주사건 한해 전인 1979년 12월에 메이리따오사건이 일어났다.

6년 전 미국유학에서 돌아와 변호사를 하고 있던 야오 자원(姚嘉文) 씨는 이른 아침 자택에서 체포되었다. 군사재판에서 반란죄로 징역 12년 선고를 받아 감옥에서 지내야만 했다. 이듬해 2월에는 이 사건으로 체포된 동료의 집이 습격되어, 어머니와 어린 딸들이 참혹하게 살해되는 사건도 일어났다.

"하지만 그 사건으로 대만의 상황은 크게 바뀌어 민주화가 진전되었다." 그렇게 회상하는 야오 씨는 1987년에 가석방되어 결성된 지 얼마 되지 않은 야당 민주진보당의 주석이 되었다. 천 수이삐엔 정권하에서는 고시원(考試院, 인사원人事院에 상당) 원장을 역임했다.

사건 당시의 대만은 중국대륙에서 공산당과의 내전에 패배하여 도망쳐온 국민당의 독재가 계속되고 있었다. 1949년부터 시작된 긴 계엄령으

(좌) 야오 자원. 아사히.
(우) 1979년 12월 10일, 대만 남부 까오슝에서 데모대와 경찰관이 충돌한다. 나중에 '메이리따오 사건'으로 불린다. AP.

로 보도·결사의 자유도 없었다. 그래도 야오 씨 일행은 1970년대 후반부
터 결혼식이나 생일파티를 구실로 모여 민주화운동을 시작했다. '메이리
따오'라는 잡지사를 세운 것도 국민당 이외의 정당이 금지되어 있었기 때
문이다.

강압적인 공기가 이완된 데는 1975년 카리스마를 가진 국민당 리더 장
제스가 사망한 것이 큰 요인이었다. 야오 씨는 진정으로 그렇게 느꼈다.
이 점에서도 18년간에 걸쳐 권세를 누리던 박정희 대통령이 1979년 측근
에게 암살된 한국과 상황이 닮아 있다.

후계자들에 의한 무력탄압은 시민들의 반발을 샀을 뿐 아니라, 국제사
회의 감시의 눈도 더욱 강하게 만들었다. 야오 씨는 말한다.

"법정에는 해외의 인권단체도 방청하러 왔다. 그 앞에서 오래 계엄령
해제를 주장할 수 있었다. 전에는 하루 만에 내려지던 판결도 1주일 이상
걸렸으며, 반란죄로 징역 12년이 제일 가벼웠다. 사형에 처할 수 없었던
국민당에게 커다란 타격이었을 것이다."

대만대학 저우 완야오(周婉窈) 교수는 메이리따오사건의 의의를 "대만
전국에 정치적 각성을 일으킨 것"이라고 파악한다. "정치에 무관심했던
대만사람들이 관심을 갖게 되었다. 국민당은 예전처럼 탄압으로 민주화
를 억누를 수 없다고 자각"했다는 것이다.

〈한국·대만의 민주화 흐름〉

연도	한국	대만
1945	제2차 세계대전 종결에 의해 일본 식민지지배로부터 해방.	
1947		2·28사건, 희생자는 2만8천명.
1949		전국에 계엄령.
1973	토오꾜오에서 야당 지도자 김대중 납치사건.	
1979	박정희 대통령이 측근에게 피살.	반정부시위대와 경찰이 충돌한 메이리따오사건.
1980	계엄령을 전국으로 확대, 민주화를 요구한 시민들을 계엄군이 탄압한 광주사건.	

그렇지만 대만의 '진정한 민주화'는 1987년 계엄령 해제로 이루어졌다고 할 수 있다. 같은해 대규모 민주화운동이 펼쳐져 독재정권이 '민주화선언'을 할 수밖에 없었기 때문이다. 이것도 한국과 닮아 있다.

실은 저우 교수도 학생시대에 민주화운동을 한 경험이 있다. 자극이 된 것이 한국이었다고 한다. "여성이 철조망을 뚫고 싸우는 모습을 보고 같은 여성으로서 힘을 얻었습니다. 한국은 대규모시위가 열리니 부럽다고 생각한 적도 있습니다."

그러나 너무나 격렬한 운동이 광주사건과 같은 탄압을 초래한다는 교훈도 얻었다. 그래서 대만은 1980년대에 비폭력의 원칙을 고수했다. 그렇게 회상하는 민주화운동의 투사도 있다.

보도의 자유 없어 메모를 숨겨 일본으로

한국은 이런 대만에 영향을 주고 있었다. 하지만 한국에서는 당시 국내의 광주사건도 신문이나 TV에서 제대로 보도하지 않았다.

이런 상황에서 이웃나라로부터 정보의 숨통을 튼 것이 일본 이와나미서점(岩波書店)의 월간지 『세까이(世界)』에 1973년부터 1988년까지 연재되어 군사독재정권을 고발해온 「한국으로부터의 통신」이었다.

당시 학생운동으로 당국의 감시를 받고 있던 서울대 박세일(朴世逸) 교

1986		최초의 야당 민주진보당 결성.
1987	대규모 민주화 요구 시위, 여당이 대통령 직접선거제 등을 담은 민주화선언.	38년 2개월 만에 계엄령 해제.
1988	노태우 정권 탄생, 서울올림픽.	장 징궈(蔣經國) 총통 사망, 후임에 리 떵후이(李登輝).
1993	비군인 출신 김영삼 정권 탄생.	
1996		최초의 총통 직접선거로 리 떵후이 당선.
1998	김대중 정권 탄생.	
2000		총통에 민진당 천 수이뼨 당선, 최초의 정권교체.

수는 1973년부터 유학중이던 일본에서 이를 읽은 적이 있다고 한다.

"그 통신을 계기로 일본에는 배울 점이 많다고 생각했습니다. 훌륭한 선생님들도 많았고, 한국의 운동을 돕고 있는 친구들도 있었습니다. 일본이 아시아의 민주화에 크게 공헌한 것이 아니겠습니까?"

서울에 있는 고려대학교의 최장집(崔章集) 교수처럼 미국유학중에 그 글을 읽은 이들도 있다.

"당시 한국미디어는 완전한 통제하에 있었기 때문에 국내에 무엇이 일어나고 있는지 몰랐다. 운동을 하던 학생들도 그 통신을 통해 사실을 알곤 했다."

'통신'은 한국으로 다시 전해져서 학생이나 지식인들에게 읽혔다. 민주화운동의 중심에 있던 소설가 황석영(黃晳暎)도 그 한 사람이다.

"복사판이 한국어로 번역되어 지하에서 읽히고 있었다. 약국 주인이 번역하여 광주에서 팸플릿으로 만들었던 것이다."

위험을 무릅쓰고 한국의 정황을 일본으로 가져온 '운반책'이 된 것은 일본·한국·독일 등의 기독교 관계자였다. 그 과정에서 우여곡절이 많았다.

한 일본인 여성은 서울에서 작은 종이쪽지를 건네받았다. 옥중서한이었다. 공항 출국검사는 엄했다. "브래지어에 숨기자." 몸수색에서 종이

촉감을 느끼지 못하도록 양말에 싸서 가슴에 숨겼다.

「한국으로부터의 통신」의 저자 T·K생(生)이란 누구였을까? 긴 세월 수수께끼로 남아 있었으나, 2003년에 종교철학자 지명관(池明觀) 씨가 자신임을 고백했다. 집필했을 때는 거의 망명상태로 일본에 살고 있었으며, 토오꾜오여자대학 교수 등을 역임했다.

한국에 돌아간 지명관씨는 최근 1970년대부터 1980년대 사이의 한일 신문보도를 검증하는 책 『한국으로부터의 통신』(창비)을 냈다. "역사를 잊지 않기 위해 꼼꼼하게 기록하려고 했습니다. 내 책만이 아니라 한국은 지금 탈민족주의 책이 늘어나고 있습니다. 우선 한국과 일본이 협력하여 자국중심주의가 아닌 동아시아의 시대를 만들 때가 왔습니다."

2007년 대통령선거에서는 예전의 독재정권의 흐름을 이어받은 한나라당의 이명박 후보를 지지했다고 한다. "아시아도 세계도 변화하고 있습니다. 예전 이미지에 사로잡혀 쓸데없이 대립할 때가 아닙니다."

1980년경에는 대만의 정보가 없었던 한국도 민주화에 의해 많이 변했다. 2002년 광주시에서 열린 광주사건 쎄미나에 대만여성 한사람이 초대되었다.

롼 메이슈(阮美姝) 씨는 대만에서 1947년에 무력탄압으로 많은 주민들이 희생당한 2·28사건으로 아버지를 잃었다. 민주화운동의 원점이라고

지명관. 아사히.

불리는 사건의 유족으로서 한국의 민주화운동을 이끈 사람들과 대화할 수 있는 기회를 얻은 것이었다.

롼 씨는 거기서 본 광주사건의 사진이 뇌리에 남았다고 한다. "피해자의 얼굴에는 눈이 없고 코가 내려앉아 있었다. 2·28사건과 마찬가지이다. 아버지도 이런 식으로 살해되었다고 생각하니 눈물이 멈추지 않았다."

국민당 독재정권시대, 2·28사건은 입에 담지도 못할 사건이었다. 1992년도에 나온 롼 씨의 책은 유족이 처음으로 쓴 체험기로서 주목을 받았다. 2006년 일본어로 번역되어 일본의 작은 출판사에서 출간되었다.

롼 씨는 지금 중국의 향방에 주목하고 있다. 민주화운동을 무력탄압한 톈안먼사건이 일어난 1989년 충칭에 초대되어 학생들에게 질문을 받았다. "톈안먼사건은 정말로 일어난 것입니까?" 예전의 대만과 마찬가지로 정보통제가 계속되고 있구나 하고 생각하고 있는데 다른 학생이 "저를 데리고 대만으로 도망쳐주세요"라고 했다. 그 학생은 그후 어떻게 되었을까?

10장의 주제를 마무리짓기 전에 다시 방문하고 싶은 곳이 있었다. 제1장에서 다룬 아편전쟁의 현장이다.

예전에 영국군이 공격해온 중국의 꽝저우 시내에는 일본이나 한국의 흔적이 곳곳에 묻어나고 있었다. 이곳 공장에서 만들어지는 토요따, 혼다

2·28사건: 1947년 2월부터 3월에 걸쳐 국민당정권에 대한 항의와 시위를 무력으로 탄압한 사건. 대만 전국서 항의운동이 2월 28일에 시작되어, 중국본토에 있던 장 제스 국민정부 주석이 3월 8일 군을 대만에 상륙시켜 무차별 발포와 총살 등을 계속했다. 1992년에 대만 당국이 정리한 조사서에서는 대만측 사망자를 "1만 8천명에서 2만 8천명"으로 추정했지만 실태는 여전히 불분명하다.

나 한국의 현대 차가 오가고, 거리에는 일본영화나 한국드라마의 DVD가 팔리고 있다.

지하철역에는 후지산과 벚꽃의 알록달록한 광고가 벽을 메우고 있었다. 일본의 국제관광진흥기구가 '일본으로 꽃놀이 오세요'라는 캠페인을 벌이고 있었던 것이다.

꽝저우에서 가장 큰 '꽝즈뤼(廣之旅)국제여행사'는 2007년, 일본에 1만 8천명의 관광객을 보냈다. "전년의 2배다. 중국도 생활이 풍요로워져 해외여행은 이제 생활의 일부가 되었다." 한일본부장 자오 원즈(趙文志) 씨가 말했다.

만나고 싶은 사람이 있었다. 꽝저우의 신문 『남방주말(南方週末)』의 꿔리(郭力) 기자였다. 2007년 봄 토오꾜오대학에서 열린 '한중일 저널리스트 대화'에 참가하여 귀국 후에 쓴 「각도를 달리해 일본을 바라보자」라는 기사가 반향을 일으켰다.

"군국주의의 길을 달리고 있다고 중국에서 보도되곤 하는 일본은 실제로 가보면 다르게 보였습니다. 그런 내용을 쓰면 일본에서 돈을 받았냐고 인터넷에서 비난을 받았습니다."

지금은 대만의 정치를 추적하고 있다.

"민주화는 중국이 가장 늦습니다. 일본도 한국도 대만도 앞서가니 참고가 됩니다. 대만 총통선거도 어느 쪽이 이겼는가보다는, 민주화의 일환으로 관심을 가져야 합니다."

이전시대로부터 다음시대로 역사는 이어져 있다. 그리고 동아시아는 각각 이어져 있다. 고립해서는 살아나가지 못한다. 그런 마음이 전달돼 왔다.

(쿠마모또 신이찌, 니시 마사유끼)

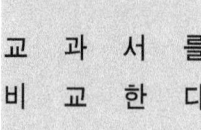

각국의 서술 분량과 특징은?		
	개혁·개방	한국·대만의 민주화
일본	기술 없음.	기술 없음.
중국	18면에 걸쳐 상세하게, 떵 샤오핑의 사진 4장.	기술 없음.
한국	세계사에서 2줄 정도.	자국사에서 8면. 대만의 민주화에 대해서는 기술 없음.
대만	중국사에서 3면 정도.	대만사에서 3면. 한국의 민주화에 대해서는 기술 없음.

일본

'중국·한국·대만 국내 문제' 기술 없음

토오꾜오서적의 『새로운 사회: 역사』에서는 중국의 개혁·개방이나 한국, 대만의 민주화에 대한 기술이 전혀 없다. 타출판사의 교과서도 마찬가지이다.

토오꾜오서적의 10년 전 교과서에서는 아주 조금이지만 다음과 같이 중국의 경제개혁과 민주화에 대한 기술이 있었다.

아시아에서는 1970년대 말부터 경제개혁에 착수한 중국에서 1989년 민주화를 요구하는 움직임이 일어났지만 정부에 의해 진압당했다(톈안먼사건). 그후에도 경제는 급성장을 계속하고 있으나, 정치적인 민주화가 커다란 과제로 남아 있다.

와따나베 사회편집부장은 "중학교에서 배우는 역사는 일본의 역사라는 틀이 있기 때문에, 국제적인 이야기도 일본과의 관계하에서만 다루고 있다. 중국의 개혁·개방, 한국의 민주화 등은 각각 국내문제라고 파악하고 있다"라고 설명한다.

10년 전 교과서에서 톈안먼사건이 게재되었던 것은 "당시는 시사문제로서 그후 일본에도 영향이 있다는 판단하에 다루었다."

단 일본에서 중국의 중요성은 날이 갈수록 늘어가고 있어, "중학교 지리 교과서에서는 중국에 대한 기술이 늘어나고 있다. 역사에서도 중일 경제관계를 다루게 되면 개혁·개방에도 눈을 돌려야 할 것이다"라고 말한다.

참고로 고등학교에서 가장 많이 사용되고 있는 야마까와(山川)출판사의 『상설 세계사 B』를 보면 문화대혁명 후에 떵 샤오핑이 부활하여 사회주의 시장경제를 도입한 일이 톈안먼사건과 그후의 흐름과 함께 1면이 못되는 분량으로 서술되어 있다. 한국의 민주화에 대해서는 1992년 선거에서 김영삼이 32년 만에 문민 출신으로 대통령이 되었고, 다음으로 김대중이 민주정치를 추진한 일 등을 8줄로 설명하고 있다. 대만에 대해서도 "1987년에 계엄령이 해제되어 1988년부터 총통에 취임한 리 떵후이는 민주화 추진에 힘썼다"라고 4줄 정도로 기술하고 있다.

총설계사 떵 샤오핑을 기리며 18면

인민교육출판사의 『중국역사』에서는, 「중국의 특색있는 사회주의의 건설」이라는 단원에서 18면에 걸쳐 개혁·개방을 상세하게 설명하고 있다.

정치노선의 대담한 전환을 꾀한 1978년 12월의 중국 공산당 제11기 중앙위원회 제3회 전체회의(약칭 '11기 3중전회')로부터 1997년에 떵 샤오핑 이론이 중국 공산당 규약에서 지도적 지위를 확립할 때까지, 이것이 중학생을 위한 교과서일까 싶을 정도로 딱딱한 표현으로 서술되어 있는 것이 특징이다.

예를 들어 11기 3중전회에 대한 다음과 같은 기술을 보자.

이 회의는 '두 개의 모든 것'이라는 방침을 철저하게 부정하고, 새롭게 사상의 해방과 실사구시의 사상노선을 확립했으며, '계급투쟁을 핵으로 삼는다'라는 슬로건의 사용을 중지하여 당과 국가 임무의 중심을 경제건설로 옮겼다. 이로써 개혁·개방을 실행한다는 위대한 결정을 내려, 회의에서는 실질적으로 떵 샤오핑을 핵심으로 하는 당중앙의 지도체제가 형성되었다.

'두 개의 모든 것'이란 마오 쩌뚱의 후계자가 된 화 꿔펑(華國鋒)이 취한 방침으로, 마오 쩌뚱의 결정과 지시는 모두 지켜야 한다는 뜻이었다.

학습지도요령에 해당하는 중국의 역사과정표준에서는 "11기 3중전회는 우리나라 사회주의 현대화 건설의 역사에서 위대한 전환점임을 확인한다" "떵 샤오핑 이론이 개혁·개방과 사회주의 현대화 건설의 지도적 사상임을 인식한다" 등의 목표를 정하고, 교과서는 이를 충실하게 반영하고 있다.

특히 인상적인 것은 「개혁·개방의 총설계사 떵 샤오핑」이라는 제목으로 그 이론과 업적을 반복해서 소개하고 있는 점이다. 사진도 4장이나 게재되어 있다.

한편 1989년 톈안먼사건 등 국내 민주화운동이나, 한국·대만의 민주화에 대한 기술은 찾아볼 수 없다.

한국

'쟁취한 민주화'에 역점

한국사를 다루는 국사 교과서에서는 한국의 민주화에 관한 부분은 「민주주의의 시련과 경제발전」「민주화운동과 통일을 위한 노력」의 2장이다. 민주화운동에 대해서는 1960년대부터의 역사를 추적했고, 본문으로만 총 8면을 할애하고 있다.

우선 이승만 대통령을 타도한 1960년 '4·19혁명'에 관해서는 "자유민주주의를 수호하기 위해 학생과 시민들이 일으킨 것으로 국민의 자유와 권리를 지키며 민주주의의 이념을 실현하기 위한 것"이라고 인식하고 있다. 많은 희생자를 낸 80년 광주사건에 대해서는 다음과 같이 기술했다.

군인들의 정권장악 기도에 반대하여 자유민주주의 헌정체제 회복을 요구하는 시민들의 시위가 전국적으로 확산되었다. 이 시위는 광주에서 절정을 맞이하여 5·18민주화운동으로 이어졌다.

또한 1987년 전두환 정권의 독재에 반대하여 대통령 직접선거를 요구하는 민주화운동에 대해서는 다음과 같이 기술한다.

시민들은 군부독재와 부정을 규탄하며 헌법개정을 요구했다. 이처럼 민주화를 요구하는 시민들의 열망은 6월민주항쟁으로 승화되어 전국으로 확산되었고, 이에 군부세력이 굴복하여 마침내 6 · 29민주화선언이 이루어졌다.

국사편찬위원회의 김득중 박사는 "광주에서 87년운동으로의 흐름은 오늘날의 한국 민주정치의 큰 틀을 만들었다. 민주화는 밖으로부터 배운 것이 아니라 국민 스스로가 쟁취한 것이며 우리는 그것을 자랑스럽게 여기고 있다. 그것에 역점을 두고 가르치고 있다"라고 말한다.

한편 대만 민주화에 대해서는 세계사에서도 언급이 없다.

중국 개혁 · 개방은 세계사인 『사회 2』에서 다룬다. 금성출판사의 교과서에서는 "중국이 1978년부터 개혁 · 개방정책을 추진하여 경제가 빠른 속도로 발전했다"라고 2줄 정도이다. 그외에 본문이나 주에서 지도자로서 떵 샤오핑의 이름을 언급하고 있다.

대만

정권교체, 정치의 상도라고 평가

널리 사용되고 있는 난이서국 『국민중학: 사회』에서는 중국사 부분에서 개혁 · 개방을 다루고 있다. 3면여를 할애하여 중국정부가 경제개혁을 추진하는 한편, 톈안먼사건 등 정치면에서 엄격하게 탄압한 것을 강조하고 있다.

중공은 경제에서 개혁 · 개방을 진전시켰지만, 정치에서는 엄격하게 탄압했다. 1989년 뻬이징 학생은 톈안먼광장에 모여 정치의 민주화를 요구했으나, 중공 당국이 6월 4일에 동원한 군대와 전차에 의해 진압하여 많은 민중과 학생이 죽거나 다쳤다.

대만의 민주화에 관해서는 대만사 부분의 「민주정치의 발전」 항목에서 3면을 할애하여 '국민당 외'의 반체제운동에 초점을 맞추고 있다.

1970년대 이후 경제발전과 교육수준 향상에 의해 정치와 사회의 개혁운동이 고조되어, 정부의 권위적인 지배에 대한 큰 도전이 되었다. 1979년 메이리따오 사건은 국제적인 관심을 불러일으켜 민중의 정치의식을 높였다. 1986년에는 민주진보당이 성립하여 '당외운동'은 정당간 경쟁의 새로운 단계로 돌입했다.

1996년 총통직접선거나 2000년의 국민당에서 민진당으로의 정권교체 등의 흐름을 추적하여, "대만은 정치의 상도(常道)를 걷고 있다"라며 높게 평가하고 있다. 한편 한국의 민주화는 세계사에서도 언급이 없다.

난이서국의 교과서 편집지도위원 저우 후이민 정치대학 역사학부 교수는 "개혁·개방과 민주화는 수업시간 관계상 별로 많이 서술하지 못했다. 지리나 공민 시간에 다루는 일도 있고, 역사를 포함해 세 과목에서 종합하여 가르치고 있다"라고 말한다.

공민에서는 「민주정치를 비교한다」는 항목을 통해 '실정이 있으면 정부가 행정관의 법적 책임만을 추궁하는 나라'와 '위정자가 의회와 여론의 감시를 받아 스스로 사임하는 나라' 중 어느쪽이 민주적인가를 생각해보게 한다.

1964년 토오꾜오, 1988년 서울, 2008년 뻬이징. 동아시아의 올림픽은 국가와 국민들에게 무엇을 남겼을까?

기　억　을
만　드　는　것

1964년 토오꾜오
'3분으로 인생이 바뀐' 성화주자

성화가 지금도 타고 있다. 그렇게 듣고서 카고시마로 향했다. 1964년 토오꾜오올림픽을 위해 아테네에서 채화된 성화가 오끼나와 경유로 공수되어 처음 도착한 일본 본토의 땅이다.

카고시마시 교외에 있는 현립 청소년연수쎈터. '희망의 불'이라 이름 붙여진 그 불은 본관 로비의 선박용 램프 속에서 오렌지빛으로 불타고 있었다. 3센티미터 정도의 불꽃이 흔들리고 있었다.

1982년 당시 차장이 지인에게서 이 불을 받았다고 한다. 지인은 성화봉송 때 낙도의 초등학교장에게서 '섬의 아이들에게 보여주고 싶다'는 부탁을 받아 몰래 분화하여 자택에서 보존하고 있었던 것이다.

이후 직원이 일주일에 한번 급유와 청소를 하여 불을 지켜왔다. 초를 손에 들고 모이는 '등화의 모임'이나 캠프파이어 등에서 쓴다. 하마시마 마스미(濱島眞澄) 연수주사는 "그냥 불이다. 하지만 사람들의 생활이 녹아든 불이다. 전후 부흥의 상징으로 세계가 인정한 토오꾜오올림픽이기 때문에 같은 불이라도 각별하다"라고 말한다.

토오꾜오 올림픽 개회식. 손에 성화를 들고 달리는 마지막 봉송 주자 사까이 요시노리(좌). 아사히.
44년간 계속 타오르고 있는 올림픽 성화(우). 카고시마현 청소년연수쎈터에서 아사히.

　그 성화봉송의 최종주자였던 사람은 당시 와세다대학 학생이었던 사까이 요시노리(坂井義則) 씨이다. 히로시마 원폭투하 날에 태어나 달리는 모습이 아름답다고 선발되었다. 일본 내의 모든 이목이 집중되었다. 그후에는 어디에 가도 모르는 사람이 말을 걸었다고 한다. "(성화를 손에 쥔) 3분으로 인생이 변했다."

　패전을 벗어나 다시 일어섰다고 세계에 강한 인상을 남긴 올림픽이었다. "국민 한사람 한사람이 스스로도 참가하고 있다는 의식이 강했다. 그래서 나는 지금도 아무렇게나 살 수는 없다고 생각한다. 당시를 아는 사람들이 그때 느꼈던 희망을 잃게 하고 싶지 않다."

　올림픽을 전후로 토오꾜오는 고층빌딩이 건설되고 신간센(新幹線)도 개통했다. 평론가 마쯔모또 켄이찌(松本健一) 씨는 "구미를 따라잡으려 열심히 뛴 일본이 '근대일본'이라는 틀을 벗어나 구미와 어깨를 나란히했다는 의식의 전환을 이룬 것이 토오꾜오올림픽"이라고 설명했다. 올림픽은 발전하고 있는 아시아의 나라가 "세계에 알려졌다"라고 자신감을 얻는 장치라고 할 수 있을 것이다.

김영삼 전 대통령.

1988년 서울

비판적이었던 김영삼, 지금은 긍정적 평가

1988년에 서울올림픽을 개최한 한국. 인터넷신문 『오마이뉴스』이병
선(李秉璿) 부국장은 1986년에 고려대학교 학생회장이 되어 민주화운동을
주도했다. "무력으로 정권을 잡은 전두환 정권의 정통성이 세계적으로 인
정받게 될 것"이라며 올림픽 개최에 반대했다.

민주화운동은 일반시민으로 확대되어, 이듬해 1987년에 최고조에 달
했다. 집권여당은 6월말 '민주화'를 약속했다. "정부는 올림픽 전에 세계
적으로 고립될 만한 강경수단을 쓸 수 없었다. 올림픽 유치는 민주화에 결
과적으로 크게 공헌했다."

TV에서 개회식을 본 이병선씨는 "이런 잠재력이 이 나라에 있었던가"
하고 감동했다. 또 일본의 한 신문사 서울지국에서 일하면서 사회와 문화
등 한국의 여러가지 일이 취재되는 모습을 근거리에서 보았다. "올림픽은
단순한 운동회가 아니라 한국의 모습을 세계에 전달하는 역할도 한다는
사실을 알았다."

1987년에 야당인 통일민주당에 취임했을 때 서울올림픽을 나찌 지배
하의 베를린올림픽과 비교한 김영삼(金泳三) 대통령. 지금은 "올림픽은 한

국이 정치적·국제적으로 발전하는 기회가 되었다. 국민에게 일류국가가 된다는 용기를 주었다"라고 평가한다. "먼 존재였던 소련사람들이 한국에 온 것도 큰 의미였다"라고 회상한다.

한국은 반공주의를 국시로 삼았고, 소련이나 중국 등 사회주의 진영은 이른바 '적'이었다. 국교도 없었다. 당시 고등학교 교사였던 유연창(柳然昌)씨는 양국 선수를 보고 "자신들과 똑같은 사람, 말할 수 있는 상대"라고 생각했다. "마음이 세계화되었다."

올림픽을 계기로 한국은 북방외교를 전개하여, 소련·중국과 국교를 정상화했다. 올림픽 후에는 외국여행도 자유화되었다. 교회단체에서 민주화운동을 전개하고 있던 오재식(吳在植)씨는 "올림픽에 의해 여러 국제적인 표준이 도입되어 시민도 교육되었다. 민주화·평화·인권에 대한 세계의 전망을 배울 수 있었다"라고 지적한다.

선진국을 목표로 하는 나라에 올림픽은 급격한 개발을 동반하기 마련이고, 공해나 강제퇴거 등 부정적인 측면도 있기 마련이다. 그러나 일본, 한국에서는 '나라의 그릇'을 크게 하는 역할을 톡톡히 했다.

정치와 스포츠는 다른 것이라고 흔히들 말한다. 하지만 서울올림픽 조직위원장이었던 박세직(朴世直) 재향군인회장은 "스포츠를 통해 생각이 변하면 정치도 바뀐다"라고 말한다. "제일 중요한 것은 한국인으로서 자부심을 가질 수 있게 된 점이다." 국민의 자신감과 자부심은 마음에 여유를 낳고, 그 나라를 다음의 발전단계로 향하게 하는 힘이 된다.

2008년 베이징
개발 최우선에서 벗어나는 전환점이 될 것인가

"줄 서요, 줄 서." "내리는 사람이 먼저입니다."
오후 5시 넘어, 행인으로 꽉 찬 베이징시 젠꿔먼와이(建國門外) 지하철

역 플랫폼에 여성들의 목소리가 울려퍼졌다. 다같이 노란색 상의를 입고 줄서기 캠페인의 문구를 박은 빨간 어깨띠를 둘렀다. '수도정신문명건설위원회'가 추진하는 에티켓 향상 캠페인의 기동부대다.

위원회는 줄서기 에티켓이나 '침을 뱉으려면 휴지에' 등의 운동을 전개하고 있다. "올림픽을 위해서, 이렇게 말함으로써 효과는 높아지고 있다."고 정 모제(鄭默傑) 부주임은 말한다.

뻬이징에서는 건설붐이 계속되어 지하철 등 교통망도 정비되고 있다. 회계사인 멍 웨이훙(孟衛紅) 씨의 자택 가까이에 머지않아 지하철이 개통하여 중심부까지 버스로 30분 걸리던 길을 10분이면 갈 수 있게 된다. 예전에는 악취를 내뿜던 근처 개천도 깨끗해졌다. "교통, 환경에서 변화를 실감할 수 있다." 멍 씨는 "30년 개혁·개방으로 우리들의 생활수준은 상당히 향상되었다"라며 자랑스러워했다.

올림픽조직위원회에 의하면 자원봉사자 10만명을 모집하는데 90만명이 신청했다고 한다. 영어공부를 시작한 시민도 적지 않다.

국무원 발전연구쎈터 연구원 장 윈팡(張雲方) 씨는 "올림픽에서는 경제보다 정치, 정치보다 문화가 중요"하다고 지적한다. "민족진흥을 위해서 평화적인 이념과 철학이 필요하다. 올림픽은 그것을 키우는 계기가 된다."

중국정부는 2004년, 헌법에 '인권의 존중·보장'을 추가했다. 정부비판을 계속해온 자유기고가 류 샤오뽀(劉曉波) 씨는 "조금씩이지만 언론의 자유나 인권을 요구하는 움직임이 전개되었다." 단 티베트자치구 등에서 일어난 소동이 올림픽에 어떤 영향을 주게 될지 주목되고 있다. "정부는 침착하게 대화하는 편이 나을 것"이라고 말한다.

일본에서 활동하는 저널리스트 모 빵푸(莫邦富) 씨는 뻬이징올림픽을 '입춘(立春)'이라고 빗댄다. "그 앞뒤의 차이는 확실하지 않지만, 꽃이 피는 봄을 부르는 절기이다. 중국은 사회적 격차 등 문제도 있지만, 올림픽은 개발 최우선에서 벗어나는 전환점이 되지 않을까."　　(오오꾸보 마끼)

우리는 **무엇을** 할 **수** 있는가?

심포지엄: 역사화해를 위하여

과거를 둘러싼 국가간 대립은 사라지지
않는다. 내셔널리즘의 분출을 억누르고,
함께 살아가기 위해 지금 우리가 할 수 있
는 일은 무엇인가? 아사히신문사는 2008
년 4월 19일 토오꾜오에서, 「역사와 마주
한다」 「역사는 살아있다: 동아시아의 150
년」 이라는 두 개의 씨리즈를 마무리짓는
심포지엄을 개최하여, '역사화해를 위하
여'라는 주제로 국내외 연구자 9명이 현
상인식과 제언을 서로 교환했다.

진실과 권리 회복 요구

야마무로 신이찌

1840년 아편전쟁에서 현재에 이르기까지 주권국가라는 국제체제의 기준이 전지구로 확산된 첫번째 세계화 속에서 동아시아는 국민통합의 주요한 방식으로서 국어의 통일과 자국사의 보급을 택했습니다.

이렇게 국경 안에서의 통합을 최우선시하는 체제를, 사람과 물자가 국경을 넘어 이동하는 데 걸림돌로 인식하고 해체하려는 것이 현재 진행중인 두번째 신자유주의형 세계화이며, 그 폐해에 대한 저항으로 전통이나 애국심에 호소하는 움직임이 있습니다.

또한 20세기에서 21세기로 전환되는 시기에 역사문제가 부상하게 된 두 가지 요인이 있습니다. 전후 50년이라는 시간 경과와 냉전 종식입니다. 이를 통해 과거에 자행된 불의에 대해 진실을 규명하고, 피해자 개인의 권리를 회복해야 한다는, 냉전체제하에서 제한되었던 요구가 일어났습니다.

한편 두번째 세계화에서는 개개인의 정보통신을 통한 감정 분출이 역

야마무로 신이찌(山室信一)
쿄오또대학 인문과학연구소 교수. 법정치사상연쇄사 전공. 저
서로 『사상과제로서의 아시아: 기축·연쇄·투기』 등이 있음.

사인식 공유를 저해하고 있습니다. 이러한 시대조류 속에서 역사문제에
대응해가기 위해서는 '역사인식이란 무엇인가'를 우선 확정해야만 하는
데, 저는 그것을 "과거를 파악한 후에 어떻게 현상을 포착하여 어떤 미래
에 대한 비전을 가질 것인가 하는 인식"이라고 규정하고 싶습니다.

예를 들어 일본인 자신이 일본을 어떤 국가나 민족으로 기억하고 싶어
하는가, 어떤 사회로서 동아시아와 세계 속에서 존재하고 싶은가 하는 물
음입니다.

그렇다면 역사인식의 공유를 과제로 한 연구나 교육교재의 국제교류
를 활성화하려면, 구체적으로는 어떤 영역이 향후 설정되어야 할까요?
'연관사(聯關史)로서의 동아시아 세계사'를 각 지역에서 시도하자는 것이
저의 첫번째 제언입니다. 이는 장차 동아시아 역사사료를 공유하기 위한
쎈터를 설치하여, 그것을 바탕으로 동아시아 공동역사연구소를 창설하기
위한 예비작업이라 할 수 있습니다.

하지만 이는 동아시아 세계에서의 연관과 단절을 서술한다는 의미의
연관사가 나오면 좋다는 것이 아닙니다. 이때 공통의 기축이나 지침이 없
으면 서로 동떨어진 채 끝날 수도 있기 때문입니다. 여기서 기축으로 상정
되는 것을 두번째 제언으로 말씀드리겠습니다. 우선 '인간으로서의 생존
방식을 기반으로 한 기본적 인권 존중', 다음으로 '인권을 서로 존중하도
록 하는 보장으로서의 민주주의', 그리고 마지막으로 그것을 확보하는 근
간으로서 '인간의 안전보장'입니다.

동아시아에서 역사인식이 끊임없이 역사문제로 갈등을 야기하는 배경에는 전후처리를 제대로 하지 못한 일본의 책임이 있음은 의심할 여지가 없습니다.

또한 아편전쟁 이래 동아시아는 사상의 연쇄와 문화적 연관 속에서 존재해왔음에도, 그 연관성을 시야에 넣은 역사상을 현재까지도 국민 전체가 공유하지 못한 데 문제의 뿌리가 있다고 생각합니다.

그런 의미에서 역사인식의 공유라는 과제는 서로 다른 국적의 사람과 사람 사이에서뿐만 아니라, 우선 같은 국적을 가진 사람들 사이에서 필요합니다. 따라서 이 두 가지의 어려운 과제에 어떻게 대처해나갈 것인지가 관건입니다. 국경과 세대를 넘어서 여러분과 대화를 거듭함으로써 한걸음이라도 전진하고 싶다고 절실히 바라는 바입니다.

제1부

해석이 왜 다른 것인지 진지하게 생각해보아야 한다

소또오까 히데또시　기조발제에 대해 우선 여러분들의 의견을 부탁드립니다.

미따니 히로시　동아시아는 과거의 불행한 역사에 사로잡혀 일본은 주

사회 : 소오또까 히데또시(外岡秀俊)
아사히신문 편집위원. 전 편집국장.

미따니 히로시(三谷博)
토오꾜오대학 교수. 『국경을 넘는 역사인식, 중일 대화의 시도』
를 중국과 일본에서 동시 출간.

정재정(鄭在貞)
서울시립대학 교수. 한일역사공동연구와 민간교류에 중심적 역할.

변국가와 화해하지 못했습니다. 그 원인 중 하나가 정치가의 리더십입니다. 동아시아에서는 1990년대 중반부터 정치지도자들이 역사를 이용하여 대립을 불러일으키고 있습니다. 이 때문에 정치와는 먼 곳에서 지식인들이 국경을 넘어 협력하고자 하는 움직임이 2001년도 교과서 문제를 계기로 시작되었습니다. 대립하는 국민들이 서로 역사에 관한 대화를 하기 위해서는 왜 서로 다른 해석이 나오는지, 그 차이를 진지하게 생각해보아야 합니다.

키미지마 카즈히꼬 역사인식을 공유하는 방법이 있다면 그중 하나는 역사서술의 시도일 것입니다. 서로의 연구성과를 대조하여 토론하면서 서술하는 것이 어려운 일이기는 합니다. 교과서 제도가 있는 나라끼리 처음부터 공통교과서를 만들 수는 없겠지만, 우리가 한일역사공통교재를 만든 것처럼 민간에서 공통교재 제작을 다양하게 시도하고 논의를 거듭하여 수준 높은 교재를 만들어가는 작업을 반복해야 합니다.

저우 완야오 세계화는 동질화를 초래합니다. 사회적 약자가 동질화되는 것은 일종의 폭력으로, 구체적인 예로는 대만과 티베트를 들 수 있습니

키미시마 카즈히꼬(君島和彦)
토오꾜오 가꾸게이(學芸)대학 교수. 정재정 등과 한일역사공통
교재 출판.

뿌 핑(步平)
중국 사회과학원 근대사연구소 소장. 중일역사공동연구 중국측
대표.

다. 대만은 국민당 독재시대에 본토의 역사문화가 거의 상실되어, 지금에
서야 회복작업에 착수했습니다.

정재정 역사인식의 공유란 미래의 공생공존을 목표로 하는 의식적인
작업이라는 자각이 필요합니다. 한국에서는 동북아역사재단을 만들어 일
본, 중국 등과 적극적인 역사대화를 진행하고 있습니다. 또한 공통역사교
재도 5가지 정도가 나왔습니다.

자국중심이었던 연구가 변화하고 있다

뿌 핑 중국에서는 1980년대 중반 이후 역사에 관해 변화가 있었습니
다. 우선 개혁·개방정책으로 전쟁사료의 공개나 기념관 건설이라는 붐이
일었고, 연구 측면에서도 강제연행이나 종군위안부 문제 등의 조사가 시
작되었지요. 역사인식의 공유는 자국 중심이다보니 외국의 사료나 연구
상황에 대한 파악이 충분치 못했습니다. 이런 상황이 점차 바뀌어가고 있
습니다. 중국, 한국의 역사연구에서는 일본의 전쟁책임을 인정하지 않는

사람을 공격하는 경향이 있습니다. 이 때문에 역사인식의 공유나 역사화해는 있을 수 없다고 생각하는 사람이 많지만, 노력은 필요합니다.

박유하 1990년대 이후 세계적으로 내셔널리즘이 강력해진 배경에는 세계화가 있다고들 합니다. 한국에서도 양극화가 문제가 되고 있지요. 양극화를 확대하고 있는 것이 세계화인데, 그 구조를 내셔널리즘이 가리고 있는 것입니다.

지모네 레씨히 아직까지 유럽 내부에서도 다양한 역사문제가 일어나고 있습니다. 공통의 역사교과서 만들기도 논의되고 있지만, 현실적인 목표는 공통의 역사인식을 만드는 일입니다. 이를 위해서는 한사람 한사람이 자신들의 역사란 무엇인가, 상대방의 역사와 그에 대한 이해는 어떤가를 의식적으로 이해하려고 해야만 합니다.

우리는 아직 출발점에 있고 전문가들의 역할이 중요하다

키따오까 신이찌 냉전 이후 역사문제가 쏟아져나온 것은 동아시아에서 눈에 띄는 현상입니다. 전쟁이 끝나자마자 직면했어야 할 문제들이 동아시아식 냉전구조에 봉인되어 있었기 때문이지요. 독일과 프랑스의 화해는 러시아라는 공통의 위협 덕분에 종전 직후부터 시작되었습니다. 이에 비해 우리는 이제 출발점에 서 있다고 할 수 있습니다.

강조하고 싶은 것은 전문가의 역할입니다. 역사화해를 위한 작업은 전

한일 역사공통교재: 2007년 3월, 한일 역사학자 및 교사들이 10년에 걸쳐 완성한 『한일교류의 역사: 선사부터 현대까지』가 양국에서 동시 출간되었다. 이번 심포지엄에 참가한 키미지마 카즈히꼬와 정재정 교수는 그 작업의 핵심멤버로, 국가와 민족을 넘어선 역사인식의 공유를 목표로 한일 양국의 고등학생이 함께 사용할 수 있는 역사교재로 편집했다. 일본에서는 아까시서점(明石書店)에서 출간되었다.

문가에게 즐거운 일도 아니고, 성과가 과연 나올지 어떨지도 불확실한 일입니다. 하지만 마주해야 할 책임이 있습니다. 전문적인 시각에만 매몰되는 것이 아니라 글로벌한 시야를 통해 사회적 책임을 느끼는 전문가의 존재가 중요하다고 생각합니다.

독불교과서, 반세기에 걸쳐

지모네 레씨히

독일과 프랑스의 공통역사교과서는 제1권이 2006년 가을에 간행된 이래 국가 단위의 역사해석을 뛰어넘은 상징이 되어왔습니다.

교과서가 탄생하기까지 되돌아보면, 제2차 세계대전 후 일찍이 독일측에서는 역사학자 게오르크-에케르트가 영국 점령군의 협력하에 구 적국과 교과서 대화를 조직했습니다. 이어 1951년에는 교과서에서 독일·프랑스사를 다루자는 공동 제언이 발표되었습니다. 1967년까지는 정기적으로, 1980년대 이후에는 비정기적으로 교과서회의가 개최되었고, 이 활동은 똑같은 서방 진영이라는 전후 세계정세도 한몫하여, 교육자와 연구자를 필두로 교과서위원회의 길을 열었습니다.

독일은 폴란드와 교과서위원회 프로젝트를 진행하고 있습니다. 양국 간에는 독일 점령하에서의 잔학한 범죄나 추방의 공포 등의 문제가 가로놓여 있고 정치체제의 차이도 있었지만, 독일의 긴장완화 정책으로 1972년도에 교과서위원회가 발족했습니다. 1976년에는 교과서 권고를 공동발

지모네 레씨히(Simone Lässig)
독일 게오르크－에케르트(Georg-Eckert) 국제교과서연구소 소장. 독불공통역사교과서를 추진.

표했는데, 이 권고는 격렬한 논쟁을 야기했습니다. 결국 이 논쟁이 양국의 역사에 대한 관심을 불러일으킨 셈이 되었습니다.

국제이해가 진전된 것은 양국의 정치지도자 수준에서 의지가 있었기 때문입니다. 동시에 권한을 얻은 위원회가 몇년에 걸쳐 거의 독립적으로 작업을 진전시킨 까닭에 전문적이고 학술적인 논의를 할 수 있었고, 이것이 여론을 움직일 수 있는 요인이 되었지요.

새로운 역사 교과서의 목적은 자국에 대한 충성을 요구하는 것이 아니라 보편적인 가치, 즉 자국역사를 비판적으로 생각할 수 있는 능동적인 국민으로 교육하는 일입니다.

만들어진 지 얼마 안된 독일·프랑스 공통교과서 제2권은 학생들에게 서로 상이한 역사적 변명의 신빙성을 검토하게 하고, 그 합리성을 논의할 기회를 제공하고 있습니다. 차이점이야말로 의문과 사고를 촉진하고 타자에 대한 공감을 함양하는 데 도움이 되기 때문입니다.

이것은 이민사회에 사는 우리에게 매우 중요합니다. 여기서 문제가 되는 것은 양국간 교과서가 타국이나 타지역 출신의 젊은이들에게 얼마나 호소력이 있는가, 또한 집필자들이 목표로 하는 유럽 차원의 역사교과서 준비로 어느 정도까지 이어질 수 있는가 하는 점입니다.

양국간 프로젝트는 이웃나라 사람들 간의 화해와 이해를 위한 긴, 때로는 어려움을 동반한 과정에서 주춧돌 역할을 합니다. 이 과정에는 정치·경제·학문·국가·시민사회 등 많은 측면이 뒤섞입니다. 진정한 의미에서 대립을 내포한 상황이 아니라면, 어느정도 장애는 있겠지만, 이 프로젝트는 실현될 수 있습니다. 하지만 정치와 국가의 의지가 없다면 그런 교과서는 생각조차 할 수 없겠지요. 시민사회가 국가와 정치를 대신할 수는 없는 노릇이니까요.

제2부

미따니 독일은 잘했는데 일본은 안된다고 지적받는 것은 부끄러운 일입니다. 하지만 그것은 한편으로는 틀린 인식입니다. 일본은 제2차대전 후 한번도 전쟁을 하지 않았습니다. 적나라한 반성의 증거이지요. 교과서에 관해서도 민간학자들이 평화교육이 가능하도록 노력했고, 그것을 달성한 역사가 있습니다.

이런 인식 위에서 말씀드리자면, 과연 교과서가 그렇게 중요할까요? 기성세대는 식민지지배나 침략전쟁의 기억이 없으며, 일본인이 이웃나라 사람들에게 어떤 짓을 했는지 제대로 들은 바 없이 모호한 지식만 갖고 있습니다. 이런 상황을 해결하기 위해서는 어른이 읽어도 재미있고 납득할 수 있는 책, 게다가 일국사가 아니라 동아시아 전역을 시야에 넣은 책을 만들어야 합니다. 그래서 저는 지금 「어른을 위한 근현대사」라는 씨리즈를 만들기 시작했습니다.

일본인은 서양식 이름을 잘 기억하는 데 반해, 한국인이나 중국인의 이름은 잘 기억하지 못합니다. 이런 것을 깨부술 필요가 있습니다. 예를 들어 초등학교 국어 교과서에 이웃나라 아이들이 주인공인 이야기를 게재함으로써 이름을 쉽게 기억하게 하는 일을 해보는 것은 어떨는지요? 역사교과서보다도 기본적인 것부터 시작하는 것이 어떨까요?

한일공통교재 작성, 화해의 희망을 버리지 말자

정재정   한일역사공통교재에 대해 말씀드리고 싶습니다. 우리도 양국 역사인식의 차이가 매우 큰 것을 잘 알고 있습니다. 하지만 공통의 역사인식을 추구하고 합의된 내용을 기초로 하여 이 책을 만들었습니다. 양쪽의 학자가 한 절이나 장을 쓰고 모두가 몇번씩 읽으면서 보충했지요. 정말 공동작업이었습니다. 자국사의 한계를 넘어서 복수의 눈으로 역사를 보자고 말입니다. 동아시아 속에서 한일관계를 생각하고 미래의 공생공영을 생각하면서 과거를 다뤘습니다. 독일·프랑스의 역사대화나 역사교과서 편찬에 필적하는 일을 했다는 자신감이 있습니다. 지금부터는 동아시아에서도 그런 공동작업이 가능하다고 발신한 것입니다.

한일역사공동연구의 체험도 염두에 두고 말하자면, 참가하는 사람들이 서로 신뢰와 존경의 마음을 가지고, 엄연한 사실이나 건전한 비판, 그리고 역사해석은 서로 적극적으로 받아들여야 합니다. 역사화해는 매우 어렵지만 희망을 버리지 않는 것이 중요합니다.

공통교재 읽은 학생, 한국에 대한 이미지 변화

키미지마   우리들의 한일공통역사교재를 읽고 30여명의 학생이 쓴 리포트에 대해 말씀드리고 싶습니다. 한일 교류의 역사를 처음으로 알았고, 신선한 동시에 놀라웠다는 내용이 매우 많았습니다. 한국과 일본을 대등하게 다루어 중립적이라는 평가를 많이 받았는데, 양측 참가자가 긴 시간 동안 토론하여 원고수정을 반복한 결과라고 생각합니다.

고대부터 일본이 외교를 주도했다고 생각했지만, 전시대를 통해 보면 서로 대등하게 주도했다는 사실을 알았다는 의견이나, 한국은 약한 나라라고 생각했지만 식민지하에서도 훌륭한 국가로 존속했고, 결코 약소국이라고 말할 수 없다는 의견도 있었습니다. 대부분이 한국을 긍정적인 이미지로 다시 보게 된 셈입니다. 일본인과 한국인은 과장이나 모호함이 없는 역사적 사실을 알고, 일본이 틀렸던 지점은 성의를 갖고 사죄하고, 한국측은 제대로 받아들이는 일이 필요하다는 의견도 있었습니다.

한국에서는 동아시아사라는 교과목이 생겨 2012년부터 고등학교에서 가르친다고 합니다. 토의자료가 한국에서 만들어지지만 동아시아사라는 교과를 일본이나 중국에서도 해보면 어떨까요? 당장은 따로 만들고 나중에 서로 검토하여 공통의 동아시아사 교과서를 완성한다면 아주 흥미로운 일이 될 것입니다.

뿌핑 레씨히 씨의 흥미로운 이야기를 통해, 다른 국가 사이에서 일어난 전쟁에 관한 미래지향적 역사인식을 형성하는 일이 가능한가 하는 문제를 생각해보고 싶습니다. 2001년부터 매년 중국·일본·한국의 연구자와 시민단체가 주최하는 아시아평화포럼을 열고 있습니다. 3개국 젊은이들이 역사인식을 공유하는 첫걸음이 되고자 부교재를 만들자고 결의했고, 2005년 5월에 『미래를 여는 역사: 동아시아 3국의 근현대사』라는 책이 3개국에서 동시에 발매되었습니다. 자국사 중심의 역사를 넘어 국경을 초월한 공통의 역사기술을 위한 노력의 첫걸음입니다.

또 하나는 2006년 12월부터 중일역사공동연구 위원회가 설치된 것입니다. 저와 키따오까 선생님의 임무는 아주 무겁습니다. 모두 이 공동연구에 아주 큰 기대를 걸고 있기 때문이지요. 우선 냉정한 환경에서 자신의 생각을 정리하고 상대방의 의견을 듣는 것이 첫단계입니다. 다음으로 상대방과 토론해야 합니다. 그 다음이 쌍방의 견해와 인식을 재정리하는 과정이겠지요. 이런 와중에 물론 어긋남도 있겠지만 잘 토론하면 공유할 수 있는 인식이 나올 겁니다.

냉정한 환경을 만드는 것은 역사연구자, 미디어, 그리고 특히 정치가의 책임입니다. 상호이해의 원칙이 중요하며, 미래 지향적으로 상대방 입장이나 사상을 진지하게 연구해야 한다고 생각합니다. 역사인식의 공유를 목표로 자신감을 갖고 한걸음 한걸음 나아가야 합니다.

키따오까 아까 유럽이 저만큼 나아가서 부럽다는 이야기가 있었습니다. 하지만 다소 유보가 필요합니다. 나찌가 한 일은 비교가 불가능할 정도로 참혹한 것으로, 철저한 사과와 책임 추궁은 당연하다고 봅니다. 또 세계에서 서양의 식민지지배로 혼란을 겪었거나, 더 심하게는 절멸을 당해 역사문제로 항의의 목소리를 낼 수조차 없는 민족도 많이 있다는 사실을 지적해두고 싶습니다.

중일역사공동연구는 2006년 10월의 아베, 후 진타오의 정상회담에서 시작된 두 개의 계기를 통해 가능했다고 할 수 있습니다. 하나는 평화적 발전이 중요하다는 합의입니다. 중국은 일본 전후의 평화적 발전을 평가하고, 일본도 중국의 평화적 발전을 기대한다는 것이지요. 전후 중일관계에는 평가할 수 있는 점이 많다는 뜻인 셈입니다. 또 하나는 아시아, 혹은 세계에 공헌하는 중일관계입니다. 중일관계는 중국과 일본 양국관계로만 생각하기에는 너무 중요합니다.

서로의 의견에 귀를 기울여 수정할 점은 수정하고, 의견이 다른 점은 토의해볼 문제로 인식하여 일종의 퍼랠럴 히스토리(parallel history), 즉 병행적 역사라는 것을 목표로 하고 있습니다. 뿌 핑 씨가 말씀하신 대로 논의는 매우 냉정하고 학술적이라고 할 만한 것으로, 역시 중국은 대국이라고 생각합니다. 어른의 나라이자 승전국이기 때문에 여유가 있는 것이겠지요. 때때로 흥분하는 일도 없지는 않지만, 논의는 담담하게 진행되고 있습니다.

가교를 위해서는 어느정도 차이를 확실하고 정확하게 측정해야 합니다. 아직 그런 수준에 다다르지 못했지만, 언젠가 좀더 나아질 것이라 생각합니다.

키따오까 신이찌(北岡伸一)
토오꾜오대학 대학원 교수. 일본정치외교사 전공으로, 중일역
사공동연구 일본측 대표.

해양사로 근대국가를 다시 생각한다

저우 완야오 동아시아 공통의 역사 교과서를 쓸 때 대만도 넣어주셨으면 합니다. 한 가지 제안하고 싶은 것은 해양사의 시각에서 공통의 역사를 쓰면 아주 흥미롭지 않을까 하는 점입니다. 동아시아 각각의 주체는 때론 교차했고 때론 충돌해왔습니다. 그 충돌이나 분쟁의 장소는 바다일 경우가 많았습니다. 동아시아 바다에는 예부터 교류의 역사가 있었던 셈입니다.

이런 시각에는 두 가지 장점이 있습니다. 우선 변경과 중앙이라는 역사적인 긴장을 풀 수 있다는 점입니다. 동아시아 해양사에서 류우뀨우(오끼나와)는 더이상 변경이 아닙니다. 대만도 마찬가지이지요. 두번째로 근대국가의 가설을 다시 생각할 가능성을 제공해줍니다. 근대국가가 생기기 전에 세계의 모든 땅이나 섬이 하나의 나라에 속해야 한다는 생각은 없었습니다. 그러나 근대국가는 그것을 용납하지 않았지요. 오늘날 동아시아 국가간의 분쟁은 근대국가의 이런 생각에 기초한 것이었고, 내셔널리즘은 더욱 격렬해져 손바닥만한 땅이라도 양보할 수 없다는 입장을 고수했습니다. 해양사를 배우면 오늘날 우리의 사고가 근대국가와 이에 따른 내셔널리즘의 영향을 얼마나 받았는지 알 수 있습니다. 근대국가식의 내셔널리즘은 인류역사에서 보면 아주 최근의 현상입니다.

저우 완야오(周婉窈)
대만대학 교수. 저서로 대만 베스트셀러인 『도설 대만의 역사』
가 있음.

박유하(朴裕河)
세종대학교 부교수. 『화해를 위하여 : 교과서·위안부·야스꾸
니·독도』로 오사나기 지로오(大佛次郞) 논단상 수상.

앞으로 나아가기 위해서도 위안부 문제의 재검토를

박유하　한일간에 지금 가장 중요하다고 생각되는 것은 위안부 문제가
아닐까요? 역사 교과서 이야기는 많이 나왔기 때문에 잠시 접어두고, 위
안부 문제를 둘러싼 한일대립이 타개되기 위해서는 어떤 일이 필요할지
이야기해보겠습니다.

일본의 공식견해는 위안부 문제가 이미 해결되었다는 입장일 것입니
다. 그렇게 된 것이 반드시 일본의 책임이 아니라는 글을 제가 예전에 쓴
적이 있는데, 현재 주한 일본대사관 앞에서는 위안부 할머니들과 지원단
체의 시위가 계속되고 있습니다. 또 하나 작년 즈음부터 미국을 필두로 여
러 나라에서 일본은 위안부 문제를 사죄하는 쪽이 바람직하다는 의회의
결의가 나오고 있습니다. 여기에 어떻게 대처할 것인지 진정으로 생각해
야 한다고 봅니다.

식민지시대의 일을 살펴봄과 동시에 일본이 공식적으로 사죄를 표명
한 1990년대 이후까지를 역사의 범주 안에 넣어 재검토함으로써, 왜 그렇

게 되었는지를 생각하지 않으면 앞으로 나아갈 수 없습니다. 일본이 사죄했다는 것은 인정해야겠지만, 여기에 어떤 가능성·문제·한계가 있었던 것일까요? 예를 들어 2010년이라도 좋지만, 그때까지 매번 반복된 패러다임이 아닌, 변화를 어떻게 도출할 수 있을지 머리를 맞대고 생각하고 싶습니다.

야마무로 마지막에 이야기를 뒤집는 것 같아 죄송하지만 역사화해란 성립하지 않는 것 아닐까 생각합니다. 어떤 한 지점에서는 성립할지 모르지만, 다음 시대에 변화할 가능성은 당연히 있습니다. 따라서 이를 전제로 비틀즈의 노래처럼 「길고 구불구불한 길」(The long and winding road)을 갈 수밖에 없습니다.

독일의 화해에 60년 걸렸습니다. 동아시아에서는 1990년대부터 시작한 것이니 60년 후인 2050년까지 달성하면 유럽과 똑같은 셈이지요. 이 자리에 있는 젊은 분들이 그런 길을 걸어가기를 기대하겠습니다.

소또오까 전문가의 책임, 혹은 미디어의 책임이 그 이상으로 무겁게 인식되리라 생각합니다. 우리의 책임으로 짊어져야만 하겠지요. 다음 패러다임으로의 전환을 목표로 이제 공동작업에 착수해도 좋은 시기가 아닐까 하는 제언도 진지하게 생각하고 싶습니다.

한일역사공동연구: 2001년 일본 역사 교과서 문제를 계기로 양국 전문가에 의한 연구위원회가 2002년에 마련되었고, '고대사' '중근세사' '근현대사' 3분과회에서 검토를 진행해왔다. 2005년 3개의 분야에 걸친 양측의 논문과 서로의 논문에 대한 비평문을 보고서로 작성하여 인터넷상에서 발표했다(http://www.jkcf.or.jp/history/). 2007년에는 제2기 연구위원회가 시작되었는데, 한일 양측대표는 토리까이 야스시(鳥海靖) 토오꾜오대학 명예교수와 조광(趙珖) 고려대학교 교수이다.

중일역사공동연구: 2006년 중일 정부간의 합의로 양측 10명씩 관련 지식인으로 구성된 위원회를 설치했다. '고대·중근세사' '근현대사'로 나누어 협의하기로 하여, 2008년 1월까지 토오꾜오와 뻬이징에서 3회의 전체회합을 개최했다.

이 책은 『아사히신문』 조간에 2007년 6월부터 2008년 3월까지 매달 한 면씩 연재된 「역사는 살아있다: 동아시아의 150년」이라는 특집기사 씨리즈를 묶은 것입니다. 씨리즈를 끝내면서 2008년 4월 19일에 개최한 국제 심포지엄 '역사화해를 위하여'의 개요도 함께 수록했습니다.

이 특집기사의 의도, 중점을 둔 시점과 방법에 대해서는 「책머리에」에서 소또오까 히데또시 『아사히신문』 전 편집장이 상세하게 설명했기 때문에 여기서 되풀이하지는 않겠지만, 새삼 10장 전체를 다시 읽어볼 때 우리들이 시도하고자 한 것이 한마디로 '현재로 이어지는 동아시아사'였다는 생각이 강하게 듭니다. 그것은 동시에 '자국사로부터의 해방'이기도 했습니다.

우리는 중고등학교에서 '일본사'나 '세계사'를 배워왔습니다. 그러나 이웃나라·지역과의 연관성에 주목한 '동아시아사'라는 과목은 없었습니다. 한국에서는 고등학교 선택과목에 '동아시아사'가 머지않아 개설된다고 합니다. 이 책에서 소개하는 국제심포지엄에서도 '동아시아의 근현대사를 만들자'라는 의견이 있었습니다. 이번 특집이 그런 목표의 일환으로 자리매김된다면 대단히 기쁠 것입니다.

또 우리는 '다름을 이해'하는 것도 중시했습니다. 「교과서를 비교한다」에서 알 수 있듯이, 일본·중국·한국·타이완 중학교에서 사용되는 역사교과서 내용은 각각 중시하는 시점에 따라 매우 다릅니다. 우리들은 그 차이를 비판하는 것이 아니라 왜 다른지를 교과서 집필자 등을 취재하여 밝히려 했습니다.

가령 역사문제가 부각될 때, 역사에 대한 다른 견해를 평소에 이해하고 있다면 국민감정이 악화일로로 치닫는 경향을 멈출 수 있지 않을까 하는 생각이었습니다.

이러한 '연관성'과 '다름'을 조금이라도 많은 사람들에게 전달하고 싶었기 때문에 중국어·한국어·영어로 번역하여 인터넷 아사히닷컴에 올리기도 했습니다. 동아시아에서 한사람이라도 더 읽을 수 있도록 한국 『동아일보』 뉴스싸이트인 동아닷컴에도 한국어와 중국어로 번역한 기사를 게재했습니다. '역사화해의 진전'을 바라는 동아닷컴의 정구종(鄭求宗) 사장의 전면적인 협력이 있었기에 가능한 일이었습니다.

또 중국에서의 취재와 기사 번역과정에서는 특히 뻬이징 통신사(同心社)문화유한공사(리 젠화李建華 사장)의 많은 도움을 받았습니다. 한국어 번역은 일본에 거주하고 있는 번역가 추현숙(秋賢淑)씨가 담당했습니다. 그밖에 취재하는 데 협력을 해주신 분들의 이름은 책 말미에 게재했습니다.

중국 출신의 치 징잉(祁景瀅, 현 시카고대학교 연구원) 씨와 한국 출신의 이영경(李吟京, 릿꾜오立教大학 박사과정)씨는 취재반 스태프로서 뒤에서 힘이 되어주었습니다. 번역 최종감수부터 취재대상을 찾고 약속을 잡는 일까지 여러면에 걸친 그들의 헌신적인 협력을 잊을 수 없습니다.

끝으로 1년 이상 취재하는 동안 많은 연구자의 도움을 받았습니다. 그 의미에서 이 기획은 아카데미즘과 저널리즘의 협력이었다고 생각합니다. 신문에 연재하는 중에는 지면관계상 모든 분을 소개할 수는 없었지만, 이 제 이 기회를 빌려 취재하신 분들의 성함을 적습니다. 다시 한번 진심으로 감사의 말씀을 올리는 바입니다.

취재한 기자는 다음과 같습니다(일본어 오십음 순. 괄호 안은 현재의 소속과 직위). 이라가와 토모요시(五十川倫義, 논설위원), 오오꾸보 마끼(大久保眞紀, 편집위원), 키무라 타다까즈(木村伊量, 미디어연구프로젝트), 쿠마모또 신이찌(隈元信一, 편집위원), 코스게 코오이찌(小菅幸一, 논설위원), 사꾸라이 이즈미(櫻井泉, 외신·국제그룹), 사또오 카즈오(佐藤和雄, 편집국), 타무라 히로쯔구(田村宏嗣, 외신·국제그룹), 나까노 아끼라(中野晃, 사회그룹), 니시 마사유끼(西正之, 문화그룹), 후꾸다 히로끼(福田宏樹, 정치그룹), 후루야 코오이찌(古谷浩一, 선양지국), 요시자와 타쯔히꼬(吉澤龍彦, 야마구찌총국).「교과서를 비교한다」는 오오꾸보, 요시자와, 사또오, 사꾸라이, 타무라의 교과서팀에서 집필했고, 주로 사또오가 총괄을 맡았으며 후꾸다가 일부를 담당했습니다.

〔사또오 카즈오/편집국 기자〕

* 이 책은 아사히신문 취재반이 학자·작가·영화감독 등 일본과 해외의 인사 20명에게 '동아시아 근현대사의 10대 사건은 무엇인가'를 자문하여 그 결과 선택된 10가지 사건으로 구성되었다. 자문에 참여한 인사들과 그 약력을 소개한다 ─ 편집자.

천 순천(陳舜臣) 작가. 1924년 코오베시 출생. 대만인 부모 사이에서 태어났다. 오오사까 외국어학교(현 오오사까 외국어대) 졸업. 『중국 근대의 군상』 『실록 아편전쟁』 등 근현대사에 관한 많은 저술을 남겼다.

앤토니 베스트(Antony Best) 1964년 영국 출생. 런던정치경제대학원(LSE)을 졸업했다. 근현대 일본과 동아시아의 관계사를 전공했으며 특히, 태평양전쟁에 이르기까지 역사과정 분석에 많은 관심을 갖고 있다.

한도오 카즈또찌(半藤一利) 작가. 1930년 출생. 『문예춘추』 편집장 등을 역임. 왕성하게 역사 관련서를 집필중이며 『쇼와사(昭和史)』 등 다수의 저서가 있다.

뿌 핑(步平)　중국 사회과학원 근대사 연구소장. 1948년 출생. 중일역사공동연구의 중국측 단장. 민간에서 추진한 역사공통 부교재 만들기에도 참가했다. 저서로 『일본의 중국침략과 독가스 병기』가 있다.

히야네 테루오(比屋根照夫)　류우뀨우대 명예교수. 1939년 출생. 근대 오끼나와와 일본, 아시아 관계사를 연구하면서 현대 정치에 대해서도 적극적으로 발언하고 있다.

천 카이거(陳凱歌)　영화감독. 1952년 출생. 문화대혁명 때 하방운동에 동원돼 군대에 다녀온 경험이 있다. 1984년 「황토지(黃土地)」로 데뷔했다.

카또오 요오꼬(加藤陽子)　토오꾜오대학 준교수. 1960년 출생. 1930년대 일본 군사(軍事)·외교사를 중심으로 연구하고 있다. 저서로 『전쟁의 논리』『전쟁의 일본 근현대사』등이 있다.

정재정(鄭在貞)　서울시립대 교수. 1951년 출생. 근대 한일관계사를 전공했으며 한일 역사공동연구와 민간교류에서 중심적 역할을 하고 있다. 저서로 『일제침략과 한국철도』등이 있다.

기따오까 신이찌(北岡伸一)　토오꾜오대학 대학원 교수. 1948년 출생. 일본 정치외교사 전공. 중일 양 정부의 합의로 2006년 12월에 시작한 중일 역사공동연구의 일본측 단장.

앤드류 고든(Andrew Gorden)　하버드대 교수. 1952년 출생. 1995년부터 현직에 재직중이다. 저서로 『일본의 200년』『일본인이 모르는 마쯔자까(松坂) 메이저 혁명』등이 있다.

키미시마 가즈히꼬(君島和彦) 토오꾜오가꾸게이대(東京學藝大) 교수. 1945년 출생. 역사인식의 차이를 극복하기 위해, 한국의 연구자와 공통교재『한일 교류의 역사』를 2007년에 출간했다.

권오기(權五琦) 전 동아일보 사장. 1932년 출생. 1963년, 한국 동아일보의 특파원으로 일본에 와 한일국교교섭을 취재했다. 김영삼정부 당시 부총리 겸 통일원 장관을 지냈다.

미따니 히로시(三谷博) 토오꾜오대학 교수. 1950년 출생. 일본 근대사가 전공이지만 교과서 문제에도 정통하다. 류 제(劉傑) 와세다대학 교수를 비롯한 학자들과 함께『국경을 넘는 역사인식 일중 대화의 시도』를 일본과 중국에서 동시에 출판했다.

류 제(劉傑) 와세다대학 교수. 1962년 뻬이징 출생. 근대일본정치외교사, 동아시아 국제관계사 전공. 저서로『중일전쟁하의 외교』『중국인의 역사관』등이 있다.

박유하(朴裕河) 세종대 교수. 1957년 출생. 케이오오대학, 와세다대학 대학원에서 일본 근대문학을 공부했다. 저서로 한일 상호간의 자제와 관용을 호소한『화해를 위해서』가 있다. 오사라기 지로오(大佛次郎) 논단상을 수상했다.

모오리 카즈꼬(毛里和子) 와세다대학 정경학술원 교수. 중국을 중심으로 아시아 정치와 국제관계를 연구. 문부과학성 '21세기 COE 현대 아시아학의 창생' 리더이다. 저서로『신판 현대 중국정치』『일중 관계』등이 있다.

오구라 카즈오(小倉和夫) 국제교류기금 이사장. 1938년 출생. 주 베트남·한국·프랑스 대사 역임. 아오야마학원대학 특별 초빙교수(일본 외교론, 비교문화론)를 겸임하고 있다.

테싸 모리스 스즈끼(Tessa I. J. Morris-Suzuki) 오스트레일리아 국립대학 교수. 1951년 영국 출생. 아이누와 재일조선인 등 폭 넓은 시점에서 일본의 근대를 연구했다. 근저로『북한으로의 엑소더스』『변경에서 바라본다』등이 있다.

야마무로 신이찌(山室信一) 쿄오또대학 인문과학연구소 교수. 1951년 출생. 아시아에서 법정사상의 연쇄사를 연구. 저서로『사상과제로서의 아시아: 기축·연쇄·투기』등이 있다.『헌법 9조 사상의 수맥』으로 시바 료오따로오(司馬遼太郎)상을 수상했다.

우 미차(吳密察) 대만 역사박물관장. 1956년 출생. 대만대학 역사학부 교수. 토오꾜오대학 대학원 수료. 편저로『대만사 소사전』『기억하는 대만: 제국과의 상극』등이 있다. 박물관은 2009년 정식으로 개관한다.

한국과 대만의 학자가 읽은
『동아시아를 만든 열가지 사건』

* 일시: 2008년 8월 8일 오후 2시

* 장소: 국립 타이뻬이교육대학

* 참석자

백영서(白永瑞) 연세대학 사학과 교수

허 이린(何義麟) 국립 타이뻬이교육대학 사회교육학과 교수

백영서　일본 '아사히신문출판'(朝日新聞出版)이 간행하고 한국에서는 '창비'가 번역 출간하는 『동아시아를 만든 열가지 사건: 한국 일본 중국 대만이 함께 읽는 근현대사』에 대해 대만의 허 이린 교수와 이 책의 평가를 중심으로 여러가지 의견을 교환하고자 합니다. 우선 책의 내용과 서술상의 특징, 그리고 편집체재를 간단히 소개하고 싶은데요. 이 책의 첫번째 중요한 특징은, 동아시아 근현대사를 아편전쟁에서부터 냉전의 종결까지 10가지 테마로 구분하여 서술하고 있다는 것입니다. 그리고 또하나의 특

징은 150년간의 동아시아 역사와 오늘의 현실의 연계성을 중요한 관점으로 삼고 있습니다. 특히 '교류'와 '연쇄'의 관점은 이 책을 관통하는 중요한 개념인데, 이것은 쿄오또대학의 야마무로 신이찌(山室信一) 교수의 관점을 채용한 것입니다. 이 책은 과거 동아시아사 연구의 기본관점 및 역사서술의 기본시각이 '지배와 저항'의 이분법적 사관이었다고 평가하면서 그와 달리 '교류'와 '연쇄'의 역사관을 강조하고 있습니다. 지배와 저항의 시각은 제국주의와 피식민자의 갈등을 부각시키며 피식민자의 민족주체로서의 형성과정을 축으로 역사를 서술하는 강점이 있습니다. 그러나 민족·국가 위주의 역사서술에 치우치는 단점이 있기에, 민족·국가간의 경계나 지배·피지배의 관계를 가로지르는 역사현상을 중시하는 '교류와 연쇄'의 시각이 최근 주목되고 있는 것 같습니다.

다음으로 편집체재상의 중요한 특징 세가지를 언급하고 싶은데요. 하나는, 앞서 내용상 특징으로도 말했지만, 동아시아 근현대의 150년 역사에서 뽑아낸 10가지 사건을 서술의 뼈대로 삼고 있다는 것이고요. 다른 하나는, 바로 이 지역의 국가들, 구체적으로 한국, 중국, 일본, 대만인데, 이 국가들의 역사 교과서가 이러한 사건들을 어떻게 해석하는지를 비교한다는 것입니다. 마지막으로 일반 대중매체 혹은 소설 등 대중문화가 이 150년의 중요한 집단기억을 어떻게 해석하는지를 다룬다는 것입니다. 그러니까 동아시아 근현대에 대한 일반적인 서술, 각국 역사 교과서의 서술, 그리고 각국 대중문화의 서술 등 세가지 구조가 어우러진 것이 이 책의 큰 특징이라 할 수 있겠습니다. 이 세가지 편집체재는 사실 일반 학술연구의 차원에서 독자적으로 완성되기는 어렵습니다. 이 책의 저자가 신문기자들이기 때문에 학자들보다 이러한 것을 더 잘 소화해낸 것이 아닌가 생각됩니다.

허 이린 백영서 선생님께서 이 책을 명쾌하게 소개해주신 것 같습니다. 기본적으로, 저는 이 책이 간명하면서 이해하기 쉽다고 느꼈습니다.

방금 말씀하신 대로, 동아시아 근현대의 150년 역사를 10개의 테마로 소개하는 것은 참 신선하고 독특한 방식이라 하겠습니다. 특히 이 책의 특별한 배려는, 일반적인 역사의 간략한 서술 외에 각국의 역사 교과서가 이 사건들을 어떻게 보고 있는지 비교하는 부분입니다. 또한 동아시아사의 작은 소재들을 골라 역사의 기억을 재구성하는 글들이 있습니다. 그러니까 실제의 역사자료를 취해 역사가 어떻게 기록되어 내려왔는지를 설명해주는 것입니다. 이런 점들이 참 재미를 느끼게 했습니다. 이러한 특성으로, 독자들이 처음부터 끝까지 읽지 않고 중간에서 한 주제를 선택해서 읽어도 되는 책입니다. 다른 하나는, 말씀하신 대로 이 책이 야마무로 신이찌 교수의 제안을 참고해서 '교류'와 '연쇄'의 관점으로 역사를 논하고 있다는 것인데요. 책을 읽으면서 제가 도리어 느낀 것은, 이 책이 매 사건에 대해 단일한 관점을 사용하고 있지는 않다는 것입니다. 한 사건이 일으킨 영향들에 대한 명확한 소개에 초점을 맞추고 있습니다. 이러한 집필방식은 일반 교과서의 방법과는 꽤 다른데요. 이 책은 특별히, 중요한 사건들을 교량으로 역사를 소개할 뿐만 아니라 각각의 사건에 중국이나 한국, 그리고 유럽 열강이 어떻게 반응했는지를 모두 소개하고 있습니다. 이것은 과거의 교과서들이 자국 역사와 세계사를 명확히 구분하던 것과는 다른, 아주 좋은 서술방식이라고 생각합니다. 이러한 점은 이 책이 원래의 편집구상을 충분히 발휘한 것이라고 여겨집니다.

백영서 이 책을 읽으면서 재미있게 본 내용은 어떤 것들이 있습니까?

허 이린 가장 흥미로웠던 것은 두가지인데요. 주요 서술내용과 관련된 것은 아닙니다. 각장에 역사 사건과 인물 등에 대한 항목 설명이 붙어 있고 각장의 마지막마다 작은 역사적 소재를 가지고 각 시기를 논한 칼럼이 있습니다. 각국 교과서의 비교 같은 작업을 통해서도 저로서는 새로 알게 된 것들이 많은 편이지만, 역사 연구자의 입장에서 개인적으로 가장 큰 수확은 역시 이 두 부분일 것입니다. 작은 이야깃거리로 전체 사건을 이끌어가는 것은 일반 교과서의 서술방식과는 완전히 다른 것이라고 생각되는데요. 일반 교과서가 주로 시간, 수치, 인명 등 무미건조한 것들을 강조하는 반면, 이 책의 큰 장점은 역사를 작은 이야기에서부터 서술하고 있다는 것입니다. 그밖에 교과서 비교의 부분도 참고할 만합니다. 예컨대 민주화를 논하는 부분인데요. 대만은 자신의 민주화과정을 얘기하면서 한국의 민주화는 전혀 소개하지 않습니다. 한국도 민주화를 논할 때 대만의 경우를 전혀 언급하지 않고 있습니다. 중국의 경우에는, 더더욱 한국과 대만에 대해 언급을 삼가고 있습니다. 왜 우리들은 자기 주변의 상황에 대해 조금도 소개하지 않는 것인지, 중국은 왜 민주화 비교에 대해 좀더 총체적인 소개를 피하는 것인지 생각해보게 되지요. 물론 비교가 된다고 해서 문제가 해결되는 것은 아니지만, 그래도 우리가 우리의 문제를 발견하는 것은 꼭 필요하다고 생각됩니다. 선생님께서 가장 인상 깊었던 부분은 무엇입니까?

백영서 허교수께서 말씀하신 몇가지 내용에 저도 많이 공감하고 있습니다. 하나 짚고 넘어가고 싶은 것은, 우리 둘은 모두 역사학자이기 때문에 기본적인 역사적 사실을 이미 숙지하고 있는 편입니다. 그래서 세 구성부분 가운데 첫번째인 개괄적인 역사 서술에 별로 흥미를 갖지 못하고, 두번째 부분의 교과서 비교라든가, 세번째의 대중매체의 집단역사기억과 작은 칼럼들에 흥미를 느끼게 됩니다. 그런데 첫번째 구성부분에서도 우리의 시각을 재확인한다든가 아니면 우리가 생각해보지 않은 것들을 발견하게 되면 흥미를 느끼지요. 예컨대, 6장에서 언급한 미얀마와 베트남의 접경지역에서 교통로들이 어떤 역할을 했는지에 대한 내용은 매우 흥미롭습니다. 또한, 중국 동북지방에서 일본군에 징발됐던 일부의 중국 병사들이 전후 다시 국공내전에 참여하게 되는 부분이 그런데요. 일부 병사들은 국민당 부대에 참여하고 일부 병사들은 부득이하게 공산당 부대에 배속되었다는 사실이 흥미롭습니다. 이전에 생각해보지 못한 역사적 사실이었습니다. 이것은 단순히 옳고 그름의 문제가 아닐 뿐만 아니라, 이 책에 내재하는 특성이 이러한 역사적 서술에 영향을 미친 것이라 볼 수 있습니다. 즉, 국가로부터 방치된 민중을 이 책은 매우 중시하고 있는데요. 이러한 시각은 이 책의 아주 중요한 특징입니다. '교류'와 '연쇄'의 관점에서 민족국가중심의 사관을 탈피하면서 그간 소홀히 여겨온 민중의 생활사가 드러나게 된 것입니다.

지금까지 이 책의 특징과 장점에 대해 얘기를 나눴는데요. 이 책에서 제기한 10가지 주제, 그러니까 10가지 사건은 대부분 국가간의 관계에서, 그리고 국가가 야기한 사건들인데요. 이 책은 이러한 사건들을 서술하면서도 도리어 국가주의 사관을 극복하고자 하는 노력을 보이고 있습니다. 어떻게 생각하시는지요?

국가주의 사관의 극복을 위하여

허 이린　만약 이 책이 국가주의 사관을 극복하려는 의도를 가졌다면, 아직 그 단계까지 미치지 못했다고 평가하고 싶습니다. 도리어 저는 기본적으로 이 책이 국가주의 사관의 틀을 뒤집으려는 것보다 국가주의 사관을 뛰어넘는 틀을 제시하고 있다고 봅니다. 뒤집는 것과 뛰어넘는 것은 다르다고 보는데요. 저는 이 책에서 국가의 경계를 뛰어넘는 역사인식을 보고 있는 것입니다. 국가주의 사관의 구조를 뒤집는 논술을 시도한 것이라면 이 책은 충분히 해내지 못했습니다. 이러한 시도는 가까운 미래에 어떤 학자들도 해내기 어려울 것이라 생각합니다. 마지막 부분에서의 서술들을 살펴보면 여전히 국가주의 사관의 구조로 회귀하고 있습니다. 우리는 아직 국가에 의존한 역사관에서 벗어나기 어려울 것입니다. 그러나 중요한 점은, 이 책이 단순히 한 국가의 시각에서 출발하지 않고, 동일한 사건에 대해 중국은 어떻게 보고, 한국, 대만, 일본은 어떻게 보는지를 얘기하고 있다는 것입니다. 이것은 아주 좋은 출발점이 되겠습니다.

백영서 좋은 말씀을 해주셨는데요. 몇가지 보충해서 얘기를 해보겠습니다. 이 책에서 근대 국민국가의 역할을 어떻게 해석하고 있는지는 아주 중요한 문제라고 여겨집니다. 요즈음 지식인들 사이에서는 탈국민국가적 담론이 유행하고 있지요. 그러나 역사학자인 제가 보기에 동아시아 역사에서 국민국가는 '해방'과 '억압'의 두가지 역할을 동시에 수행했습니다. 이 책의 저자들은 주로 후자를 강조하는 편인데, 저도 이 점을 비교적 중요하게 보고 있습니다만, 그렇다면 동아시아 공통의 역사라는 목표에 어떻게 도달할 수 있을까요? 이 목표에 도달할 수 있는 방법으로 이 책이 제기하는 것은 서로 상대방의 시각이나 역사관을 인정하는 것입니다.

허 이린 네, 그렇습니다. 우리가 중요하게 생각해야 할 것은 상대방이 역사를 어떻게 보고 있는지를 알아야 한다는 것이지요. 역사는 우리의 시각에서만 봐서는 안된다는 것이 이 책이 주는 교훈인데요. 우리가 주목해야 할 것은, 하나의 역사적 사실이 단지 자기 국가의 관점에서만 아니라 상대국가 민중들의 시각이나 다른 관점에서도 표현될 수 있다는 점입니다. 그렇다면 우리들의 역사인식은 큰 변화가 있을 것입니다. 이것이 이 책을 읽고 난 후 제가 얻은 소감입니다.

백영서 그 말씀을 들으니 한·중·일의 대안적 역사교재 『미래를 여는 역사: 동아시아 3국의 근현대사』(2005)라는 책에 대해 얘기를 나눠보고 싶은데요.

허 이린 예, 중문판으로 대략 읽어보았습니다. 그 책은 한·중·일 3개국의 비교에 초점이 맞춰져 있는데요. 상대방의 시각에서 역사를 보기보다는, 동일한 시기에 중국은 어떻게 변화해왔고 한국과 일본은 어떻게 변화해왔는지에 편중되어 서술되어 있더군요. 이런 측면에서 보면, 그 책은 국경을 넘어서는 역사에는 도달하지 못하고, 단지 각국의 역사를 병렬식으로 나열한 것에 불과하지 않나 생각됩니다. 그런데 이런 식의 비교는 그리 효과적이지 못하죠.

백영서 저는 『미래를 여는 역사』에 대한 평을 하면서 그 책의 장단점을 지적했지요. 몇가지 단점 중의 하나가 그 책의 서술방식이 마치 삼국지처럼 세 나라의 역사를 병렬시킨다는 것입니다. 이것은 방금 말씀하신 것과도 일치하는데요. 그러니까 『미래를 여는 역사』와 우리가 지금 논하는 이 책 『동아시아를 만든 열가지 사건』을 비교해보면, 이 책이 비교적 '동아시아'라는 개념에 접근해 있습니다. 즉, 한 국가의 시각을 넘어 소위 '동아시아' 공동의 역사라는 것에 좀더 접근해 있다고 보는 거죠.

허 이린 책의 머리말과 결론부분에서는 이 점에 대해 명확하게 얘기되지 않지만, 책 말미에 첨부된 심포지엄에서는 이와 연관된 내용들이 얘기된 것으로 기억합니다. 동아시아의 역사인식과 역사화해, 또는 공유된 역사인식을 얘기할 때, 중요한 점은 억압받은 약자들의 역사를 되찾아야 한다는 것입니다. 만약 『미래를 여는 역사』의 편집방식대로 3국의 현 교과서 내용을 단순히 병렬적으로 이어간다면 자신의 역사를 관조할 수 없을 뿐만 아니라 교과서 안에 약자들의 역사가 놓일 공간은 없을 것입니다. 현재 우리가 도달한 한가지 합의는 많은 사람들이 국가의 구조 아래서 배제당해왔다는 것입니다. 이 부분을 다시 새롭게 제기할 필요가 있습니다. 그래서 역사라는 것이 우리가 상상하는 것처럼 그렇게 단순하지 않다는 것을 인식해야 할 것입니다. 방금 말씀하신 대로, 어느 개인이 일본병사로 있다가 다시 국공내전에 참가하게 되는 과정이라든가, 재일한국인, 재일대만인 및 한국의 화교 문제 등은 아주 상상하기 어려운 문제들인 것입니다.

대만의 역사가 동아시아에 던지는 질문

백영서 국가에 의해 억압받은 지역의 역사문제에 어떻게 접근할 것인가? 이 문제를 생각하다보니, 이 책이 다른 동아시아 역사를 다룬 책들과 달리 대만의 역사와 대만의 교과서, 그리고 대만 학자들의 시각을 많이 담고 있음을 발견하게 됩니다. 이러한 편집에 대만 학자로서 소감이 어떠신가요?

허 이린 저도 많이 놀랐는데요. 말씀하신 대로 이 책은 일본, 중국, 한국, 대만 등 4개 지역을 다루고 있습니다. 현재 진행되고 있는 역사의 대화는 주로 일본과 한국 간에, 또는 중국과 일본 간에 이루어지고 있고, 대만은 고려의 대상이 아니었습니다. 동아시아공동체 구상이라든가 동북아공동체 등을 포함해서 대부분의 경우 대만은 제외되어왔습니다. 이것은 큰 문제라고 생각합니다. 대만을 지역내 하나의 단위로 받아들여 토론의 대상으로 삼았다는 점이 이 책이 독창적이라고 생각하는 큰 이유 중의 하나이지요. 그런데 여기서 제가 생각하는 문제는 왜 북한의 역사는 들어가지 않았냐는 것인데요. 대만의 역사가 들어갔듯이 북한의 역사가 들어간다면 더욱 완벽해지지 않을까요?

백영서 제 추측으로는, 설령 아사히신문 기자들이 북한의 역사학자들에게 이 작업에 참여하기를 요청했다 해도 아마 그들은 참여를 꺼렸을 것입니다. 현재 북한은 외부의 취재에 개방적이지 않지요. 그래서 가능한 방법은 북한의 교과서를 참고해서 10대 사건에 대한 북한의 서술을 소개하는 것일 텐데, 그리 하지 않았더군요. 그런데 저는 북한의 시각 자체를 소개하는 것보다 더 중요한 것은, 한반도 전체의 관점에서 사건 하나하나를 해석하는 방법이라고 생각합니다. 방금 말씀드린 대로, 현재 북한의 학자들을 취재하기 어려운 상황이라면 더더욱 최대한 한반도 전체의 시각으로 하나하나의 사건을 분석하는 것이 필요하다는 것입니다. 한가지 예를 들면, 1960년대 한일간 수교회담에 북한은 반대를 표했고, 남한에서도 한일수교에 반대하는 거국적인 운동이 일어났었지요. 결국 한일수교가 이루어졌지만, 조만간 북한과 일본 간에 수교가 이루어질 텐데, 1960년대 북한이 한일수교에 취한 입장과 1960년대 남한정부가 한일회담 중에 제시한 조건을, 앞으로 북한이 제시할 조건과 함께 검토하는 역사적 관점이 필요하다는 것입니다. 이러한 전체적 사실의 소개가 바로 한반도 전체의 시각을 견지하는 것이 되겠지요.

허 이린 네, 그것에 공감하면서도 저는 여전히 북한의 참여가 보충되어야 할 부분이라고 생각합니다. 중국은 개혁개방을 실행하고 있기 때문에 별 문제 없이 취재와 보도가 이루어졌습니다. 이 책의 강점은 단지 교과서의 비교에만 있지 않고, 직접 역사학자를 방문 취재하고 심지어 사건이 발생한 현지에 가서 탐방을 했다는 데 있습니다. 이것은 개방된 자유사회에서나 가능한 일일 텐데요. 그래서 공동의 역사인식을 가지려면 우선 교류와 대화가 선행되어야 할 것입니다. 현재 한국, 대만, 일본, 중국은 인적 교류가 상당히 자유롭습니다. 물론 중국이 완전히 개방되고 자유로운 사회는 아니지만 인적 교류가 갈수록 확대되고 있습니다. 북한 학자들의 주장과 관점이 어떠하든지 최대한 표출되었으면 좋겠고 기자들은 또한 그들의 시각이 어떠한지 소개해야 한다고 생각합니다.

백영서 여기서 한가지 미묘한 문제를 제기하고 싶은데요. 좀전에 말씀하신 대로 동아시아공동체와 관련된 논의들에서 통상 대만이 배제되어 왔습니다. 이 책에서는 대만의 역사를 중시하면서 대만을 동아시아의 네번째 구성원으로 포함시켜 서술하고 있습니다. 이번에 아사히신문이 왜 이러한 편집방식을 취했다고 생각하시나요?

허 이린 제 생각으로는 최근 몇년간 대만의 역사 교과서에 큰 변화가 일어나 편집이 개방적이고 민주적이 되었기 때문인 것 같습니다. 대만의 역사적 관점이 매우 다원적이기 때문에 대만의 예는 아주 좋은 참고대상이 되었을 겁니다. 아사히신문이 대만을 방문 취재한 것이나 저우 완야오(周婉窈) 교수가 이 책 말미의 심포지엄에 참여한 것은, 대만이 최근 20년간 본토화와 민주화의 과정 속에서 세운 대만 자신의 주체적인 역사관을 반영하고 있는 것입니다. 이러한 역사관 속에는 대만 내부에 존재하는 민남(閩南), 객가(客家) 등 서로 다른 족군(族群)의 역사, 그리고 원주민들의 핍박의 역사, 대륙에서 건너온 외성인(外省人)들의 시각이 함께 어우러져 있습니다. 그래서 저는 현재 대만의 역사 교과서가 매우 균형감을 가진 것이라고 평가하는데요. 이러한 대만의 제4자로서의 역할이 중국, 한국, 일본에 균형감을 불어넣어줄 것이라 기대합니다.

백영서 기본적으로 허교수의 의견에 공감하지만, 한가지 문제제기를 하고 싶습니다. 제 오해인지는 모르겠습니다만, 대만은 이 책에서 두가지 역할을 하고 있다고 봅니다. 하나는 국가간의 관계에서 억압받고 국가로 제대로 대접받지 못하는 하나의 주체로서의 역할입니다. 이러한 입장과 특성이 국가간의 관계 또는 국가주의 사관을 비판하는 데 비교적 유리한 입장을 갖게 하지요. 이러한 역할은 오끼나와의 역할과도 유사하겠지요. 또 하나는, 아주 미묘한 균형자로서의 역할인데요. 저는 대만이 하나의 카드, 즉 중국을 비판하기 위한 카드로 활용되고 있지 않나 하는 질문을 해봅니다. 대만은 이런 역할을 할 수 있는 위치에 있죠. 대만에 비해 오끼나와의 시각은 상대적으로 덜 강조되어 있잖아요.

허 이린 아사히신문이 만약 대만의 역사를 생략해버린다면, 과거의 역사서술과 별 차이가 없었을 것이라고 생각합니다. 아사히신문은 산께이신문(産經新聞)처럼 국가 중심의 시각을 지닌 우익신문과는 다릅니다. 과거에는 일본의 좌파들이 대만의 존재를 거의 무시했는데요, 90년대 들어서는 이런 상황에 변화가 생겼습니다. 일본의 진보적 지식인들 사이에서 과거 대만에 대한 오해에 반성이 시작됐습니다. 그리고 대만을 포함시키면 역사에 대한 관점이 더욱 완전해지고 성숙해질 수 있다는 발견을 하게 된 것입니다. 이러한 시각은 대략 10여년 전부터 분명해졌습니다. 저는 아사히신문의 편집의도가, 중국의 애국주의를 비판하기 위해 대만의 사례들을 가져온 것은 아니라고 봅니다. 대만의 역사가 민족주의의 검토와 반성을 위해 좋은 사례이기 때문일 것이라고 봅니다. 방금 오끼나와에 대해 말씀하셨는데요. 저도 오끼나와는 더 좋은 사례가 될 것이라고 봅니다. 그러나 일본 입장에서는 오끼나와의 사례를 들고 싶지는 않았을 것 같습니다. 이것은 일본 지식인들 사이에서 하나의 묵계일지도 모르지요. 외면하고 싶은 부분이겠지요. 그래서 대만을 선택한 것이 아닐까 합니다.

'이중적 주변'의 시각이 제시하는 것

백영서 그렇습니다. 여기서 제가 강조하고 싶은 것은 한국, 대만, 오끼나와가 모두 동아시아의 주변이라는 것입니다. 제가 요즈음 여기저기서 자주 강조하는 것이 '이중적 주변'으로서의 시각입니다. 그것은 서구 중심의 세계사 전개에서 비주체화의 길을 강요당한 동아시아라는 주변의 눈과 동아시아 내부의 위계질서에서 억눌린 주변의 눈이 동시에 필요하다는 문제의식입니다. '이중적 주변'의 시각을 통해 패권과 중심의 시각을 비판하는 것이 가능해집니다. 만약 대만이 이러한 역할들을 발휘할 수 있다면 중국뿐 아니라 일본, 미국 등에도 비판과 반성의 기회를 제공할 수 있을 겁니다. 이런 면에서 저는 대만의 위치를 깊이 주목하고 있습니다.

허 이린 전부터 백교수님께서 제기한 견해들에 큰 영향을 받고 관심을 갖고 있습니다. 대만과 오끼나와, 또는 한국이 주변의 입장을 대변할 수 있다는 것인데요. 주변이라는 것이 반드시 약자를 의미하는 것은 아니겠습니다. 도리어 주변이 전체의 환경 속에서 더욱 강한 발언의 지위를 가질 수 있다는 것입니다. 이 점은 과거 우리 대만 학자들이 자각하지 못했던 부분인데, 저는 이러한 견해를 대만 학자들 사이에 많이 전달할 생각입니다. 방금 제기하신 '이중적 주변'으로서의 조건이 더욱 강한 비판성을 가질 수 있다는 점에 매우 동감하면서도, 아쉽게도 대만 지식인들이 이러한 자각을 하지 못하고 있고 역량도 갖추지 못하고 있습니다. 통일과 독립의 주장으로 양분되어 대립하고 있는 현상황에서는 한국이 도리어 이 부분에서 대만에 좋은 배움의 대상이 될 것 같습니다.

국내의 역사화해와 국가간 역사화해의 상호작용

백영서　네, 이제 다른 문제에 대해 얘기를 나누도록 하죠. 방금 언급하신 말씀을 들으면서 국내의 역사화해와 국가간 역사화해가 어떻게 연관되는가에 생각이 미쳤는데요. 이 책에서 강조하는 것은 국가간 역사화해이지요. 그런데 이 문제는 국내문제와 연계되어 있습니다. 2007년 1월 1일자 산께이신문과 아사히신문의 사설을 비교해서 읽은 적이 있는데, 산께이신문은 일본 중심의 발전전략을 강조하고 아사히신문은 동아공동체와 각국의 평화적 관계를 강조했더군요. 일본 내부에 두가지 견해가 공존하는데, 하나는 개방적이고 다른 하나는 국가주의적인 것입니다. 제가 토론하고 싶은 것은, 동아시아공동체의 문제를 논할 때 각국 내부의 역사의 충돌을 어떻게 해결하고 역사화해에 도달할 수 있을까입니다.

이 점에 대해서 제가 강조하고 싶은 것은, 국내의 역사화해와 국가간 역사화해의 연동관계입니다. 현재 한국에서도 그런 문제가 발생하고 있는데요. 한국 내부의 역사관의 충돌입니다. 한국에서는 8·15를 두고 아주 심각한 논쟁이 일어났습니다. 이전에 우리는 8·15를 '광복절'이라 불렀는데, 이는 1945년 일제로부터의 해방을 강조하는 것입니다. 그러나 새로 이명박정부가 들어서면서 한국의 소위 우파 학자들과 지식인들이 '건국절'로 부르자고 하고 있습니다. 그들은 1948년 8·15의 대한민국 정부 수립을 '건국'으로서 강조하고 싶은 것이지요. 이 시기를 강조하는 것은 남한이 북한과 따로 정부를 설립한 단독정부의 정통성(과 그후의 발전)을 강조하는 입장에서 나온 것입니다. 이러한 논쟁은 결국 역사관과 연결되어 있는 문제입니다.

허 이린　저는 한국에 그런 문제가 있는지 모르고 있었는데요. 한국에 그런 일이 벌어지고 있다면 그것은 아주 위험한 현상이라고 봅니다. 최근 대만뿐 아니라 중국, 일본 등 어느 나라에서든 민족주의적 의식의 강화는 강조되지 않아야 한다는 것이 양식있는 지식인들의 일반적인 견해인데요. 이런 문제들이 해결되지 않으면 한국사회에도 좋지 않고 동아시아공동체 전체에도 나쁜 영향을 미치게 될 것입니다. 대만의 경우, 통일파와 독립파 간의 격렬한 논쟁을 거친 후 쌍방이 상당정도 절제하고 있는 분위기입니다. 백교수님 말씀처럼 국가간의 화해를 위해서도 국내의 역사화해도 진행되어야 한다고 여겨집니다. 일본의 경우, 오끼나와와 일본의 역사관이 다른 것이 일본 내부문제가 되어 있습니다. 대만도 자신의 문제를 해결하고, 한국도 신중하게 자신의 문제를 해결해야 할 것입니다. 만약 한국이 광복절을 건국기념일로 바꿔 대한민국의 정통성을 강화하는 방향으로 간다면, 이는 역사화해의 부분에서는 무익한 행동이 될 것입니다.

백영서 사실 이 부분은 민족주의의 문제이기도 하지만, 또한 사회 내부 갈등의 문제입니다. 그리고 이것은 동아시아의 역사 속에서 계속 연계되어왔지요. 예컨대 지금 한국의 진보적 지식인들은 한반도에서 분단된 두 국가가 각각 수립된 것과 한국이 미국, 일본과 3각관계를 맺고 있는 것을 비판합니다. 반면에 우파는 김대중-노무현 정부의 외교정책이 중국에 편중되고 미국의 역할을 소홀히 한 것을 비판합니다. 이렇게 한국의 내부 갈등은 동아시아의 국제관계와 연동되어 있습니다. 그래서 저는 한국 내부의 역사분쟁을 해결하기 위해서는 동아시아 전체의 역사화해가 필요하다고 생각합니다. 양자간의 상호작용이 계속 촉진되어야 하겠지요. 이제 화제를 역사교육 전반으로 돌리고 싶은데요.

역사교육, 무엇이 문제인가

허 이린 현재 대만의 상황을 먼저 말씀드리겠습니다. 대만에서는 고등학교 졸업 후 거의 역사교재를 읽지 않는데요. 그러니까 일반인들의 역사인식은 대부분 대중문화를 통해 흡수된다고 볼 수 있습니다. 역사관이나 역사지식이 학교 교육을 통해 완성된다고 보기 어렵습니다. 그래서 이 책과 같은 부교재들을 통해 일반대중이 교과서 외의 역사지식을 접하는 것은 매우 중요하다고 할 수 있습니다. 특히 요즘은 영상매체의 영향력이 매우 크고 문자나 책은 영향력이 그리 크지 않습니다. 드라마나 다큐멘터리 작품들이 유행하고 있습니다. 이것이 현재 역사교육이 직면하고 있는 현실입니다.

백영서 한국의 상황도 비슷합니다. 그러나 한국의 경우, 한가지 언급하고 싶은 것은 시험제도와 관련된 것인데요. 한국의 중학교와 고등학교에서는 국사와 세계사를 모두 가르치고 있는데요. 시험을 본 후에는 전부 잊어버린다고 말할 수 있습니다. 점수를 따기 위한 교육에 불과해요. 이것은 바람직하지 못한 현상입니다. 역사교육의 기능이 궁극적으로 현실을 분석하고 비판하는 능력을 배양하고 미래의 새로운 방향에 대해 사고하는 능력을 키우는 건데, 단순히 역사지식을 외우는 식의, 우리 실제 삶과 동떨어진 것이라면 무의미한 교육이라 할 수 있겠습니다. 그래서 역사교육의 제도적인 면을 좀더 토론할 필요가 있습니다. 우선 대중매체에 대해 얘기해보면, 제가 강조하고 싶은 것은 대중매체의 영향력이 매우 크다는 것입니다. 젊은 사람들이 매체로부터 받는 영향은 더욱 큽니다. 따라서 우리 역사학자들이 이 부분에서의 역량 강화를 중시해야겠습니다. 저는 역사학자들이 이러한 매체를 통한 대중문화의 생산과정에 참여하는 것이 필요하다고 봐요. 기회가 주어진다면 드라마나 다큐멘터리의 제작 과정에 참여해야 할 것이고, 매체비평 같은 방식이나 저널 기고를 통해 그 역할을 담당하는 것도 필요하다고 봅니다.

또한 드라마나 영화는 역사학자들에게 아주 좋은 비평의 재료입니다. 교육재료로도 아주 유용한데, 저는 수업시간에 중국 영화를 교육재료로 사용하기도 해요. 긍정적인 자료로 사용하기도 하고 반면교사로 삼기도 합니다. 어쨌든 학생들의 비판능력을 기르는 데 도움이 됩니다. 한국에서 인기있는 영화들 중에도 애국주의에 편중된 작품들이 많이 있습니다. 이 것도 비평의 재료로 삼을 수 있겠습니다.

다음 문제로 넘어가서, 교육제도와 교과서제도의 문제를 얘기하고 싶은데요. 각국 정부의 교과서정책을 보면, 현재 대략 세 종류가 있습니다. 첫번째는 국정본이고, 다음은 검인정본, 마지막으로 자유발행본입니다. 한국은 아직 자유발행의 정도까지 도달하지는 못했습니다.

허 이린　대만의 경험으로는, 국정본에서 검인정본으로 발전했고, 미래에는 자유발행으로 발전해가는 것이 필요합니다. 심지어 저는 개별 학교나 각 학교들이 연합해서 독립적으로 교과서를 편집하는 것을 생각하는데, 교과서 발행에 교육부의 심의가 필요하다고 보지 않습니다. 교과서에 대해 정부의 간섭이 없어야 진정한 자유국가라고 봅니다. 한국, 대만, 일본, 중국 등 어느 나라든지 최소한 중학교 단계까지는 민간이 교과서를 자유발행하도록 할 때에야 비로소 우리가 바라는 동아시아 공동의 교과서가 나올 수 있다고 생각합니다.

백영서　저도 동아시아 각국의 교과서가 자유발행본의 단계까지 도달하기를 희망하는데요. 그러나 그 단계까지 나아간 후에 또 어떤 문제들이 발생할 수 있는지 생각해볼 필요가 있다고 여겨집니다. 저는 정부의 압력이 사라진 이후, 자본과 상업주의가 또다른 문제를 야기할 것이라 봅니다.

허 이린　네. 사실 이 책에서는 교과서 문제를 심도있게 논의하지 않았는데요. 이 문제는 매우 중요한 것입니다. 동아시아 각국은 하나의 공통된 역사인식이 필요한데요. 아직 해야 할 일이 많다고 생각합니다.

백영서　제가 이전에 쓴 글에서 주장한 적이 있는데요. 교과서문제는 교육계 내부와 외부에서 동시에 개혁을 진행해야 해결될 것입니다. 방금 교과서 선택에 대해서 얘기를 나눴는데, 누가 교과서를 선택하느냐의 문제로 귀결되지요. 이것은 결국 교육민주화로 이어지는 문제지요. 교육민주화가 이루어지지 않으면 국가에서 벗어나기도 어렵고 시장의 지배에서도 벗어나기 어려운 것 아닐까요.

이와 관련해 확인해보고 싶은 의문이 있는데요. 이 책에 수록된 심포지엄에서 미따니 히로시(三谷博) 교수는 일본의 교과서 편집권이 동아시아 다른 나라에 비해 자율적이라고 발언하고 있어요. 저는 이 부분에 전적으로 동의하기는 힘듭니다. 일본의 정책은 상당히 엄격한 편으로 이해하고 있는데요.

허 이린 네, 그렇습니다. 그 점에 대해서는 저도 동의하기 어려운데요. 그들의 교과서 검정은 아주 엄격합니다. 이런 면에서 일본은 절대로 자율적이지 않습니다. 일본이 유일하게 좋게 평가되는 부분은 역사학적 연구와 그 영역이 매우 풍부하다는 것입니다. 편집자가 좀더 열심히 작업한다면 그 내용이 상당히 풍부해지리라고 봅니다. 또 하나, 일본의 학자들은 교과서 내용 면에서 일본의 대외침략행위의 불가피성을 설명하기 위해 일본이 왜 그런 행동을 전개했는지에 대해 여러가지 설명을 제시하고 있습니다. 일본 교과서의 강점은 그 해석이 비교적 정교하다는 것인데요. 과거 중국이나 대만 같은 다른 나라들의 민족주의 교과서들은 이러한 정교한 설명에서 부족함이 있었습니다.

백영서 마지막으로 묻고 싶은 문제가 있습니다. 이 책의 3분의 1이 각국의 교과서를 비교하는 것에 할애되었는데요. 허교수께서 보시기에 어느 나라의 교과서가 가장 객관적인 편인지, 이 책에서 제기된 내용에 근거해 분석해볼 수 있겠습니까?

허 이린 이 책에 한정해서 보면 어느 한 나라의 교과서가 더 객관적이라고 증명하기 어렵습니다. 왜냐하면 비교대상으로 선정된 각국의 교과서들에 불공정한 면이 있어요. 일본 부분은 완전히 토오꾜오서적에서 간행된 2학년 교재입니다. 이것은 세계사의 맥락 속에서 일본사를 소개하는 특징을 갖고 있습니다. 이에 비해 대만 교과서의 경우, 난이서국본을 사용하고 있는데, 그것은 1학년 교재로 대만 위주의 지리역사 공민교과서입니다. 이런 식으로 비교의 기준이 고르지 못합니다. 그러다보니 대등하지 않은 비교가 되고 맙니다.

백영서　이러한 비교의 결과 일본의 교과서가 더 객관적이라는 인상을 독자들에게 남기지는 않을까요?

허 이린　만약 우리의 대담이 독자들에게 이 책을 더 잘 이해할 수 있도록 돕는 역할을 하는 것이라면, 저는 이 책에서의 비교가 사실은 그리 대등하지 않다는 것을 말해두고 싶습니다. 4지역의 교과서 편집제도가 모두 다르기 때문이죠.

백영서　말씀하신 대로 이 책에서는 일본의 교과서가 동아시아 다른 나라의 교과서에 비해 더 국제적이고 객관적이라는 인상을 주고 있는데요. 오해의 소지가 있을 것 같습니다.

허 이린　네. 이 책이 강조하고 싶은 것은 일본의 교과서가 민속수의적 성격을 그리 강하게 띄고 있지 않다는 점일 텐데요. 사실 일본의 교과서는 우리가 상상하는 것만큼 그리 자율적이거나 개방적이지 않습니다. 심의가 매우 엄격하여 연구의 결과를 자유롭게 반영할 수 없고, 많은 부분이 삭제됩니다. 학자들이 생각하는 대로 쓰는 것은 불가능합니다. 제가 알기로는 대만의 현재 교과서 편집 판본은 일본에 비해 그 자율성이 뒤떨어지지 않습니다. 한국의 개방도는 어느 정도인지 잘 모르지만, 대만은 어떤 부분에서는 상당히 자유롭습니다. 그러나 여전히 많은 제한들이 존재하고 제한된 범위와 구조를 넘어서기에는 어려움이 있습니다. 현재 우리가 바라는 것은 제도 내에서 교과서 서술에 좀더 많은 자유를 확보하는 것인데, 아주 어려운 문제입니다. 그러나 제도 밖에서는 비교적 자유롭게 서술한 책들이 많이 나오고 있습니다. 두 영역에서 동시에 변화가 진행되어야 합니다. 이 책이 시도한 체제 안의 교과서에 대한 비교는 긍정적인 면이 있고 좋은 토대가 될 것입니다. 그러나 여전히 이 문제는 여러 사람들이 많이 노력해야 할 부분이겠습니다.

백영서 네. 그럼 오늘의 대담이 이 책을 이해하는 데 많은 도움이 되기를 바라며 대담을 마치겠습니다. 감사합니다.*

〔정리·장영희/책임정리·백영서〕

* 이 대담은 일본어판 원서에는 수록되지 않은 내용으로, 한국인 독자를 위해 마련된 것임을 밝혀둔다 — 편집자.

| 참고문헌 |

* 각장의 집필에 참조한 책 중에서 본문에 나오는 연구자의 주요 저서를 중심으로 각 장당 10권씩 선택한 목록이다 — 편집자.

제1장

陳舜臣『實錄アヘン戰爭』, 中公文庫.

井上裕正『林則徐』, 白帝社.

王曉秋『アヘン戰爭から辛亥革命』, 小島晋治監 譯, 東方書店.

井上勝生『幕末・維新』, 岩波新書.

田中彰『明治維新』, 岩波ジュニア新書.

毛利敏彦『台灣出兵』, 中公新書.

坂野潤治『未完の明治維新』, ちくま新書.

三谷博『明治維新を考える』, 有志舍.

呂万和『明治維新と中國』, 六興出版.

李泰鎮『東大生に語つた韓國史』, 明石書店.

제2장

中塚明『現代日本の歴史認識』, 高文研.

陸奥宗光・中塚明 校注『新訂蹇蹇注』, ワイド版岩波文庫.

原田敬一『日清・日露戰爭』, 岩波新書.

趙景達『異端の民衆反亂』, 岩波書店.

朴宗根『日清戰爭と朝鮮』, 青木書店.

加藤陽子『戰爭の日本近現代史』, 講談社現代新書.

橫山宏章『中華思想と現代中國』, 集英社新書.

石川九楊『漢字がつくった東アジア』, 筑摩書房.

川島眞・服部龍二 編『東アジア國際政治史』, 名古屋大學出版會.

大谷正『兵士と軍夫の日清戰爭』, 有志舍.

제3장

山室信一『日露戰爭の世紀』, 岩波新書.

橫手愼二『日露戰爭史』, 中公新書.

上垣外憲一『日本留學と革命運動』, 東京大學出版會.

白石昌也『ベトナム民族運動と日本・アジア』, 巖南堂書店.

日露戰爭研究會 編『日露戰爭研究の新視点』, 成文社.

小森陽一・成田龍一 編著『日露戰爭スタディーズ』, 紀伊國屋書店.

高成鳳『植民地の鐵道』, 日本經濟評論社.

姜在彦『日本による朝鮮支配の40年』, 朝日文庫.

海野福壽『韓國併合』, 岩波新書.

崔文衡・子安宣邦『歷史の共有體としての東アジア』, 藤原書店.

제4장

宮崎滔天『三十三年の夢』, 岩波文庫.

宇都宮太郎關係資料研究會 編『日本陸軍とアジア政策陸軍大將宇都宮太郎日記』,
　　岩波書店.

李廷江『日本財界と近代中國 辛亥革命を中心に』, 御茶の水書房.

田所竹彦『浪人と革命家宮崎滔天・孫文たちの日々』, 里文出版.

戸部良一『日本陸軍と中國』, 講談社選書メチエ.

米谷匡史『アジア/日本』, 岩波書店.

成田龍一『大正デモクラシー』, 岩波新書.

松尾尊兌『民本主義と帝國主義』, みすず書房.

由井正臣『大日本帝國の時代』, 岩波ジュニア新書.

姜德相『呂運亨評傳1 朝鮮三・一獨立運動』, 新幹社.

제5장

加藤陽子『滿洲事變から日中戰爭へ』, 岩波新書.

臼井勝美『滿洲國と國際連盟』, 吉川弘文館.

服部龍二 ほか『戰間期の東アジア國際政治』, 中央大學出版部.

鹿錫俊『中國國民政府の對日政策』, 東京大學出版會.

シュネー『「滿洲國」見聞記』, 金森誠也 譯, 講談社學術文庫.

山室信一『キメラ―滿洲國の肖像』, 中公新書.

太平洋戰爭研究會『圖說 滿洲帝國』, 河出書房新社.

溥儀『わが半生』上・下, 小野忍ほか 譯, ちくま文庫.

西田勝・孫繼武 ほか 編『中國農民が証す「滿洲開拓」の實相』, 小學館.

中見立夫 ほか『滿洲とは何だったのか』, 藤原書店.

제6장

防衛廳防衛研修所戰史室『戰史叢書』, 朝雲新聞社.

原田熊雄『西園寺公と政局』, 岩波書店.

石射猪太郎『外交官の一生』, 中公文庫.

安倍源基『昭和動亂の眞相』, 中公文庫.

大杉一雄『日中への道』, 講談社學術文庫.

伊香俊哉『滿洲事變から日中全面戰爭へ』, 吉川弘文館.

笹川裕史・奧村哲『銃後の中國社會』, 岩波書店.

後勝『ビルマ戰記』, 光人社.

小林英夫 『日中戰爭』, 講談社現代新書.

原剛・安岡昭男 編 『日本陸海軍事典』, 新人物往來社.

제7장

參謀本部 編 『杉山メモ』, 原書房.

近藤新治 編 『近代日本戰爭史 第四編 大東亞戰爭』, 同台經濟懇話會.

波多野澄雄 『幕僚たちの眞珠灣』, 朝日選書.

軍事史學會 編 『大本營陸軍部戰爭指導班機密戰爭日誌』, 錦正社.

吉田裕 『アジア・太平洋戰爭』, 岩波新書.

奧村和一・酒井誠 『私は「蟻の兵隊」だった中國に殘された日本兵』, 岩波ジュニア新
　　書.

池谷薫 『蟻の兵隊日本兵2600人山西省殘留の眞相』, 新潮社.

ＮＨＫ 「留用された日本人」取材班 『「留用」された日本人私たちは中國建國を支え
　　た』, 日本放送出版協會.

中國中日關係史學會 編 『新中國に貢獻した日本人たち』, 「續」と2卷, 武吉次朗 譯,
　　日本僑報社.

橫山宏章 『中華民國』, 中公新書.

제8장

ブルース・カミングス 『朝鮮戰爭の起源』, 鄭敬謨・林哲 共譯, シアレヒム社.

金學俊 『朝鮮戰爭原因・過程・休戰・影響』, Hosaka Yuji 譯, 論創社.

牛軍 『冷戰期中國外交の政策決定』, 眞水康樹 譯, 千倉書房.

朱建榮 『毛澤東の朝鮮戰爭』, 岩波現代文庫.

大沼久夫 編 『朝鮮戰爭と日本』, 新幹社.

韓洪九 『韓洪九の韓國現代史 II』, 高崎宗司監 譯, 平凡社.

朴根好 『韓國の經濟發展とベトナム戰爭』, 御茶の水書房.

松岡完 『ベトナム戰爭』, 中公新書.

吉澤南 『ベトナム戰爭』, 吉川弘文館.

東大作『我々はなぜ戰爭をしたのか』, 岩波書店.

제9장

太田修『日韓交涉 請求權問題の研究』, クレイン.

吉澤文壽『戰後日韓關係』, クレイン.

高崎宗司『檢證 日韓會談』, 岩波新書.

金慶珠・李元德 編『日韓の共通認識』, 東海大學出版會.

大平正芳記念財團 編『去華就實聞き書き大平正芳』, 大平正芳記念財團.

早坂茂三『政治家田中角榮』, 中央公論社.

石井明ほか 編『記錄と考證 日中國交正常化・日中平和友好條約締結交涉』, 岩波書
　　店.

田中明彦『日中關係1945~1990』, 東京大學出版會.

「張香山回想錄」, 『論座』 1997年11月號~1998年1月號, 朝日新聞社.

城島充『ピンポンさん荻村伊知朗傳』, 講談社.

제10장

陳錦華『國事憶述』, 杉本孝 譯, 日中經濟協會.

胡鞍鋼『國情報告 經濟大學中學の課題』, 王京濱 譯, 岩波書店.

『鄧小平文選1982~1992』, 中共中央編譯局, 外文出版社譯, テン・ブックス.

武田禪次『變る中國, 變らない中國』, 角川學芸出版.

池明觀『韓國民主化への道』, 岩波新書.

木宮正史『韓國―民主化と經濟發展のダイナミズム』, ちくま新書.

徐仲錫『韓國現代史60年』, 文京洙 譯, 明石書店.

阮美姝『台灣二二八の眞實 消えた父を探して』, まどか出版.

周婉窈『圖說 台灣の譯史』, 濱島敦俊監 譯, 平凡社.

伊藤潔『台灣』, 中公新書.

동아시아를 만든 열가지 사건
한국 일본 중국 대만이 함께 읽는 근현대사

초판 1쇄 발행 / 2008년 11월 7일
초판 16쇄 발행 / 2024년 6월 20일

지은이 / 아사히신문 취재반
옮긴이 / 백영서 김항
펴낸이 / 염종선
책임편집 / 안병률
펴낸곳 / (주)창비
등록 / 1986년 8월 5일 제85호
주소 / 10881 경기도 파주시 회동길 184
전화 / 031-955-3333
팩시밀리 / 영업 031-955-3399 편집 031-955-3400
홈페이지 / www.changbi.com
전자우편 / human@changbi.com

ⓒ 창비 2008
ISBN 978-89-364-8239-8 03910